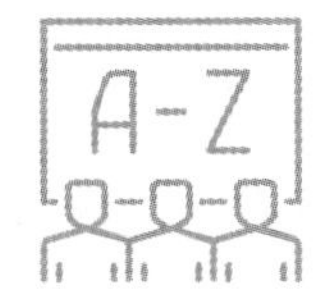

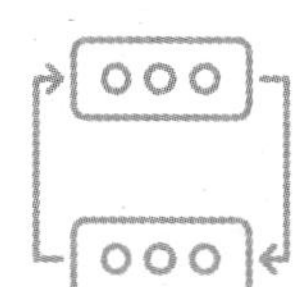

基于语料库的汉西英指示词对比研究

鹿秀川——著

上海教育出版社
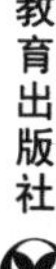

国家社会科学规划基金资助项目
项目批准号：18CYY007

目　录

第一章　引　言

从使用人数和使用广度来看，汉语、英语和西班牙语是全球三大语言。目前国内关于汉语和英语的研究较多，对西班牙语的关注不够。实际上，全球范围内有超过 6 亿人使用西班牙语，其中近 5 亿人将其作为母语使用，这一语言仍然是世界第二大母语，在使用地理范围上，也仅次于英语，并在电影、音乐和游戏等领域持续发展。① 从语言特征方面来看，与汉语和英语相比，西班牙语也很有特点。以语言间普遍存在的指称范畴为例：

（1）a. 月亮被乌云遮住了。

b. **The** moon was obscured by dark clouds.

c. **La** luna está oculta por las nubes oscuras.

（冠②月亮 系 遮住 介③ 冠　云　乌的）

在上述例句中，汉语中的普通光杆名词“月亮”可以做主语或主题／话题。然而在英语中，“月亮”这一自然界唯一存在的名词需要有定冠词“the”来修饰。在西班牙语中，定冠词也必不可少，但是 luna（月亮）一词是阴性的，西班牙语也使用了相对应的阴性定冠词 la。

这种语言间的差异对于二语教学来说是重点，也是难点。如下面的例子来自西班牙语母语者学习汉语的过程。

（2）a. 为什么不带一瓶红酒呢？<u>它</u>是我们智利的特产。

b. *为什么不带一瓶红酒呢？是我们智利的特产。

在例句(2a)中，西班牙语母语者使用了人称代词“它”来回指前文中的“一瓶红酒”，这在汉语中是不地道的。汉语中应当用指示词“这”或“那”来回指，使用“这”是表达说话人对于产自“我们智利”的红酒的较近的心理距离，而使用“那”则可以理解为情景指示中“红酒”不在话语交际现场，不是话语交际双方可见范围内的事物。在(2b)中，西班牙语母语者在回指时则干脆省略了后句中的主语，主要是因为西班牙语中该句的表达可以是：“¿Por qué no has traido una botella de

---

① 数据来源于《2024 世界西班牙语年鉴》。

② 本书中用“冠”代表“冠词”。

③ 本书中用“介”代表“介词”。

vino tinto? Es producto típico de Chile."。西班牙语属于主语脱落(pro-drop)语言,学生的这种错误是将西班牙语的指示思维迁移到了汉语中。

从上述的两个例子中可以看出,无论是跟汉语还是跟英语相比,西班牙语语法都有其独有的特征。指示表达是汉语、西班牙语、英语都有的一种语言范畴,但是用作指示表达的词汇和句法手段都不相同,描写、分析和阐释三种语言指示词和相关表达的差异,对语言理论研究和教学应用都有重要的意义。这也是本研究的出发点。

1.1 指示(deixis)

言语沟通过程中存在发出信息、传递信息和接收信息的过程,如图 1-1 所示。

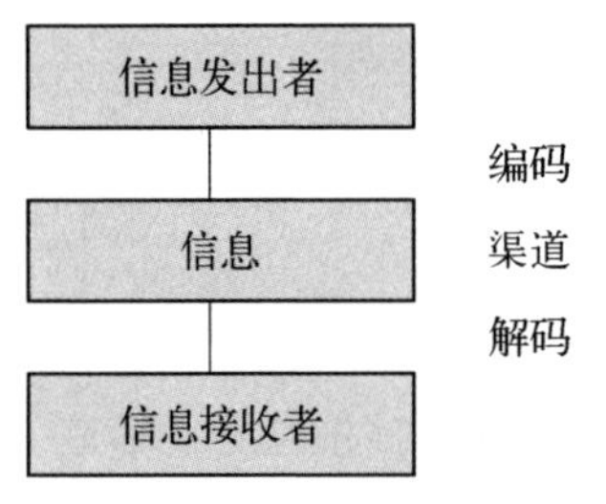

图 1-1 言语沟通过程示意

无论是书面的还是口头的,当信息传递真实有效时,一定是在信息发出者和信息接收者之间存在着共同的编码/解码基础。也就是说,他们对同一语言符号能够有相同的语义理解和认知。除此之外,信息发出者和接收者还能够分享共同的传递信息渠道。Asenjo(1990: 12)曾举例说,操不同语言的人们能够互相理解一些共通的非语言的标记或者符号,比如交通标志等,这便是共享渠道带来的好处。

然而不能忽略的是,在人们的语言沟通中,"语境"也是至关重要的编码/解码因素。这里的语境可以有两种理解:第一种是语言交流的场景的集合,包括时间、空间等,我们把这种语境称为非语言性语境;另一种是所传递信息前后的语言(词、句、段落等),我们把它称为语言性语境。我们在本研究中讨论的语篇,即这里提到的语言性语境。人们在交流时,总是将"我"看作宇宙的中心,因此有了"我"—"这里"—"现在"等概念,从传递信息开始,说话者需要对环绕在自己身边的世界进行参照指示。如 Lamíquiz(1967: 164)所画的图示:

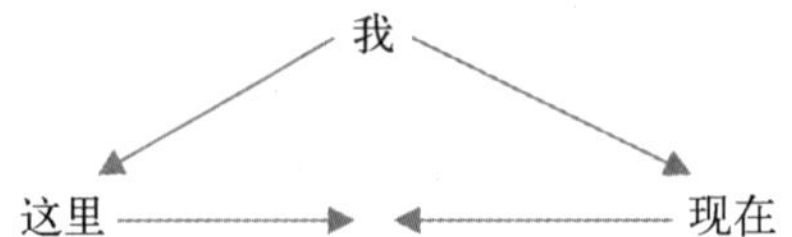

图 1-2 信息发出者的参照系统(改编自 Lamíquiz, 1967: 164)

在这一参照系统中,"我"有独立的特征(Kaplan, 1977),即它有语言学意义,表达第一人称代词,但它所指称的内容会随着语境的变化发生改变,比如在甲乙双方的对话中，甲口中的"我"指称的内容是"甲"，而乙口中的"我"指称的内容是"乙"。由此可以看出，指示成分的所指非常依赖语境，依赖信息发出者是谁，依赖信息发出的地点、时间，以及信息发出过程中所论及的话语对象（陈玉洁，2010：4）。褚俊海（2010：66）曾提道："语言是通过'指示'的方式来反映说话人的实践经验，虽然这个实践经验是客观的，但通过说话人以'指示'的方式'指给人看'时，它总是呈现为一种主观的客观。也就是说，语言的主观性来源于'指示'。"而提及有关指示理论的思想源头，不能忽视的是两位学者，一位是美国哲学家、符号学家皮尔士（Peirce），另一位则是德国心理学家布勒（Bühler）。皮尔士用 index 来指指示，布勒则用 deixis，前者主要为哲学界所用，后者则被语言学界广泛使用。皮尔士在其论述中阐明了三分符号概念之间的区别，即图像（icon）、代号（symbol）和指示（index）（也译为索引），他提到，其中的"指示"是符号，因为它与所指对象有对应、相符的关系并被所指对象影响，蕴含所指对象的存在。而语言学中更为经典的有关指示的论述，来自布勒 1934 年发表的《指示场与指示语》（*The Deictic Field of Language and Deictic Words*），我们将在后面的章节中详细解读。

1.1.1　指示的概念和内涵

"deixis"（指示）这一术语源于希腊语的"指明或指点"（金宝荣：2011）。前面章节已经提到，皮尔士（1876）指出了指示的符号性特征；布勒（1934）创立了经典理论体系来研究指示，认为指示是主体对环境进行实践活动时最简单、最方便的引导其合作者的方式，指示行为涉及发送者（sender）和接受者（receiver），发送者可以通过言语、其他无声的物质指示或是非语言的声音指示向接受者传递信息，提请接受者注意其所指对象。在《指示场与指示语》中，布勒提出指示场（deictic field）理论：指示场即言语行为中的"我—这里—现在"这一主定位系统（the here-now-I system）。指示词"我""现在""这里"是自然的坐标原点，这三个词构成了"三位一体的主观定位系统"（subjective orientation）（见图 1 - 3）。在该三位一体定位系统提出的基础上，布勒把人称指示、空间指示和时间指示看作指示语的三个基本范畴，认为人称、时间和空间是构成言语行为的三个基本要素。杨佑文（2013：35）将这三个基本要素归结为基本指示语（primary deixis），并在此基础上总结了指示的四大构成：（1）谁在指示？即实施指示的主题

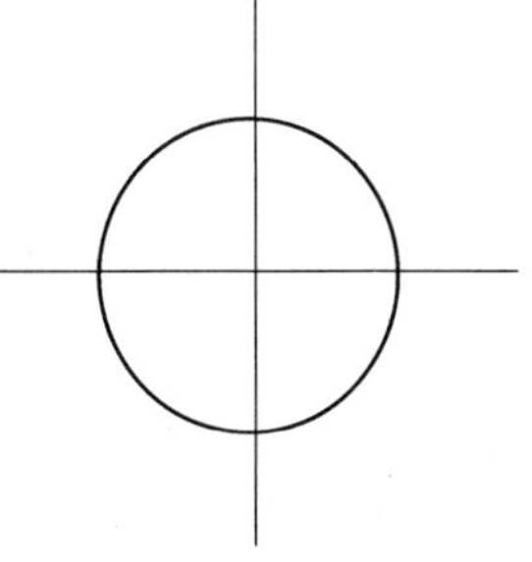

图 1 - 3　布勒的指示坐标原点（Bühler，1934：117）

(deictic agent/ subject);(2) 指示什么? 即指示对象或目标(deictic object/target),可以是实体、情形、时、空等;(3) 指示给谁? 即受指(deictic recipient);(4) 在哪里及在什么时间指示? 即指示场景(deictic settings),当时、当地。

除此之外,布勒还归纳出指示成分的两种用法,即想象指示(imagination-oriented deixis)和指示语回指用法(anaphoric use of deixis)。其中,想象指示是指"发送者带着接受者进入一个想象构造的世界,好像接受者可以在那儿用'想象的眼睛'(mind's eye)看到、听到这些指示词",而指示语回指用法指示是指"从心理学的观点看,指示词的回指用法预设了物体的存在,即,语流就在发送者和接受者面前,好像他们能够走到这个语流的前面和后面"(Bühler, 1934: 137—142,引自张新华,2007: 18)。

指示场理论又可以理解为自我中心理论。罗素(Russel)曾在1948年出版的论著《人类的知识:其范围与限度》(*Human Knowledge: Its Scope and Limits*)的第二部分第四章节论述"自我中心词"的概念。其描述具体如下(引自孙蕾,2002: 72):

我所说的自我中心词是这样一些词,它们的意义会随着说话人及其所在时空位置这一变量的变化而变化。这类词中最基本的四个词是:"我""这个""这里""现在"。每当我使用"现在"一词的时候,它都表示上下连贯的时间序列上的某一个个别的时刻;"这里"则表示我在作出任何一次位移之后所处的某一个个别空间位置;"我"则表示说出这个词的任何一个人。不过很显然,在某种意义上,这些词又具有固定的意义,这固定的意义便是它们能够被使用的基础……"这个"和"那个"是明显的自我中心词;的确,"这个"是唯一没有称名限定成分的自我中心词。我们可以说,"我"表示"正在经历这个的人","现在"表示"这个时间","这里"表示"这个地点"……对于确定的说话人和确定的说话时间来说,"这个"一词并不会产生歧义,但是,如果说话人和说话时间是未知数时,我们就无法说出"这个"表示什么东西。(罗素,1948;引自孙蕾,2002: 72)

之后,语言学家莱昂斯(Lyons)和列文森(Levinson)有关指示的观点都是沿着布勒和罗素的相关研究继续发展深入而进行的。莱昂斯于1977年在剑桥大学出版社出版了《语义学》(*Semantics*)这一著作,对指示问题作了深入细致的讨论,提出了自我中心(ego-centric)论,也就是说,话语发出者处于语境时空的零点位置,拥有自我(ego)这一角色,当其发出话语时,其叙述的所有一切都是以其自我的视角为出发点的。莱昂斯(1977: 636)定义指示为特定语法项或词汇项表现出来的一种功能,其特点是对话语的理解必须联系话语行为所处的时间和空间以及话语行为的参与者来进行，换句话说，“指示”的实现需要把话语跟参与者、空间和时间坐标联系起来，因此需要借用人称代词、指示代词、时制，以及其他语法、词汇形式的功能。除此之外，莱昂斯(1977)基于布勒的指示场理论，进一步定义了直指，认为人称代词(personal pronoun)、指示代词(demonstrative pronoun)、表示时间和地点的词语都具有直指功能，并提出了指示投射这一现象，还明确了指示语的理解和使用需要有一个指示中心(deictic centre)的存在，这个指示中心往往与话语的参与者、话语发生的时间和地点有关。

有关直指的论述，不得不提的还有美国语言学家菲尔墨(Fillmore)的相关研究。菲尔墨自1971年出版一部有关指示语的讲稿集(*Santa Cruz Lectures on Deixis*)后，一直致力于对指示的研究。此后，菲尔墨(1997：61)进一步将直指表达分为五个层级：人称、时间、空间、社会和语篇。他也认为，指示是话语的形式特征，这些特征只能当获知言谈行为的某些特点之后才能得到确定和解释。这些特点即是莱昂斯提到的言谈话语所发生的时间和空间环境以及言谈话语的参与者。陈玉洁(2010)将这一定义理解为直指的特点在于需要依赖语境才能得以解释。另外，菲尔墨(1997)还归纳了具有指示功能的语言形式，主要包括：(1) 人称词(如“你”“我”“他”等)；(2) 空间词(如“这儿”“那里”等)；(3) 时间词(如“今天”“昨晚”等)；(4) 社会性指示成分，既包括特定场景下的呼语(如“小张，你去哪儿?”等)，也包括不同的面称语(如“爷爷，等等我”等)。除名词性成分外，菲尔墨(1997：77—102)还特别提到英语中一些有方向性的动词性成分也具有指示功能，如come和go。

自莱昂斯将指示归入语义学研究范畴后，列文森在其专著《语用学》(*Pragmatics*)中阐述关于指示语的研究。他在定义指示这一概念时作了如下论述：

> 语言结构本身反映语言和语境之间的关系，最明显的就是指示现象。从本质上讲，指示现象牵涉如何用语言编码或语法手段表示出语境或言语行为的特征，因此它也涉及如何依靠语境分析来理解所说的话语，例如指示代词“这”(this)在不同的使用场合可指不同的对象，它是一个变项，所指对象由语境(例如手势)确定。(列文森，1983：54)

基于此，列文森指出，指示不仅属于语义学范畴，更属于语用学范畴。与莱昂斯的观点一脉相承，列文森(1983：64)也指出使用和理解指示语需要有指示中心或称指示中枢(deictic center)，包括：(1) 言者为人物中心；(2) 发话时间为时间中心；(3) 发话人发话时所处的位置是地点中心；(4) 发话人当时正说到的内容是话语中心;(5) 发话人相对于受话人或第三者的社会地位和等级等。然而列文森同时承认了有些话语中的指示语的一部分是以说话人以外的参与者所处的位置为中心的。

在汉语语言学界,基于西方哲学界、逻辑学界和语言学界的前人研究,也有很多语言学家提出了对指示的相关论述。何自然(1997)在其出版的著作《语用学与英语学习》一书中提出,指示是用于直接连接语言结构和其环境的现象。被指示的事物的参照和它在话语构建中的语义通常依赖话语环境和说话者的信念和意图而存在。

张新华(2007)指出,指示是通过指示成分实现的,而指示成分是说话者与外界事物连接的一种语言手段,只有通过指示成分,显示情景才可还原成句法可以操作的结构要素。此外,他还引用了德国逻辑学家和哲学家弗雷格(Frege)[王路(译)1994]的一段话来阐明有关指示的几个基本概念:

如果应该以现在时说明一个时间,那么就必须知道这个句子是什么时候说的,才能正确理解这个思想。因为在这种情况下,说话的时间就是思想表达的一部分。如果有人今天要说与他昨天用"今天"一次所表达的东西相同的话,他就要以"昨天"代替这个词。尽管思想是一样的,但是这里词语表达必须是不一样的,这样才能避免通常由于说话时间不同而造成的意义改变。"这里""那里"这些词的情况与此类似。在所有这些情况中,正像文字可以记录的那样,这种纯词语不是完整的思想表达,相反,为了正确理解它们,还需要认识说话时的某些情况,这些情况在这里作为表达思想的手段。示意、手势、眼神也可以属于这些手段。含有"我"这个词的言语在不同人的口中表达不同的思想……(张新华,2007: 14)

张新华(2007: 14—15)解释说,该段里的"今天、昨天、那里、我"等词汇形式都是指示成分。除了汉语中的时间副词,在很多欧洲语言中,例如英语、西班牙语,动词的时态变化也可以表现出相对于说话者而言的时间概念,因此指示成分既可以是词汇单位,也可以是语法形式。

陈玉洁(2010)在其著作《汉语指示词的类型学研究》中首先明确了与指示问题相关的几个常用概念,提到: 参照(reference)是一个统称名词;表示(denoting)和指示(demonstration)更侧重和言谈情景相关的指示动作或指示方式;索引(indexical)则常用于语言哲学概念,指语言中对语境敏感的成分(context-sensitive expressions),其指称内容常随语境变化而改变;直指(deixis)则是语言学界常用的概念,其内涵就类似于哲学界的索引,指随语境(通常指言谈场景)不同而有不同指称对象的语言成分,其指称对象往往与话语参与者、说话的时间和地点有关。陈玉洁(2010：5—6)基于菲尔墨有关直指功能语言形式的分类，介绍了汉语具有直指功能点语言成分，主要包括：人称代词(如“你”“我”“他”及其复数形式“你们”“我们”“他们”等)；指示词，既包含地点指示词(如“这儿”“那里”等)，又包含时间名词(如“这时”“那年”等)、时间副词(如“刚刚”“曾经”等)，以及做定语和独立使用的“这”和“那”；方位词(如“上”“上面”“左”“右”“南方”“北方”等)；称呼语(如“小王，你去哪儿?”“李老师，你在做什么?”等)；有指示中心的动词(如“来”“去”等)。

褚俊海(2010：66—70)提道：“语言是通过‘指示’的方式来反映说话人的实践经验，虽然这个实践经验是客观的，但通过说话人以‘指示’的方式‘指给人看’时，它总是呈现为一种主观的客观。也就是说，语言的主观性来源于‘指示’。”此外，他还指出：“指示”包括“指给人看”和“示给人看”的“一体两面”关系。“指给人看”侧重语言内容的真值意义，“示给人看”侧重如何表达真值意义。“指给人看”的“所指”是一种主观的客观，目的是主观的，内容是客观的；“示给人看”的“所示”是一种客观的主观，形式是客观的，方式是主观的。

姜美子(2016)称，指示体系由指示主体、指示对象和指示成分等三要素构成，指示主体是“感知和认识世界的主体，处于‘现在-这里’的时空位置”(2016：29)；指示对象是指“主体所指示的事物或现象”(2016：29)，“在指示范畴中，指示对象包括主体指称、方式、时间、空间等因素；投射到语言中，句法位置中的主语、处所宾语多表示指示对象”(2016：30)。指示成分是指“某一事物相对于主体所处的时间位置和空间位置而存在的位置关系”，语言中的指示成分包含“人称指示”“时间指示”和“空间指示”三个基本要素。

在西班牙语语言学界，Eguren(1999：932)将指示(deixis)定义为某些语言单位或语言表达方式与它们在世界或话语界所代表的事物之间的一种指称联系。指示单位或称指示元素(unidades deícticas)是基于对话双方的时间或者空间位置来使用的，所以当我们使用类似 este año(今年) 这样的指示表达时，año(年)的参照可以是任何的年份，只有定位了说话人所在的时间，才能确定指示的范畴，如说话人是 2021 年说出“Con el Covid - 19, este año es muy difícil para todos.”(因为新冠疫情，这一年对所有人来说都很艰难)，因此可判断这里的 este año 即指 2021 年，一旦说话人的话语发出时间变更为 2020 年，那么 este año 的指示年份也随即变更为 2020 年。也就是说，指示单位的参照是随着话语发出者所在的时间参照而改变的。这一特点同样适用于空间指示。如 Juan 说“El edificio está a aquel lado de la calle.”(建筑在街道的那一侧)，“aquel lado de la calle”(街道的那一侧)是基于 Juan 当时所占的位置,可以想象 Juan 当时是位于街道的另一侧(没有该建筑的一侧);如果 Juan 说话时的位置变更到有该建筑的一侧,空间距离变近,那么指示词则用“este lado de la calle”(街道的这一侧)更为合适。

通过指示,“个体”可以通过交际行为中的各种基本变量相关联,从而被识别出来,这些基本变量包括说话者、对话者(们)以及他们发出话语时所处的时间和地点。这里的“个体”是指表示对应于物理对象的明确实体,或对应于被构建的抽象概念(Bosque,1989: 200)。因此,Eguren 将指示所指的实体划分为三个序列:第一序列是指人、动物和物体,第二序列是指事件、境况和事情发生或存在世界上的状态,第三序列是指意向性对象,如命题等。

同布勒(1934)提出的指示场理论一样,西班牙语中的指示是围绕着空间时间坐标实现的,具体来说是以 yo(我)、aquí(这里)和 ahora(现在)为参照的,因此指示行为包含的最普遍的现象就是以坐标为基准的参照的实现,也就是说,具有指示意义的语言表达[如 ella(她)、esa casa(那座房子)、entonces(那时)]与没有指示意义的语言表达[如 Paco(巴科,人名)、la casa(房子)、en 2022(2022 年)]之间的最大区别在于,具有指示意义的语言表达其参照的实现依赖话语是谁发出的,以及在哪里和什么时间发出的,而非指示意义的语言表达可以独立于这些信息之外,获得参照。当然,只存在自我中心的坐标系统也不足以谈论指示问题,不能仅仅考虑说话者自身的主观性,参照性和自我中心性这两种特征相结合,才能考虑某个语言单位或是语言表达是否具有指示功能。

对于 Marcos Marín(1984)来说,指示是一个用于在空间和时间中定位某一语义物质的符号,而对于 Alarcos Llorach(1982)来说,指示则是对于被指参照物在时间和空间的指引,这种指引可以是现实的,也可以是语境中的或是思想中的。指示意味着最大程度上的定指性,具有参照实现(actualización)的功能,相当于将一个虚拟的符号指向一个具体的现实,同时也具有识别(identificación)的功能,用于将范围内的参照具体化,最后还具有限定(determinación)的功能,即对所指或所表明的事物进行确切说明。也就是说,指示是通过言语指向显示中的参照而建立现实和言语之间的关系。Asenjo(1990)指出,西班牙语中有一系列的语言元素具有指示功能,如指示词(包括指示代词、指示形容词和指示副词)、人称代词、物主形容词以及一些情况下的冠词。

Eguren(1999)还讨论了指示与身势表现之间的关系。对参照的指示往往伴有“展示”或“指出”这样的身势动作,也就是说指示语言表达通常可以对应到身势指示上,参照的实现是通过说话者与听话者在互动场景中面对面的手势、姿态、表情而实现的。西班牙语皇家语言学会 Real Academia Española(RAE,2009：2036—2037)同样提到了指示常伴有身势动作这一特点,如通过一个手势来明确所指对象,并进行了举例说明:“Me gusta ese broche”, le dijo, señalando unas piedras que llevaba prendidas a su chaqueta la doctora (Nuevo Herald 25/6/1997).(“我喜欢那个胸针”,她指着钉在她外套上的宝石说道)。

然而,这并不代表具有身势动作是实现指示的唯一方式,Eguren(1999：933)说,除了身势动作之外,还存在一些象征性或篇章性的用法,同样属于指示范畴,这些用法不依赖于话语发生场景中即时的物理条件和身体动作。除此之外,指示与身势表现之间的关联程度也不是完全统一的,有些指示被称为“非透明指示”[deícticos opacos, 如指示词 este(这)],确实需要身势信息来确认其参照,而另一些“透明指示”[deícticos transparentes, 如人称代词 yo(我)],其参照可以在具体的话语场景中直接被识别,无须伴有身势动作。

我们知道,指示语表达的意义中跟随场景变化的并非其词汇意义,而是其指示单位的参照所指,因此指示语言表达具有杂糅的性质,用符号学的术语来说,既属于“符号”,又属于“标记”,也就是说其中既包含独立于场景的永恒不变的词汇语义,同时又包含与所指的客观事物之间的存在联系,这种联系通过时间和空间的定位而实现。Eguren(1999：933)用人称代词 yo 来进行举例：一方面,yo 的符号特征体现在它在语言中的词汇语义是“我”;另一方面,yo 的“标记”功能通过其与话语场景的关系来实现,指向具体发出话语的人。

总的来说,指示语的表达是有定的,同时也是相对封闭的语言类别,主要包含：代词、指示限定词,物主词,数量有限的地点副词、时间副词和方式副词,运动动词 ir(去)、venir(来)、llevar(送去)和 traer(带来)的时态和人称变化形态,当然还包括一些可以表达地点或时间等景况补语的名词词组或前置词词组(Eguren,1999：934)。

1.1.2 指示的类别

按照指示的基本信息分类,我们可以将指示语言表达或者指示单位划分为人称指示、地点指示(或称空间指示)、时间指示三种。人称指示指向话语场景中交际时间的对话双方。在汉语中,人称指示主要包含人称代词、物主代词、指示词等;英语和西班牙语中除了和汉语相同的人称代词、物主词、指示词,还包含动词的人称变化形态。空间指示则是指与话语场景中某些元素相关的定位信息。在汉语中,空间指示包含带指示词的地点副词/代词(如这里、那里、这儿、那儿等)、一些包含地点信息的方位名词和运动动词(包含来、去);在英语和西班牙语中，空间指示包含指示词、地点副词、一些包含地点信息的前置词(介词)词组和部分运动动词。时间指示则是指示出与话语交际空间中某一刻相关的时间信息。在汉语中，时间指示主要包含指示词、时间副词、一些含有时间信息的名词词组；而相比汉语，英语和西班牙语的时间指示除了含有指示词、时间副词和一些含有时间信息的名词词组外，还包括一些含有时间信息的前置词(介词)词组和动词的时态变化形态。

除了上述基本类别的划分外，国内外语言学家还对指示的分类进行了不同的探讨。

早在 1904 年，德国印欧语学家布鲁格曼(Brugman)就提出可将指示分为四类：(1) 第一类(dé-deixis)类似于手势指示的意义，包括“这”“那”等词；(2) 第二类(ich-deixis)以话语发出者为中心，指向离话语发出者较近的人或事物，包括“我”“这个(离话语发出者近的)”等词；(3) 第三类(du-deixis)以听话人为中心，指听话人以及听话人附近的事物，如“你”“你这个(离听话者较近的)”等词；(4) 第四类(jener-dexis)指远处的事物，如“那个”“那里”等词。

布勒(1934)认为，指示的基本范畴应当是人称指示、时间指示和空间指示，因为人称、时间和空间是构成言语行为的基本要素。同时，如前文提到的，他又将指示划分为直观指示、想象指示和回指用法指示三大类。直观指示是指话语发出者可以看到的东西；想象指示是指不能直接感观到，但可以通过话语双发的经验判断或者通过话语描绘而得出参照的东西；回指用法指示是指说话人指向的具体参照在上下文中出现过或即将出现。同时，布勒还提出在这三种指示类别中，直观指示是想象指示和回指用法指示的基础。

菲尔墨(1971)和列文森(1983)总结了指示现象主要有人称指示(person deixis)、地点指示(place deixis)、时间指示(time deixis)、语篇指示(discourse deixis)和社交指示(social deixis)几类，也就是说在传统的分类基础上又增加了语篇指示和社交指示这两种。根据他们的观点，我们可以列举出在汉语、英语、西班牙语中的指示语分类的语例(见表 1－1)。

表 1－1　汉英西三语指示语分类语例

类　别	汉语语例	英语语例	西班牙语语例
人称指示语	我、你	I, you	yo, tú
地点指示语	这儿、那儿、这里、那里	here, there	aquí, acá, allí, ahí, allá

续 表

类 别	汉语语例	英语语例	西班牙语语例
时间指示语	现在、然后、今天、昨天、明天	now, today, yesterday, tomorrow	ahora, hoy, ayer, mañana
语篇指示语	后者、上述	the latter, the following	el anterior, el siguiente
社交指示语	您	sir, madam	usted, ustedes

Green(1995)认为：起指示作用的直示语(deictics)有两种意义，即标示义(indexical)和符号义(symbolic)，“直示包括指示和指示词语；所指是直示的基本方面；直示还反映讲话人的主观世界；相关是语境的一个属性，但它不同于情景或心理构造，它是一种‘元语境’的上一层次的东西，制约句法形式、语义和语境之间的关系”(引自梁敬美，2002：7)。相比列文森(1983)，Green(1995)又归纳出“主观直示”和“句法直示”两个功能。

与前人研究类似，何自然(1997)也将汉语中的指示归纳成为三类：人称指示、地点指示和时间指示。顾名思义，人称指示是指指示对象为人的指示类型，地点指示和时间指示则指向地点和时间概念参照。

西班牙皇家语言学会 RAE(2009：2039)将西班牙语中的指示分为人称指示(deixis personal)、时间指示(deixis temporal)、地点指示(deixis locativa)、数量指示(deixis cuantitativa)和情态指示(deixis modal)五种。西班牙语中实现人称指示的语类主要有人称代词、物主形容词和动词的人称屈折形态。人称代词指示是三分化的指称其参照，其中第一人称指说话者，第二人称指听话者，第三人称是对前两者的否定。与人称代词一样，物主形容词同样也是三分化的。第一人称和第二人称的指示往往是直接指示，而第三人称可能需要伴有其他条件存在的非直接指示或是用来表达回指或预指。

动词的屈折变化除了可以实现人称指示，还可以实现时间指示，如“Ayer llegamos tarde.”(昨天我们迟到了)(例句来自 RAE，2009：2041)。其中 llegamos(到达)蕴藏了动作发生的时间，这里的时间恰巧也和时间副词 ayer 所指重合。有些动词屈折形式的时间指示是绝对的(absolutos)，而有些则是相对的(relativos)，前者是直接指示话语发出的时间，后者则是参照话语发出的时间指示另一时间。如西班牙语中的简单过去时往往是绝对时间指示，而过去完成时则往往是相对指示，例如：“Nos contó que habíamos perdido el tren.”(他跟我们说我们已经错过了火车)。在此句中 contó(告诉、说)所指时间就是该句说话者发出话语的时间,而 habíamos perdido(错过)则是相对 contó 的时间再往前推。RAE 将相对时间指示看作时间范畴内的回指或预指。除了动词的屈折形式变化外,基于时间轴“现在一过去一将来”,有一些时间副词或形容词也具有时间指示功能,例如 entonces(当时)、pasado(过去)、próximo(en el mes próximo)[接下来的(下一个月)]、reciente(最近)、entrante(即将开始的)、nuevo(新的)、presente(现在的)、moderno(现代的)、actual(当今的)、último(最后的)、anterior(前面的)、posterior(后面的)和 contemporáneo(同时代的、现代的)等(RAE,2009:2041)。此外,表达日期、星期和年份的名词也可做时间指示用,如“El lunes voy a la escuela.”(周一我要去学校)和“El lunes fui a la escuela.”(周一我去了学校)这两个句子中,el lunes(周一)的时间所指是不同的,前者是参照话语发出时间即将来临的周一,而后者是参照话语时间刚刚过去的周一,但如果是类似 el jueves, seis de enero de 2022(2022 年的 1 月 6 日、星期四)这样只有唯一时间参照的表达,则只能将其当作专有名词看待。

地点指示则是由一些地点指示副词/代词来实现,如 aquí(这里)、ahí(那里)、allí(那里)、acá(这里)和 allá(那里),也可以通过指示词加具体名词,如 esa casa(那座房子)或者抽象指示代词 esto(这个)来实现,此外还包括一些表达空间位置的形容词,如 norteño(北方的)、occidental(西方的)、oriental(东方的)、superior(上面的)、inferior(下面的)等(RAE,2009:2043),以及一些副词词组或前置词词组,如 a la izquierda(在左边)、adelante(向前)、un poco más arriba(往上一点)等。另有一些意义特别的形容词,如 extranjero(国外的)、forastero(外地的)或者 nativo(本地的)也可表达地点指示,可在不同的语境中指示不同的地点参照。同样,带有方向性的运动动词 ir(去)、venir(来)、llevar(带去、送去)和 traer(带来)也可以基于话语发出的空间位置指示地点。因此,RAE 提出,在西班牙语中,“Mañana vendré a tu casa.”(明天我会来你家)这样的句子是非常奇怪的,因为 venir(来)的地点指示参照应该是话语发出者所处空间,而非话语接收者所处空间。但是应注意的是,此种限制在部分地区的西班牙语中,如智利,或受到英语和加泰罗尼亚语影响的西班牙语中是不存在的(RAE,2009:2044)。

数量指示主要通过量化词 tanto(如此多的、若干的)来表达。“Hay tantos libros en el estudio.”(书房里有这么多的书),此处的 tanto 是显性指示,就是书房里所呈现的书的特定数量。tanto 和它的变体 tan、tanta、tantos 和 tantas 也可以在句子中用来回指,例如:“Hay muchos libros en su estudio. Yo no tengo tantos.”

(书房里有很多书。我没有这么多)。

最后,情态指示通常是用副词 así 来表达,así 在这里可以换成词组 de este modo,由此我们可以看出它具有指示作用,例如:"¿Vais allí andando? Yo no puedo ir así."(你们是要走着去吗? 我可不能这么去)。在这个例句中,副词 así 实际就是用来指示前句的方式 andando(走路去)。

此外,学者们还按照指示单位依赖身势动作或者附加场景信息的程度来区分指示的类别,一是"透明指示或称完全指示",另一类是"非透明指示或称不完全指示"(Kleiber 1983, 1984; Wettstein, 1984)。透明指示具有以下几项特征:预先确定了被指称物的类型;只能在一种可能性的情况下使用;它们的所指不能通过手势来发生改变,但这并不以意味着其所指不能通过手势来加强。汉语中的"我"、英语中的"you"、西班牙语中的"hoy"等都属于这一类的透明指示。非透明指示的特征如下:该指示的表达不能保证准确识别指示对象;在不同的话语场景中指示参照可能是不同的元素;可以通过手势辅助来改变参照(Eguren, 1999: 935)。由此可见,汉语中的"他"、英语中的"this"、西班牙语中的"entonces"都属于非透明指示这一类别。Eguren(1999: 935)用一个很有趣的场景来举例说明非透明指示:一个人面前有一张照片,照片中有三个知名的政治家,这个人用手指依次指向他们,并说道:"他、他、还有他,说得多,做得少。"从这个场景中,我们可以看到同样是人称代词"他",随着手势的变化,其参照也相应产生变化。也正因如此,非透明指示除了身势用法和象征用法,还可以用于回指,这也是它区别于透明指示的地方。关于回指,不少语言学家(Lyons, 1977; Levinson, 1983; Moreno, 1991)都认为回指(包括上指和下指)不是指示的一种,而是与另一个已经出现或即将在后文出现的术语或表达具有相同参照的现象,所以回指实际是一种"共参照"功能的体现。Eguren(1999: 937)用三个西班牙语的例句来解释了回指与指示的差别:

(3) a. El presidente$_i$ pensaba que *él*$_i$, iba a ganar las elecciones.

冠　总统$_i$　认为　连[①]他$_i$　将要 赢得 冠　选举

总统认为他会赢得选举。

b. Haremos escala en Kuala Lumpur$_i$, y desde *allí*$_i$, volaremos a Auckland.

做　转机 在　科伦坡$_i$　连 从　那里$_i$　回　奥克兰

我们会在科伦坡转机,从那里回奥克兰。

① 本书中用"连"代表"连词"。

c. Nació en 1965$_i$. *Entonces*$_i$, controlaban España los tecnócratas.

出生 在 1965$_i$ 那时$_i$ 控制 西班牙 冠 技术专家

他生于1965年，那时候西班牙被技术治国论者掌控。

在例句(3)的3个句子中，无论是人称代词 él(他)、地点副词 allí(那里)还是时间副词 entonces(那时候)，所起到的作用都是前文中出现过的名词 presidente(总统)、Kaula Lumpur(科伦坡)和1965年，与名词存在“共参照”的关系，而不具有指示作用。然而，有些指示表达表现出的指示功能是语篇指示，即在话语中指向出现过的或即将出现的其他语言表达成分或话语片段。

莱昂斯(1981：223)还提到另一类区分指示的方法，即将指示划分为“纯粹指示”和“非纯粹指示”。前者是指其意义只有指示性质而不具有其他含义，如人称代词的“我”和“你”就是指说话者和听话者；后者则是指指示只是该表达的部分意义，如人称代词中的“他，她，它”等，除了含有指示意义外，还包含性别意义或是不是人类这一语义属性。

最后还应注意的是，在空间指示和时间指示里还可以区分出“首级指示”和“次级指示”，后者又称为“情感指示”或“同感指示”(Lyons 1977：611；1981：234；Cifuentes Honrubia 1989：118—119)。首级指示主要从物理场景中而来，而次级指示是对首级指示的时间空间场景维度的再理解。因此我们在话语中使用“这、那”这类指示词表达被指参照与说话者之间的时间空间距离外，还可以用于表现说话者想要表达的自己与被指参照之间的心理距离，这一距离是通过情感、态度等作用而产生的。

1.2 指示语和指示词

有关指示语和指示词的研究与指示的研究是密不可分的。在前文对指示(deixis)的回顾和分析中，我们也提到了指示语(deictics)这一概念。实际上，deixis是 deictic 的名词形式(陈玉洁，2010：4)，杨佑文(2013：1)将指示语定义为“在语言中具有语言指示功能的词语，用来表达语言中的指示现象(deixis)”，指示语也是语言中的一种特定手段，用来“指示语境中的重要成分，把话语与语境中的实体(entity，含人称和食物)、时间、空间等联系起来”。何自然(2004)《当代语用学》(与陈新仁合著)也曾说过：我们把表示语言指示信息的词语称为指示语，它们的意义只有结合语境才可能得到正确的解释。此外，杨佑文(2013)建立了一个有关指示语的历时语用动态模式：“情景指示→语篇指示→链接指示”，并且确立了指示语的三种功能：空间指示功能、时间指示功能和语篇指示功能。在本书中，我们将指示语看作是具有指示功能的语言成分。

正如前文已回顾的，20 世纪初对指示语的研究主要有：布勒(1934)《指示场与指示语》(*The Deictic Field of Language and Deictic Words*)，罗素(1948)《人类的知识——其范围与限度》(*Human Knowledge: Its Scope and Limits*)。20 世纪中后期有：巴尔·希勒尔(*Bar Hillel*)(1954)《指示词语》(*Indexical Expressions*)，法国语言学家本维尼斯特(Benveniste)(1974)《普通语言学问题》(*Problèmes de linguistique générale*)，莱昂斯(1977)《语义学》(*Semantics*)，菲尔墨(Fillmore)(1982)(*Santa Cruz Lectures on Deixis*)，列文森(1983)《语用学》(*Pragmatics*)。这些对指示语的研究主要对指示现象以及语言中表达指示现象的指示词语进行不同角度的深入、系统的分析。

在国内，指示语的研究主要包括有关指示语及代词的性质和范围研究、汉语中的指示词研究以及具体有关指示代词“这”“那”的研究。从历时上看，早在 1898 年，马建忠的《马氏文通》就提到了“代字”的概念，他定义为“凡实字用以指名者，曰代字”(引自杨佑文，2013：19)，并且依据指代对象的不同，将其分类为“所语者”和“前文者”两类，前者是指“当前对语，不呼本名，惟取公共之字以待人己之称。己者，发语者也，其代字为‘吾’‘我’‘余’‘予’诸字。人者，或为与语者，其代字为‘尔’‘汝’‘而’‘若’诸字。或为所为语者，其代字为‘彼’‘夫’二字。反此代字，可无前词而直指者也”(p.58)。从此段叙述中，我们可以看出，“所语者”即类似人称代词，包含了第一人称、第二人称和第三人称等不同类型。而马建忠提到的“前文者”主要是指“之”和“其”这两个字，且它们不仅可以代物还可以代人。在《马氏文通》的基础上，又有黎锦熙、陈承泽、章士钊、杨树达等对“代名词”“代名字”“代词”的定义和功能进行了讨论，虽然所用的称谓不同，但都与现代汉语中的指示词有着密不可分的关系。

20 世纪中，当代语言学家吕叔湘、王力、梅祖麟等也开始对指示和指代在汉语中的表达进行研究。王力将代词归为半虚词，因为他认为代词的所指并不是一成不变的，例如人称代词“他”在不同的语境下既可以指代“张三”也可以指代“李四”，并认为代词的作用在于替代，其本身不能有一定的意义；同时，王力指出代词也有很“实”的一面，因为普通名词只能指代某一种人或物，而代词是可以替代一个个体或若干个个体的集合。王力定义“代词”为能替代实词的词，他没有沿用前人研究中的旧称“代名字”或“代名词”，而是因其替代功能，为其命名为“代词”，并将其分类为人称代词(如你、我、他、你们、我们、他们等)、无定代词

（如人、人家、别、别人、大家、某等）、复指代词（如自、己等）、交互代词（如相、自相等）、被饰代词（如者等）、指示代词（如此、这、彼、那等）、疑问代词（如谁、哪、怎样、怎么等）七大类。王力（1980）在《汉语史稿》中还从历时的角度研究了“这／那”的来源和演变。

吕叔湘并没有使用“代词”这一名称，而是在《中国文法要略》中将指示这一类语言成分定义为指称词或称代词，认为其有着指示和替代的作用，是帮助实义词表达意义的，因而将其归类为辅助词。此外，他将指称词分为三身代词（我、尔、其、之、他等）、确定指称（如彼、此、这、那等）、无定指称（如谁、何、什么、或、莫等）、数量指称（如一、二、百、千、多、些、每、各等）、单位指称（如斤、块、枝、个、只、件等）。其中的数量指称和单位指称就是今天独立划分出来的数词和量词（李春晓，2000）。吕叔湘（1985）在《近代汉语指代词》中系统地讨论了近代汉语指代词，同时指出了每个指代词的语法来源，他认为汉语指示词的功能主语分为三类：特指、承指和助指。其中特指即直指，有距离远近的区别；承指则是回指，是在语篇中已经出现的，听话人明确所指参照的，甚至包括双方因默契、共享指示、所指现象的唯一性等产生的定指。在 1990 年，吕叔湘又补充了指示词的替代这一功能。

梅祖麟与王力和吕叔湘一样，也从历史角度对汉语指示词进行了考察和探讨，1986 年在论文《关于近代汉语指代词——读吕著〈近代汉语指代词〉》中，他研究了近代汉语中指示词“这／那”的前身，并对其形式及功能进行了探讨。

高名凯在《汉语语法论》中将“代词”定义为专指代替名词地位者，认为最主要的代词可以分为两种，一是指示代词，二是人称代词。另外还存在甄别代词、疑问代词、关系代词等。甄别代词（pronoun of discrimination）主要指类似英语中 another、other 等表达的意思，在汉语中的体现主要是先秦汉语里表示“其他”意义的“他”这一类代词。与前人不同的是，高名凯认为“者”字也可作指示词，而王力则反对这一观点，认为“者”只是饰代词，只代表被修饰的“人”字，没有任何“先词”的存在。高名凯不仅分析了汉语指示词的具体示例，还将其与英语语法体系中的冠词进行了比较研究。

汉语界另有一些对代词以外的指示现象的研究，如朱德熙（1961，1966）对“的”字替代功能的研究，赵元任（1968）、胡壮麟（1994）认为“来”“干”“这么着”可以替代前文中的动词短语，而“那样”“这样”“然”可以替代小句、形容词等（引自杨佑文，2013：20）。

有关指示词的定义和内涵的研究，尤其是指示代词的研究，从 20 世纪 80 年代在汉语界开始进入研究热潮：王钟林(1979)、马松亭(1981)、张静(1987)、廖定文(1987)、黄伯荣、廖序东(1991)、王丽炎(2000)、刘叔新(2002)等都提出，指示词代词是用于指示人物、事物、行动、性状等的词类。

有关指示词归类研究，主要包括：马建忠在《马氏文通》中最早系统地对指示词进行研究，以“代替”为特征定义“代字”，且将其分类为指名、接续、询问、指示四大类。黎锦熙《新著国语文法》、王力《中国语法理论》、吕叔湘《中国文法要略》、高名凯《汉语语法论》、丁声树等的《现代汉语语法讲话》都涉及代词的分类问题。然而，陈承泽(1957)、乃凡(1955)、张静(1987)、高更生(1990)坚持以形式标准划分指示词。袁毓林(1995)基于原型范畴理论从认知语言学角度论证了代词单独成类。

Bhat(2004)指出，不同语言的指示词体系不尽相同，有的语言的指示词是二分化的，即分为近指和远指，有的则是三分化的，即分为近指、中指和远指，还有些语言的指示词是四分化的。指示词体系是二分化和四分化的语言通常是以距离为指示体系的中心的(distance-oriented system)，而三分化的语言则通常是以人称为指示中心的(person-oriented system)。有关指示词的语义划分类型，不同的语言，其指示词的语义类型是不同的，汉语和英语都是二分的，但西班牙语、日语、韩语等都是三分的，另外有些语言的指示词是三分以上的。其中二分的主要分为“近指”和“远指”；三分则可分为：近指、中指、远指；近指、远指、更远指；近指、远指、非近非远指(吕叔湘，1990)。王力也指出指示词有二分法，也有三分法，中古语里的“此”和“彼”以及现代官话中的“这”和“那”就是二分法的指示代词表达，分别表示近指和远指，三分法则是在其他一些语言中出现，除了近指和远指外，还有一种指示词表达非近非远。朱德熙(1982)，吕叔湘(1985)，邢福义(1991)，黄伯荣、廖序东(2001)都指出，汉语普通话的指示词是二分对立的，“这”是近指，“那”是远指。然而，在汉语方言中，有些指示词存在三分的划分观点，如朱建颂(1992)对武汉方言指示词的划分，叶祥苓(1993)对苏州方言指示词的划分，以及陈建初(1995)对湖南冷水江方言的指示词的划分。蒋华(2004：16)认为“汉民族的自我意识、本体意识很强，汉民族的潜意识中把客观世界分为‘人’和‘非人’，‘万物皆备于我’”，因此，“汉语交际中说话人经常把观察事物的视点置于自己一边，使自己成为交际场合的中心”。

上述研究告诉我们，指示词是指示语中的重要组成成分，与指示现象关系密切，在语义和语用功能上发挥着不可或缺的重要作用，因此陈玉洁(2010：7)将指示词定义为：“一个以指示为基本功能(直指是它的典型指示功能)，以距离意义为核心意义的语法范畴,形式上既包括以封闭性词类出现的各类独立的代词、副词、形容词等,也包括虚化的指示成分,甚至可能是黏着语素。"而她同时提到,在汉语普通话中,"这""那"以及以它们为语素组成的词语是汉语指示词中的典型成员(陈玉洁, 2010: 8)。刘金凤(2017: 1)则定义"指示词是专门实现指示功能的一个封闭词类,在纷繁庞杂的语言系统中是一类微小的封闭功能词类,词项虽寥寥无几,却与客观世界存在的实体(entity)直接对应,典型地代表了人类语言的一项基本交际功能——指示(deixis/indexicality),且不同语境中化出万千变体"。指示词是诸多功能词,如冠词、第三人称代词、非动系词、关系词、标句词等语法的起始原点。从上述定义中,我们可以看出指示词在语言表达和篇章行文中的重要作用,在下面的章节中,我们还将对汉语中的典型指示词"这""那"进行更加深入细致的分析和探讨。

第二章　汉英指示词的先行研究

2.1　汉语指示词“这”“那”的先行研究

如果从历时的角度来看指示词“这”“那”在汉语界的研究过程，可以分为以下几个阶段：

第一阶段：以梅祖麟、吕叔湘为代表，从历时角度出发，讨论“这／那”的来源和演变。吕叔湘(1956;1985)、王力(1980)和梅祖麟(1986)也是最早从历时角度出发，讨论“这”“那”的来源和功能嬗变的。关于“这”的来源的研究主要有吕叔湘(1956,1985)、王力(1980)、陈治文(1964)、梅祖麟(1986)、叶友文(1988)、志村良治(1995)、冯春田(2000)，关于“那”的来源的研究主要包括王力(1989)、吕叔湘(1985)、吴福祥(1996)。

第二阶段：在结构主义语言学的影响下，从句子层面研究“这／那”的性质。这一阶段的主要代表有高名凯(1957)、吕叔湘(1980,1999)、金锡谟(1983)。如吕叔湘《现代汉语八百词(增订本)》(1999：657)把代词“这”的指代功能解释为“指代比较近的人或事物”，并具体分出了四类用法：代替人，限于“是”字句里做主语；代替事物，常用作主语；代替事物，用在双音节方位词前；复指全文，用在小句开头。

第三阶段：从功能和认知角度来解释“这”和“那”，主要以张伯江、方梅、沈家煊为代表。如张伯江、方梅(1996)从功能角度考察了“这”和“那”的虚化语法意义，认为非指代化倾向(成为指称标记)和指示域的扩展和转移是指示词的主语虚化用法。其他一些主要的研究包括沈家煊(1999)、徐丹(1988)、曹秀玲(2000)、石毓智(1997)、陆俭明(1999)、廖秋忠(1992)。

若从共时的角度来看，现有的有关“这”“那”的研究又可以总结为以下几个方面：

首先是句法层面的研究：金锡谟(1983)在其著作《汉语代词例解》中分析了指示词“这”“那”的主要句法特点及其指示用法，认为其可以指代人或物、时间、处所和表示泛指的用法等。吕叔湘(1985)的研究中主要指出“这／那”后接名词时起指示作用，单独出现时起称代作用(兼指示作用)；而在起回指功能时，“这”

出现的频率要高于“那”,且“这……”“那……”“那么……”是指示词从称代作用演化出的承接作用的体现。此后,吕叔湘(1990)在其发表的《指示代词的二分法和三分法》一文中又从方言例子分析入手指出指示词的二分法要先于三分法出现,并进一步阐述了指示词的指示、区别和替代三大作用。

崔健(2014)提到了汉语指示词与定语标记的排斥和相通关系,主要包含以下两方面:首先是指示词与“的”排斥,“定语位置是指示功能的天然位置,光杆指示词占据定语位置时自然承担指示功能,而‘的’则兼有代替功能,二者功能冲突,自然互相排斥”(p.9);其次指示词与定语标记的相通,其中谈到汉语光杆指示词排斥“的”,但有时二者可以互换。如:“我们这/的二儿子呀……”。而针对这一点,刘丹青(2008)将则定语标记分为专用定语标记和兼用定语标记(即光杆指示词+量词)。“兼用定语标记居于指示词和核心名词中间的位置,这一句法环境为指示词承担连接功能提供了可能,即兼用定语标记的连接功能主要是由所处环境临时获得的,因而其功能也不稳定”(引自崔健,2014:9)。

此外,赵元任(1979),朱德熙(1982),吕叔湘(1985),刘丹青(2008)等都对指示词占据句法位置的不对称性进行了讨论,指示词出现在主语位置的要求相对宽松,而宾语则相对限制较多:究其原因,刘丹青(2002)认为汉语主语和宾语的句法属性和语用属性有对立倾向,光杆名词位于主语位置自然被赋予有定性、话题性和类指性等语用属性,所以指示词作为代替手段可自动获得以上属性。但是宾语位置有动词的管辖,突出受事性和个体性,因此倾向于用复杂指示词。然而连动结构中(如“你把这吃了”),光杆指示词占据相对靠前的位置,越靠前的成分获得自足性的可能性就越大,所以可以使用简单指示词。

其次是语义、语用层面的研究:如徐丹(1988),张伯江、方梅(1996),崔应贤(1997),石毓智(1997),沈家煊(1995、1999),郭玉玲(2000)等对指示词“这”和“那”的不对称现象进行了深入的分析和研究:崔应贤(1997)指出“这”用来统指整体,“那”用来列举局部;徐丹(1998)考察了“这”和“那”在三种句法关系上的不对称情形,认为“这”和“那”在第三人称后是对称的,而在第一人称后则不对称;石毓智(1997)则指出在回指的用法上,“这”的出现频率要高于“那”;此外,还有沈家煊(1999)统计了汉英指示词使用频次,汉语中“这”超过“那”,而英语中“that”远超“this”,因为英语注重“距离远近的差别”,而汉语注重“靠近还是离开说者”的差别,这是从认知角度对近远指的不对称进行了分析;陆俭明(1999)认为“这是……”的使用频率要高于“这个是……”,这是其基于对外汉语教学对两者进行使用环境差异上的描写的结果,此外,他还提出“这个”是指量结构,因此比单独的指示代词“这”范围要小；郭玉玲(2000)则通过其实证研究提出留学生使用“那”的频次高于“这”，母语者使用“那”的频次低于留学生；曹秀玲(2000)也基于20万字语料进行了统计分析，结果发现“这”的使用频率要远远高于“那”。

奥田宽(1998，周刚译)指出汉语的“这”“那”可以分为“任意性要素”和“必需性要素”两类：“这”有时是“任意性要素”而非“必需性要素”，如“这位大嫂，有话好好说!”(《茶馆》)，即便缺少指示词，我们也能明白名词的所指，“任意性要素”加上的指称陌生人类的名词，如“同志”时，“这”有对对方“责备、不满”的心理状态；而此种情况下，“那”并不能使用，“任意性要素”加上指称亲密关系的人类名词，如“闺女”时，则有表达疼爱的主观情感；加“爸爸”“大嫂”等，则表达“实在没办法，无可奈何”的情感，另有一些表达感动的情感。奥田宽(1998：30，33)将这种功能总结为：“向对方发出的称呼用语的前面，带有任意性指示词‘这’(往往后加量词‘个/位’)时，是说话者对听话者怀有一定的主观感情。这里所谓的‘主观感情’，是指对方怀有‘不平、不满、批评、惊诧、感动’等心态；不怀主观情感、单单称呼对方时，不加任意性指示词‘这’，只用单纯的称呼语，而且说话者继续说话的内容是有关对方(或者自己)的行为，属于客观性内容而不含主观性内容……用姓名来揭示特定任务的场合，在跟任意性指示词‘这’出现对比的条件下，在姓名之前加‘任意性’的指示词‘那’，也是对这个人物的行为作客观的说明和叙述。此时即使不加‘那’，用第三人称‘他(她)’来替换姓名也是一样。”

梁静美(2002)通过分析现场即席话语(situated discourse)总结出“这-”和“那-”在话语中的三种功能：语用功能(空间指、事物指、形状指、时间指、话语指、同指、连接指等)、话语功能(情境用、对比话题、引入话题、转换话题、抢话轮、维持话轮等)和即席功能(找词、找话语、填词、口吃、口误、引用、被人打断、模糊等)，总结了这21种功能不同的语法化程度，同时指出“这”“那”在话语中出现的频率很高，后面可以附加其他音节，常见的有“这个”“这样”“那个”“那么”等。贾志勇(2008)从认知语用的角度分析了指示代词的使用和选择是如何传达概念主题的指向性并反映出其语用策略的。方梅(2016)提出单音指示词和双音指示词之间在功能上有明显的区别，这是因为音节形式会影响指示词的篇章功能。彭世娟(2020)分析了“这/那”类指示代词的分类：指人、事、物，指时间，指处所，表性状、方式、程度(分别用文学作品举例)，并从时间距离、空间距离、心理距离的角度分析了汉日指示词的对比情况。张秋杭(2020)基于Ariel(1990)提出的可及性理论(accessibility theory)，即“越是可及性高的实体，越倾向于采用近指标记；越是可及性低的实体，越倾向于采用远指标记”(Ariel，1990：51，53)的观点，指出“这”“那”属于中可及性标示语，近指词“这”的可及性要高于远指词“那”。

再者是指代范畴语法化方面的研究：吕叔湘(1985：202)已早就提出：“‘这’‘那’要是完全没有区别的作用，就是弱化的‘这’‘那’跟有冠词的语言里的冠词相当。”张伯江、方梅(1996)的研究中指出北京话里通指语义的“这”和“那”有以下特点：轻读；被修饰的名词要重读；所修饰的名词总是说话人引出的话题；通指的“这”比“那”多。“这/那”有非指代化倾向，如“这孩子……”，其原因在于指代词反映的是篇章关系，其所指实体只能在篇章中得到确认，虚实程度容易变化，且“这”和“那”的虚化程度也不同，“那”有连词用法，因此“那”的虚化程度要高于“这”。陈平(2016：1—16)认为：“‘这’‘那’是汉语中最接近定冠词的表示有定的语法表现手段，但与英语相比较，还保留了一定程度的直指属性，语法化程度还不够高”。

刘金凤(2017：113)专门撰有章节研究了汉语冠词语法化的过程并分析了“这”“那”的语法化条件，总结了指示词到冠词的语法化过程。“1. 失去指示词所具有的直指性；2. 弱化的指示词可依据语境或回指前文，成为定指标记，这一过程伴随语音弱化，形态缩减以及语法自主性的弱化；3. 定指标记引导听者通过前文提及、话语环境中实体的出现或共享知识等方式识别所指对象等，在这一过程中逐步获得冠词的功能、用法与分布；4. 可与形容词等连用，表示类指；5. 在一定程度上能与专有名词、与世界上独一无二的事物名词连用；6. 演变模式为：指示词＋名词→定冠词＋名词”。刘金凤还基于这6个特征讨论了“这、那”的虚化轨迹。

最后是话语层面的研究：该方面主要是指示词作话语标记的研究，陶红印(Tao Hongyin, 1999)发现决定谈话中用“这”还是“那”不仅仅和距离相关，还受一些话语因素的影响，例如言谈结构的变化(对话还是叙事)，所指的话语特征(有指还是无指)，所指是否跟上文有关，说话人对听话人的知识的判断，说话人对名词所指的态度等等。Miracle(1991)总结了“那么”的用法主要包括表示条件；在概念结构、信息结构、社会活动结构里表示结果；表示时间的连续；表示说话中的话题关联；作新话题的标记；表示维持话轮等等。而何洪峰(1998)总结了“那么”在口语中的用法：提出疑问、承上解注、转换话题、提起话题、话语夹带等。在后面的章节中我们还将从“这”和“那”的指示功能、指示对象等方面对其进行深入分析和探讨。

有关于汉语指示词的性质问题，何元建(2011)将其看作一个语义类别而非词汇类别，因为它被定义为表征词，用于指出说话人所指的实体。指示性是指示词语言意义的内在要素。指示词意义的实现往往需要说话人、说话人所指的实体以及听话人等三个方面。林琳(2018)也指出指示的过程是从说话者或是说话者自我意识开始,经过说话者对指称物的感知以及说话者对听话者就指称物关注的引导方式,并以听话者对指称物的认识而结束。通过指示词,说话人通过以下几个步骤实现了交际目标:首先,说话人把所指的人或物与自己联系起来,并显示两者之间的关系和距离,然后敦促听话者跟随信号传达的意义来调查与说话者有关的相对位置,从而确定指称物所在的位置。也就是说,指示词的意义实现离不开指示/指向(pointing)这个动作,在这一过程中,指示词蕴含了给出指称信号的能力,并作为限定词为说话者所关注的参照物提供定位和辨别的更多线索。此外,何元建(2011)也明确了汉语中指示词可以单独使用,也可以后接名词或带有量词的名词甚至是单独的量词,例如:

(1) a. 这[手机]/那[冰箱]

b. 这[座房子]/那[栋楼]

c. 这[个]/那[本]

同时,从生成语法的角度出发,何元建将这种指示词后接名词的结构都处理成限定词短语的一种,即名词所代表的名词短语作指示代词的补足语。他认为在形式上,指示代词在作整个限定词短语的中心语,而在语义上,指示代词的作用则是修饰,后接的名词短语才是语义上的中心语。

2.2 英语指示词"this""that"的先行研究

有研究证明,指示词是婴幼儿最早能发声的词汇之一(Capirci et al., 1996; Clark, 1978; Clark & Sengul, 1978),且其的使用贯穿人类一生面对面的交流当中,可以说无处不在(Wu,2004)。指示词可以出现在各种常见的言语行为当中,例如,当我们表达对某事物的态度时(That is a good news.),向我们的对话者提供新信息时(This is my girlfriend.),或者发出一些需要帮助的请求或要求时(Could you pass me that book?)(Peeters et al., 2021)。各种语言的词汇数据库中也显示出指示词是语言中使用频率最高的词汇项之一(Baayen et al., 1993; Brysbaert & New, 2009; New et al., 2004)。从历史上看,指示词也是非常古老的语言元素之一,因此可能是声音形态中最基本的交际行为词汇(Tomasello,2008)。

Diessel(1999)在其著作《指示词的形式、功能和语法化问题》(*Demonstratives: Form, Function and Grammaticalization*)中提到了用于定义指示词的三个标准:

首先,指示词是服务于特定句法功能的指示性表达语,比如英语的 this 和 that 可以作为独立的代词使用,也可以作为与其共现的名词的修饰语使用,如下例所示:

(2) a. Ah, but this was not a joke.

b. He turned himself **this** way and **that** before the great mirror ...①

英文指示词除了有 this 和 that 之外,还有复数形式 these 和 those,见例(3),形式上类似于与汉语的“这些”“那些”对应“这”和“那”。虽然在语法范畴上有区别,但它们在各自语言中的使用原则几乎是一致的。

(3) a. ... but **these** could not rightly be called beds ...

b. He shall strive with diligence to bring into his memory again **those** faces ...②

那么在语音和形态上都不做区分的起修饰作用的指示形容词与单独使用的指示代词是否属于同一语法类别呢,也就是说当指示词与名词同时出现时,它们是起到同位名词相连的从属代词作用还是作为限定词来用呢?这在英语语法界也有比较大的争议。Van Valin 和 LaPolla(1997)都认为指示词本质上属于代词一类(“Demonstratives are pronominal in nature”, p.62)。在他们看来,如果指示词被同位名词占用,则应该在名词短语中占据一个特定位置。这两位作者用两种投射树形图来描述名词短语元素之间的句法和语义关系,一种是“成分投射”,另一种是“算子投射”,前者代表了名词短语种的主要成分,后者代表了名词和整个名词短语的算子。这两种投射都具有多个层级:内核(nucleus),中心(core),外围(periphery)和整个名词短语。当我们对修饰名词的指示词进行处理时,上述两位作者认为应当区分出中心层内外不同的元素。准确来说,就是在中心层外应该只有一个空缺,即名词短语初始位置(NP-initial position),冠词、形容词和数词常被视为核心算子,仅在算子投射中被表示出来,如图 2-1 所示,做修饰成分的指示词也被 Van Valin 和 LaPolla 视作算子处理,但与冠词不同的是,它们并不是“纯算子”(pure operators),它们也可以在成分投射中的中心层外占据名词短语初始位置。除此之外,两位作者在分析中还指出,尽管冠词和指示词并不总是属于同一语法范畴,但有充分的证据表明英语的 the 和 this/that 具有相同的范畴地位。Diessel(1999)在其跨语言的指示词研究中提到英语是少数几个起修饰作用的指示词与冠词、所有格和其他名词算子(例如 every)存在范式关系的语言,它们共享一些句法特征。因此 Diessel 认为 Van Valin 和 LaPolla 的假设只是

①② 摘自马克·吐温《王子与贫儿》Mark Twain, *The Prince and the Pauper*。

基于英语一种语言,缺乏跨语言的视角,这是不合适的。Diessel(1999)从跨语言的视角总结认为起修饰作用的指示词可以被看作限定词用,它们与指示代词和指示副词在三方面表现出不同点:首先,它们可能会呈现特殊的语音形式,如在日语中;其次,它们的屈折变位可能不同,如在土耳其语中;最后,它们可能具有特定的句法属性,如在英语中,指示形容词可以与冠词或所有格有相同的句法范式。

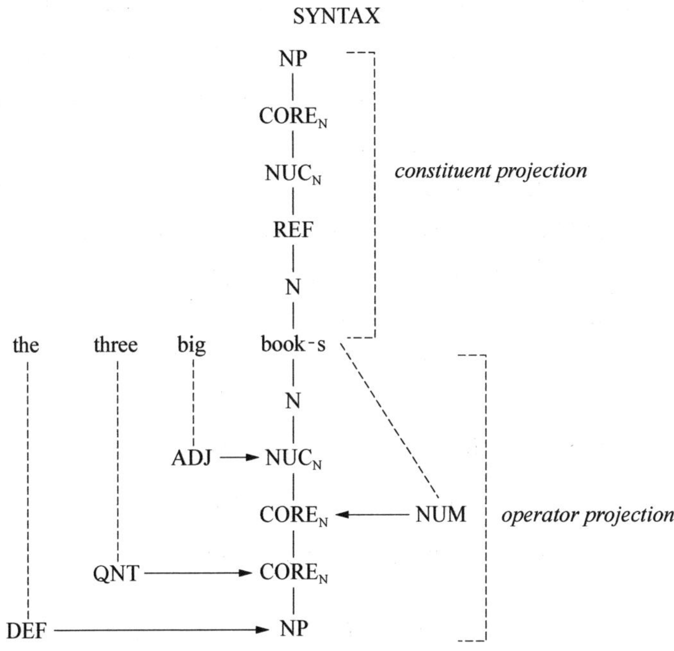

图 2-1　名词短语的层级结构(Van Valin & LaPolla, 1997: 59)

与 Diessel(1999)的看法类似,Abney 也认为起修饰名词作用的指示词可以看作限定词,那么,单独使用的指示代词可以看作伴随空缺核心(empty head)而非共现名词的限定词,如下图所示:

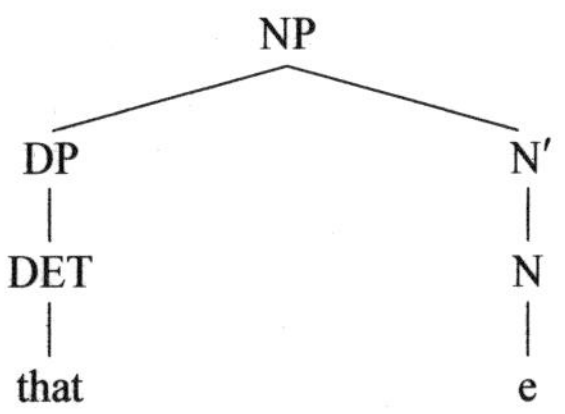

图 2-2　伴随空缺核心的限定指示词(Abney, 1987: 280)

除此之外,Abney 还提出另一观点,即代词与限定词原则上可以不做区分,也就是说他认为英语的代词如 I、he 或者 someone 与限定词 a、the 或者 every 属于同一类别。Abney 主要关注的是英语中名词短语的结构和其在普遍语法中的构成,他的最终目标是证明名词短语(NP)和屈折语素短语(Inflectional Phrase, IP)有相同的构成结构。所以 Abney 在自己的研究中认为限定词在名词短语中等同于动词的屈折语素,这样的话,限定词便可以在短语中做核心来用,而名词则变成了限定词的补足语,由此构成限定词短语(Determiner Phrase, DP),如图 2-3所示。当然,Abney 也区分了限定词下的不同子类别。和动词一样,限定词也可分为及物(transitive)和不及物(intransitive)两种类型:传统的限定词,如定冠词属于及物类型,后接名词作为其补足语;传统的代词则属于不及物限定词,一般情况下不带补足语。在这样的分析方法下,指示词被视为具有可变特性的限定词:它们既可以做不及物的限定词,不带名词补足语,也可以做及物的限定词,携带名词补足语,充当限定词短语的核心。也就是说指示词 this 和 that 类似于动词 eat 或 burn,既可及物也可不及物。

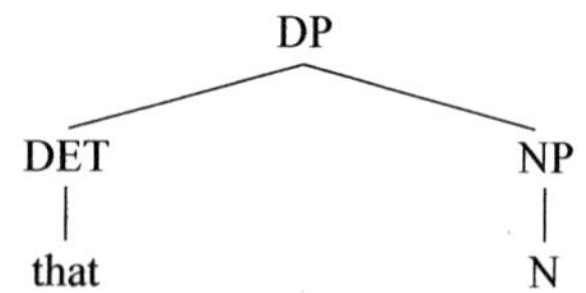

图 2-3　限定词短语(Abney 1987: 279)

然而,Diessel(1999)认为 Abney 这种放弃代词和限定词之间区别的看法也是无法令人信服的,他认为英语指示词 this 和 that 在与名词同时出现和单独使用时具有两种不同词类的句法特征,所以与其他语言一样,英语中的指示词也可以分为指示代词和指示限定词(形容词)。

在语义方面,Lakoff(1974)和 Lyons(1977)都曾提出过 this 和 that 分别表示时间、空间距离的远近、感情的亲疏。在语篇里,this 表达与说话人紧密相关,this 之后常常衔接一系列的阐述和解释;而 that 则表达说话人想要脱离与所指对象的关系,后面不会衔接阐释内容,多为列举例子。Diessel(2013)有关指示词的外照应的观点是:它们表示一个参照在言语环境中相对于说话人发出言语时位置的相对距离。然而,这种上述有关指示词表达时间、空间距离远近的观点也有语法学家认为过于简单(Enfield, 2003; Hanks, 2009; Jarbou, 2010),需要大量跨语言的实验和观察工作来证实是否有语言真的严格遵守这样的远近系统表达。

MaCarthy(1994：275)则表述说："this 表示实体的转换或注意力转向新焦点，而 that 则从当前的关注焦点转向非当前的、非中心的、边缘的或其他属性的实体或焦点"。Wu(2004)还将作为指称表达式的指示词分为实体指称和位置指称两种类别(见表 2－1)：

表 2－1　英语指示词(Wu, 2004：4)

	proximity		non-proximity	
Entity-Referring	(singular)	(plural)	(singular)	(plural)
	this	*these*	*that*	*those*
Place-Referring	here		there	

从表 2－1 我们可以看出，位置指称主要通过英语中的地点副词来表达，而指示词的作用主要是实体指称。英语中的指示词还有单复数的区分 this/these、that/those，即 this 和 that 通常指向某一个实体，而 these 和 those 指向的实体数量多于一个，如下面的例句所示：

(4) a. **This** girl is beautiful.

b. **These** girls are beautiful.

c. **That** man is not tall.

d. **Those** men are not tall.

而从远近距离来说，this/these 指向离说话者较近的实体，而 that/those 指向离说话者较远的实体(Radford, 1997)。然而，说话人和听话人的距离长度在英语中并没有具体形态上的规定。从语义上来讲，this、these、that、those 所指的是参照有定(definiteness)的实体(Leech & Svartvik, 2013)。

论及指示词的语义有定性这一问题，Roberts(2002)和 Wolter(2006)都进行了相关的讨论，他们反对 Kaplan(1977)的将带有指示词的名词短语看作专有名词的指示词固定指称分析观点，认为与句子其余部分的意义有交互作用的指示词其实是类似于定冠词，指示二者的预设参照稍有区别。Kaplan(1977)认为有定冠词 the 与句子的其余部分可以相互作用用以间接指称实体，英语的指示词 that 是一种直接指称，无论句子其余部分的范畴如何变化，that 所指称的实体参照不会发生改变，例如下面的例句所示：

(5)(Pointing at Mary) ♯ If John and Mary switched places, **that person** would be male. ①

在例句(5)中,名词短语 that person 会显得很奇怪,即使在 John 和 Mary 交换位置后在与事实相反的世界中,被指的人的确是 John,因而句子结果 be male(是男性)并没有错误。Wolter(2006)和 Roberts(2002)将这种外照应用法(exophoric use)视为指示词众多用法中的一种,认为指示词也可以进入语义计算,与句子的其他部分产生互动作用。他们都认为定冠词可以帮助预设唯一性,而指示词仅在预设前提下与定冠词有着微小的不同。其中,Roberts(2002)将指示词分析为有定描述和代词的延伸,有定性的前提是一个熟悉的(强的、全局的、语境的、包容性的)的话语指称,并且具有唯一性。代词与有定描述的不同之处在于它要求唯一的实体位于显著的话语指称当中。指示描述类似代词,只是它会进一步预设一个熟悉的指称对象,这一指称对象等同于唯一的、显著的话语指称。Wolter(2006)则认为 that 和 the 都可以预设唯一性,指示词带有触发语义的额外预设,他调用了情境变量(situation variables)这一概念,与谓语相关的情境变量决定命题的真伪,而与名词性成分相关的情境变量是用以固定参照,也就是说指示词需要后者的情境变量。因此,无论是 Roberts 还是 Wolter 都认为指示词 that 和定冠词具有相同的语义内容:在一定的话语语境信息里,名词所指实体的唯一性通过它们来表达。

Swan(1989)则指出,英语的指示词主要用作两种语义表达:一是指称离说话者物理距离较近的人或物以及说话者在发出话语当下所处的抽象情境(this/these 的用法),二是指称离说话者物理或时间距离较远的人、物或情景(that/those 的用法)。因此在 Swan 看来,this/these 是与 here 紧密关联的,而 that/those 是与 there 紧密关联的。此外,that 还可以用于表达已经结束的动作和场景,而 this 通常用于表达将要发生的动作,如下面的例句所示:

(6) a. **That** was wonderful!

b. Look at **this**!

Leech 和 Svartvik(2013)指出,指示词还可用于陈述的引言、新闻广播的结论,以及故事的开端引入,见例句(7a)。另外,Ibrahim(2016)也提到英式英语中人们会在打电话时用 this 来介绍自己,而美式英语则是用 that 来了解通话的对方是谁,见例句(7b)和(7c)。有关指示词指人还是指物方面,Swan(1989)认为

① 例句引自 Ahn(2017)。

作为代词的 this 和 that 通常只用来指物,只有当被指称的人是有定时,才可以用 this 或 that 来指代,见例句(7d)和(7e);而 Maclin(1996)则认为 those 是可以指代无定的人群的,且 that 和 those 还可以用来对比和替代,this 和 these 则没有这种用法,见例句(7f)和(7g)。

(7) a. **That**'s the end of the news.

b. **This** is Anna. (British English)

c. Is **that** Tom? (American English)

d. Put **that** down.

e. Is **that** your mon?

f. **Those** who are lazy get low marks. (those=those people)

g. The article published today is better than **that** published yesterday. (that=the article)

Peeters 等(2021)通过对指示词相关的文献回顾,提出至少有三方面因素会影响说话人在特定语言场景中对特定指示词的选择,分别是物理因素、心理因素和参照内部因素。它们被认为,说话者在任意交际场景中用指示词来指称世界上某一实体时发挥各自的作用。

物理因素是指语言使用的外部物理环境中可以客观观察到和确定的方面,比如被指参照与说话人或者说话场景之间的相对物理距离以及被指参照对于对话双方的能见度。前期研究表明,被指参照是位于说话人的物理可及个人范围之内(peripersonal space)还是之外(extrapersonal space)会影响到其在言语发出时对指示词的选择(Caldano & Coventry, 2019)。另一物理因素是被指称物相对于说话双方的能见度,这一因素在某些语言中的作用特别明显,如奎鲁特语、图库纳语、西格陵兰语等,这些语言中当被指称物是不可见或者直觉上不明显显现时,会选择特定的指示词来表达(Diessel,1999)。而也有研究表明,如英语这样的相对简单的两分化指示词系统中,语言使用者也会在选择指示词形式时考虑被指称物的能见度问题,如 Coventry 等(2014)就发现英语使用者对可见的被指称物使用"近义"形式指示词要明显高于不可见的被指称物。

除了上述物理因素外,心理逻辑因素也会影响说话人对于指示词形式的选择。这一因素并不与实体的相对位置的能见度相关,而是与说话人脑中或者说话人假设的被指称物的认知状态有关。语言使用者在使用指称表达或者发出交际性的指称手势时通常会考虑被指称物在话语接受者的情境模型中的假定认知状态(Chafe, 1976; Evans et al., 2018; Liu et al., 2019; Winner et al., 2019)。

也就是说，在选择指示词形式时，说话人的重要考虑因素可能是被指称物是否处于说话人与听话人共同的关注焦点之中，它是否被认为在感觉上、社会上或者认知上被听话者所接受以及它是否可以被认为是在心理学意义上的共享空间、当前的互动空间或者对话者认知中定义的“此空间”(here-space)之内或者之外(Levinson, 2018; Peeters et al., 2021)。另外，说话人对于被指称物所经历的情绪和态度也可能对其指示词的选择起到作用。当说话人对被指称物存在负面情绪时，即便其与被指称物的空间距离是“近义”的，对其来说，它在心理距离上也可能是遥远的，这就增加了说话人使用“远义”指示词的概率。同样地，当说话人选择使用近义指示词时，可能并不代表其与被指称物之间的物理空间距离是靠近的，还可以延伸为心理距离的接近。不同的被指称物、相同的相对物理距离，对于不同的说话人来说可能引起不同的甚至相反的心理态度，因此他们可能选择不同的指示词。

物理因素和心理因素无疑是影响说话人选择指示词的最重要的两大因素，除此之外，被指称物的内在属性或者特征以及语法习惯也是指示词使用影响因素的重要补充。比如，在某些语言中，被指称物的语法性别，会影响到指示词的阴阳性的选择，如西班牙语中 casa(房子)是阴性的，无论选择近指词还是远指词，都需要选择阴性形式 esta casa、esa casa、aquell casa。同样地，被指称物的数量也会产生类似影响，如在英语中对于 this 和 these、that 和 those 的选择，如上面的例句(8)所示。另外，被指称物的生命度、人性度、生物性别，甚至其当前的姿势或者位置方向都可能影响指示词的选择(Diessel, 1999; Guirardello-Damian, 2018)。前期研究还表明，在某些语言中，被指称物的所有权属性或者说话人对于其的熟悉程度也可影响指示词的选择(Coventry et al., 2014)。在实验性条件下，英语、丹麦语和意大利语中，当说话人面对一系列不同的单数名词选择指示词时，被指称物的大小(size)及其是否存在潜在的有害性(有害类如鲨鱼、炸弹等，无害类如羊肉、帐篷等)也会影响其最终的选择(Rocca, et al., 2019)。然而也有语法学家认为这些影响因素是否能延伸到面对面交流的实际场景中，还有待进一步的确定(Rocca & Wallentin, 2020)。

另外，我们发现国外也有不少将 this、that 放在语篇视角的研究(Hongyin Tao, 1999; W. Charles Miracle, A. B.; M.A., 1991)。英语指示词 this、that 首先具有显性前指功能，主要是指对显性的、直接可观的先行项进行前指的现象，前指项和先行项的关系是共指(co-referential)，显性前指又可分为：(1) 名词性前指，包括涉及人的前指、涉及物的前指、涉及空间地点的前指、涉及时间的前指;(2) 谓词性前指;(3) 小句型前指。此外,英语指示词 this、that 还具有隐性前指功能,主要包括蕴含性隐性前指、联想性隐性前指、概括性隐性前指。再来,英语中的 this 和 that 还有下指功能,且英语中语篇指示代词进行语篇下指时,大部分都会出现在语篇句首的位置。甘时源(2017: 171—172)则认为: this 的下指用法有指别和称代两种;that 下指时多是作为语篇下指的标记,其后跟着关系从句。称代功能中,英语的 this 和 that 在指人时只能是主语位置出现,且是在该主语与述语是同指(coreferential)的情况下。

有关指示词在表达回指功能时,与其他限定词或代词的功能区别方面,有研究指出间接回指语一般不能用代词或指示词来充当(Garrod & Sanford, 1982; Erku & Gundel, 1987; Webber, 1988),这符合 Ariel(1990)的可及性理论,该理论根据已知信息等级结构划分了 6 个认知级别,并分别对应相应的限定词和代词,如表 2-2 所示:

表 2-2　指示词表达回指的不同认知级别

In focus	Activated	Familiar	Uniquely identifiable	Referential	Type identifiable
it	that/this	this+N/ that+N	the+N	indefinite this+N	a+N

有关 this 和 that 的语料库考察方面,汉语"这"的使用大于"那",而英语中"that"的使用频率则高于"this",沈家煊(2001)给出的解释是,汉语强调以话语发出者为原点,是靠近还是远离,英语则强调空间方位认知距离的远近。王立非、孙晓坤(2006)通过语料库统计,发现中学生在指示代词和指示短语上的使用与英语本族语者相比,存在过少使用的倾向,两者差异显著。而甘时源(2017)通过自建平行语料库的统计发现,从汉英比较来看,汉语的下指用法比英语下指用法少见。

从英汉对比来看,余宏荣(1998)认为英汉两种语言在选择指上文的指示代词时,汉语受到心理因素影响更大。作者统计了 Isaac Singer 的短篇小说 *The Briefcase* 和鲁迅的《社戏》,发现汉语往往将英语的远指词译为近指词,以产生化远为近的心理效果,符合汉语的阅读习惯(p.40)。反之亦然,将汉语的近指词译为英语的远指词,符合英语的表达习惯。

另外,在语法化方面,Himmelmann(1966)确定了指示词依然是指示词还是已虚化成冠词的方法。首先,他认为指示词不可用于唯一所指对象,如 *this/

that sun,但是冠词可以;其次,他指出指示词不用于由于概念关联(frame-based)而确定的对象,若上文出现了 tree,下文不可用 this/that branch, 只能用 the branch。而王安乐(2016)还提出:远指词比近指词更容易语法化;英语近指 this 比汉语“这”虚化程度更低。

第三章　西班牙语指示词系统

3.1　西班牙语指示词的定义和内涵

如同汉语、英语等其他语言一样，在西班牙语中也存在着一个相对封闭、元素相对有限的语言表达类别，即指示语。指示语本身虽然数量是有限的，但可以指向世界上无限数量的实体。Eguren(1999)将指示语的这种特征定义为“经济性”(economía)和“易变性”(versatibilidad)，指示语所指参照并不是固定在眼前或是保持恒久不变的，而是随着说话者、听话者以及话语发出的时空坐标变化而发生改变。以人称代词 yo，地点副词 aquí 和时间副词 ahora 为例，只要说话者、听话者和话语发出的时空坐标产生变化，他们的所指都会变成不同的人、不同的地点和不同的时间点。Eguren(1999：931)认为，代词和指示副词具有的指示功能，即其在语义上对参照的识别这一事实在很大程度上决定了它们的句法功能。

根据 Marcos Marín(1984，引自 Asenjo，1990：15)的定义，指示词是指：“Son una clase especial de palabras. Tampoco son partes específicamente diferenciadas de la oración, pues su función es la de funcionar como sustantivos, adjetivos o adverbios.”(一类特殊的词汇，它们也不能独立于句子外成为具体的部分，因为它们是作为名词、形容词或副词作用而发挥功能的)。从这个定义中我们可以看出，指示词的参照具有临时性和变化性的特点，这正好与固定语义的词汇相反。

Asenjo(1990：16)以图 3－1 总结了西班牙语中指示词的历史来源：

从图 3－1 中我们可以看出，在拉丁语的名词-形容词中，HIC 因为其语音的特征逐渐消失，开始构成复合副词的一部分。而 HIC 留下含有指示词 este 语义的空缺则由同等级的第二个元素 ISTE 占据，而 ISTE 在拉丁语中则表达现代西班牙语中 ese 的意思，经过一系列的历史演变后成了如今的 este。基于此，ISTE 所留的位置就由 IPSE 取代，而 IPSE 在拉丁语中并非指示词，而是识别词(identificador)，IPSE 进化成 esse，随后变成如今的 ese。这里，拉丁语中的 ILLE 是唯一一个保留在自己原位并且没有产生语义变位的词，尽管它在部分情况下被*ACCE 前置。从拉丁语到罗曼语再到西班牙语的演化过程，并不仅仅体现在形式上，也体现在一些词汇使用频率的提升和对新功能的兼容并蓄上。在演化

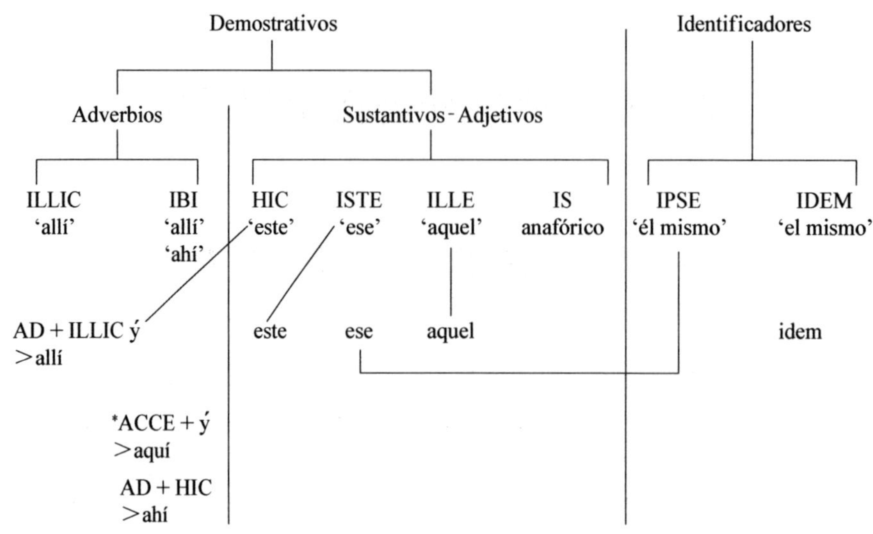

图 3-1 西班牙语指示词的拉丁语来源(Asenjo, 1990: 16)

的过程中,指示词与定冠词 el 不同,变得更具有鉴别和定向能力,在表达和效果上也呈现出与冠词不同的细微差别。

Zulaica & Gutiérrez(2009)提出西班牙语指示词系统中有三个基本元素,即 este(这)、ese(那)、aquel(那)。它们分别有性(阴/阳)和数(单数/复数)的变化。也就是说,指示词由附有意义的词位(lexema)和附有语法功能的词素(morfema)构成,具体如下:

/ést/

意义词位 lexema /és/

/akél/

语法词素(性)morfema de género: /e/~/Ø/, /a/, /o/

语法词素(数)morfema de número: /os/, /os/

这三个元素可以用作限定词修饰名词,也可以用作代词,单独出现。通常情况下,作为形容词的指示词要和其修饰的名词保持性数的一致,但也因为句法上的发展,存在一些特例。在有些情况下,以重读 a 开头的阴性名词前使用的是阳性指示词,例如 este alma(这个灵魂)、aquel agua(那水)。Asenjo(1990: 22)提出,这是由于受到和定冠词 el 类似的影响,在语言演变的过程中,原来的定冠词 ela 在遇到以元音为首的后接词时失去了一个元音(illa agua > ela auga > el agua),但应注意的是,修饰名词的形容词仍与名词保持性数的一致,如 este alma pura

(这个单纯的灵魂)。另外,指示词没有程度上的形态变化,既包括自己词素上的变化,如指示词没有指大词和指小词形式(*est-ito),也包括不能添加程度副词(*muy este)。在西班牙语中,指示词曾经通过有无重音符号来区分指示代词和指示形容词,如 éste(这个,代词)、este libro(这本书,形容词),而西班牙皇家语言学会(Real Academia Española,RAE)于 2010 年的西班牙语书写规则中去除了这一条例,即无论是作代词还是形容词用的指示词如今都无须携带重音符号。

除此之外,西班牙语中还存在一套相应的代词,我们称之为"中性"代词(neutros),分别是 esto、eso 和 aquello,因为其主要作用是用于指代抽象事物或者没法归类到阳性或阴性词类的事物,中性代词总是以单数形式出现,如"Esto que dices no tiene sentido."(你说的这些没有意义)。这里的 esto 来指代听话者已表达的观点。

RAE(2009: 2034)定义指示词(demostrativos)为可以表达与说话者或者听话者所在时空存在时间或者空间上关联性的代词(pronombres demostrativos),如 esto、eso、aquello,也包括 este、esta、ese、esa、aquel、aquella 的一些释义和用法,限定词(determinantes demostrativos),如 esta mesa(这张桌子)、esos libros(这些书)、aquellos meses(那几个月),或者副词(adverbios demostrativos),如 aquí(这里)、hoy(今天)、así(这样)、entonces(那时候)等,并同时指出指示词是指示范畴或指示类别表达(categorías deícticas)中最具特征的代表。

从空间指示(deixis espacial)来看,西班牙语的指示词以说话双方为参照区分远近距离。因此,este(这)指称的事物离说话者距离较近,ese(那)指称的事物离听话者较近。然而,Zulaica 和 Gutiérrez(2009)认为,ese 的指称的事物与说话者和听话者的距离并无特殊关系。Aquel(那)指称的事物则是离说话者和听话者都有较远的距离。由此也可以推断出来这三组指示词在时间轴上所表达的远近距离。以指示词 este(这)为例,如果使用 este caballo(这匹马)来指一群马中的某一匹,实则是指明了该匹马在空间距离上与说话者位置的贴近。除此之外,指示词 este 相对于中指词 ese(那)和远指词 aquel(那)也更能表达说话者与该匹马在心理距离上的靠近。我们来看一组 Álvarez Martínez(1989: 106)用以解释西班牙语指示词表达远近距离的例句:

(1) a. Yo me sentaré <u>aquí</u>, en **este** asiento, mientras que tú debes sentarte en **ese** asiento de <u>ahí</u>. A ellos los dejamos <u>allí</u>, en **aquellos** asientos que quedan libres. (我坐这儿,这个座位,你应该坐那里的那个椅子。我们给他们留那里,那里空着的椅子。)

b. Habló, entre otros temas, de los romanos y de los vikingos. De **aquellos** dijo cosas muy intereantes, y de **estos** alabó su habilidad como navegantes. [*他谈到了罗马人和维京人。关于那些人(罗马人)他说了些很有趣的东西,而关于这些(维京人)他赞扬了他们的航海能力。*]

c. Érase una vez un país muy lejano donde vivía una princesita. **Esta** tenía costumbre de pasear por **aquellos** jardines cercanos al palacio y **esa** costumbre desagradaba a su padre. [*从前有一个遥远的国家,那里住着一位小公主。这位(公主)习惯在皇宫附近的那些花园里散步,这让她父亲很不高兴。*]

在例句(1a)中,指示词 este、ese、aquellos 正好与表达指示意义的地点副词 aquí、ahí 和 allí 相对应,表达了以说话者为中心从近到远的距离,我们将其定义为情景指示(deixis ad oculos),在说话者发出此话语时,很可能伴随着身势动作,比如手势或眼神等,向听话者示意具体参照的定位。而在例句(1b)中,指示词 aquellos 和 estos 并不是用作伴随手势的情景指示用,而是用以表达语篇中的远近距离,作回指(anáfora)用。例句(1c)则是想象指示(deixis am phamtasma),正如我们前面章节所述,想象指示是不能被听话者之间感观到,而需要话语双方通过经验或通过说话人话语描绘的场景中进行参照判断。

然而,西班牙皇家语言学会 RAE(2009: 2035)明确提到过指示词并不是西班牙语中唯一能够表达指示意义的元素,另有人称代词、物主形容词、动词的时态和人称的形态,一些特定的运动动词,如 ir(去)、venir(来)、traer(带来)或者带去(llevar),以及一些地点或时间形容词也可以表达指示意义。所有这些表达的共同语法特征是用以揭示这些语言形式与它们所指的内容之间的联系,例如在不同时空中使用动词 llevar 可能所指方向甚至完全相反。

(2) a. Mi padre está en su oficina. Voy a **llevarle** el paraguas.①
我的父亲 在 介他的办公室我去 介 带给他(与) 冠 雨伞
我的父亲在他的办公室里,我要去给他送伞。

b. Mi padre está en casa. Voy a **llevarle** la comida al terminar el trabajo.
我的父亲 在 介 家 我去介带给他(与)冠 食物 当 结束 冠 工作
我的父亲在家,等我结束工作,我要给他带吃的回去。

即便在上述例句中的人物没有发生变化,都是我要给父亲送去东西,但是因

① 在本书中,我们在西班牙语例句的下方用非斜体字呈现西班牙的逐词翻译,并用斜体字呈现整句的汉语翻译。

为时空的变化,尤其是例句中凸显的空间的变化(a 是父亲在办公室,我给他送去办公室,方向是从家离开;b 是父亲在家中,我给他送食物到家,方向是前往家中),可以看出运动动词 llevar 所带来的空间指示意义的改变。

西班牙语中除了上述典型的三分化指示词外,不可忽略的是前文也提到的指示副词。指示副词可以指向与说话时间和地点存在相关性的某个时间和地点,也可以指向某种程度或方式。指示副词一般分为四类:

地点副词:aquí(这里)、ahí(那里)、allí(那里)、acá(这里)、allá(那里)、acullá(那里)。

时间副词:hoy(今天)、ayer(昨天)、mañana(明天)、pasado mañana(后天)、anteayer(前天)、o antier(前天)、anteanoche(前晚)、anoche(昨晚)、entonces(那时)。

程度副词:así(如此)、tanto(这么)。

方式副词:así(这样)。

指示副词可以后接解释性修饰语,如前置词短语等,aquí en Shanghai(在上海这里),也可以后接解释性关系从句,但不能后接限定性关系从句。尽管如此,语法学家们对于 ahora que estamos solos(只有我们的当下)这个关系从句到底是解释性还是限定性的仍有很大的争议,虽然这里缺少了先行项和关系从句之间的停顿,但 que 引导的从句并没有在语义上对先行项 ahora(现在)起到限定作用。RAE(2009: 2099)解释说,这里的关系词 que 更类似于时间副词 cuando(当……时候)的用法。

指示副词可以和前置词连用,因为其具有代词的性质,如 desde anoche(从昨晚起)、para hoy(到今天)、hasta entonces(直到那时)、de aquí(从这里)等等,但指示副词 así 却没有此用法。

指示副词还可以用来回答需要明确地点、时间或者行为方式的问题,因此从这点上来说,指示副词与其他地点和时间副词共同享有一些代词性的特征,和他们一样,指示副词可以和表达精确意义的副词 exactamente(确切地、正好)、precisamente(恰恰)、justamente(正好)连用,如例句(3),还可以和修饰语 mismo(本身的、相同的)连用,起到强调作用,如例句(4)所示。指示副词的代词性特指与它们能够定时定位地表达,且能够在句子当中充当论元作用具有不可分割的关系。

(3) a. Está <u>exactamente</u> **aquí** pero no podemos verla.

在　正好　这里但是不能　见她(宾)

她正好在这里,但是我们却不能见她。

b. Justamente **entonces** escuché que mi compañero me llamaba desde atrás.

恰恰 那时 听到 连 我的 同学 我(宾) 叫 从 后方

恰好那时,我听到我的同学从后方叫我。

c. Precisamente **ahora** queda algo pendiente.

正好 现在 剩 一些 悬着的

正好现在还剩一些悬而未决的事情。

(4) a. Yo estaré **allí** mismo para cogerte.

我 在 那里 相同的 为了 接你(宾)

我会正好在那个地方接你。

b. **Ahora** mismo vivo en Polonia.

现在 相同的 住 介 波兰

我现在就住在波兰。

然而指示副词的时间和空间定位往往不是精确的,其所指的时间或空间范畴可大可小,往往需要根据上下文语境进行进一步判断。进行判断的方法除了衡量其所指时间和空间与说话人所处的空间和时间的远近距离外,还可以通过空间类比(espacio analógico)来进行。RAE(2009: 2101)举例说明,当一个人用一根手指指着地图说:"Iremos aquí."(我们去这里),他也可以用"Iremos allí."(我们去那里)。在第一种情况下,他把地图上的点定位与自己所处地点在同一空间下;而在第二种情况下,说话者将地图上的点想象成介绍的另外一个空间位置。有时候,空间甚至可以产生迁移的情况,比如一个人指着自己身体的某个地方对另一人说:"Al niño le dolía aquí."(孩子这里疼)。实际上这里的 aquí(这里)的空间位置应该在句子中的 niño(孩子)身上,而非说话人身上。

和其他词指示词一样,指示副词有严格的直接指示意义,也可以用于回指情况,如下例所示:

(5) Vivió unos años en París y **ahí** la conoció.

住 一些 年 介 巴黎 连 那里 她 认识

他在巴黎住了几年,在那里他认识了她。

有关指示副词的具体形式和特征,我们在后节中还将继续讨论。

3.2 西班牙语指示词的分类

根据 RAE(2009: 2045),西班牙语指示词的类别划分标准有以下几种:形态特征、语音形态结构、词汇对应的句法层级、空间和时间距离、其他语法特征。根据有无形态特征变化，指示词被分为无形态变化的指示副词和有形态变化的指示代词及指示限定词。

首先，形态变化的划分标准主要包括阴阳性的变化，如 este 和 esta 等，单复数的变化，如 aquel 和 aquellos。在这点上，西班牙语和英语有着类似的划分，英语指示词虽然不存在阴阳性的变化，但仍有单复数的区别，this 和 these，that 和 those。而从这点上来说，汉语的指示词本身没有形态上的变化，但可以通过量词的复数来体现，如“这个苹果”和“这些苹果”的区别，指示词“这”没有形态改变，但量词从“个”变为“些”，名词词组变成复数语义。

在语音形态结构的划分标准下，指示词主要分为简单指示词和复合指示词。几乎所有的指示词都属于简单指示词，只有 esteotro 和 esotro 这样的由 este、ese 和 otro 复合而成的非常古老的指示词属于后者，存在性数变化。还有一些复合指示词，如由拉丁语 eccum 和 iste 复合而成的 aqueste，由拉丁语 eccum 和 ipse 复合而成的 aquese 一直沿用到 16 世纪至 17 世纪初(RAE，2009：2047)。另有一些缩尾指示词也属于该标准划分下的用法，如 tanto 和 tan 的区别。

按照词汇对应的句法层级这一标准来划分指示词，RAE 认为是有争议的。首先是因为这种标准将限定词和形容词对立了起来，然而有些语法学家却认为在类似 este libro 这样的结构中，este 就是作形容词用，另一些语法学家则认为这里 este 的功能是限定词。然而形容词和限定词在名词短语中的功能应该是不一样的，形容词应该是用于修饰名词的内涵，而限定词应该用于影响名词的外延，比如 el libro(冠＋书)，este libro(指＋书，这本书)，libro bueno(书＋形，好书)，只加形容词 bueno(好)的名词短语 libro bueno 并不能获得名词的参照所指，而冠词 el 和指示词 este 所在的两个名词短语都可以获得名词的参照所指，所以这样看来，este 是否能等同于形容词还有待商议。再来，有些语法学家认为指示代词是限定词加省略成分的一种形式，另一些语法学家则认为它们就是代词，例如 no voy a cualquiera escuela; voy a esa(我不会随便去一所学校，我要去那所)。前者认为指示词 esa 是限定词加核心名词省略的形式[esa Ø]，而后者认为 esa 这里并不是限定词，就是代词，可以单独作句子中的相应成分。这两种争议各有自己的理由，若不划分限定词和形容词或限定词和代词，则对于此类的划分会简洁很多，如进行详细的划分，则又可为句法的分析提供更细节的支撑。RAE 平衡了上述观点总结了以下划分(RAE，2009：2050)：指示词可分为限定词、代词和副词。限定词主要包含 este/ esta/ estos/ estas，ese/ esa/ esos/ esas，aquel/ aquella/

aquellos/aquell-as, tal/tales, tanto/tan-ta/tantos/tantas。代词主要包含 esto、eso、aquello, tal, tanto。副词主要包含 aquí、ahí、allí、acá、allá, así, ahora、entonces, ayer、hoy、mañana, tanto。

第四个划分标准,空间和时间距离,可以说是较为清晰明确的指示词分类标准,按照其时空远近距离可以分为三分指示词,如 este～ese～aquel、esta～esa～aquella、estos～esos～aquellos、estas～esas～aquellas、aquí～ahí～allí,以及两分指示词,如 acá～allá、ahora～entonces。上文中提到的其他指示词不能归到这一划分标准下。RAE(2009: 2051)提到,与其他的罗曼语族语言不同,如法语(celui-ci～celuilà),意大利语(questo～quello) 和罗马尼亚语(acest～acel)。西班牙语保持了拉丁语的三分化标准,拉丁语中 hic 表达离说话者较近距离的事物,iste 表达离听话者较近距离的事物,ille 则表达离说话者和听话者距离都远的事物。因此,这种三分化的远近距离的参照对象主要是说话者和听话者。传统观点认为,este 表达的是离说话者较近的距离,ese 表达的是离听话者较近的距离,而 aquel 表达的是离两者都较远的距离,但是也有最新观点认为 este 表达离说话者较近距离,aquel 表达较远距离,而 ese 在不同的语境下其距离并没有具体的规定,远近关系甚至无法通过 ese 来表达。RAE(2009: 2052)介绍了表达远近距离的指示词的历史渊源,在拉丁语中有源自 hic 的复合词转变成今天的指示词,如 eccum hic > aquí(这里), ad hic > ahí(那里), eccum hac > acá(这里), hoc anno > hogaño(当今), hac hora > ahora(现在)。而表达远距离的代词与定冠词和第三人称代词一样,都源自拉丁语的 ille。

在西班牙语中有关指示词的三分化分类得到了大多数语法学家们的普遍认可,他们的共识是西班牙语的指示词分为近指词(este 及其相关形态变化形式),中指词(ese 及其相关形态变化形式)以及远指词(aquel 及其相关形态变化形式)。近指词以及地点副词 aquí 用于识别离说话者所处位置的参照,中指词及地点副词(ahí)用于识别说话对象(听话者)所处位置的参照,远指词及地点副词(allí)指向与说话者和说话对象都不在同一位置的参照(Bello, 1847; Alcina & Blecua, 1975; Alarcos, 1976)。然而,另有一些语法学家,如 Hottenroth(1982)却认为三分化的指示词坐标并不是说话者和听话者两方,而是只围绕指示中心,即说话者展开,也就是说,指示系统的呈现类似于围绕知识中心远近不同的三个圈层,说话者根据自己的主观判断来决定这三个圈层分别的延展和界限在哪里。所以指示词表达出的指示距离并不是客观不变的,相反,它往往受到说话者主观价值判断的影响,我们称之为共情指示或情绪指示(deixis empatética o emocional)。

在现实生活中，说话者可能会用近指词替代中指词和远指词来表达自己与所指参照之间的情感关系或者情感连接，主观上拉近自己与所指参照物之间的时间和空间距离，相反，说话者同样可以用中指词或远指词替代近指词，拉远自己与参照物之间的距离，从而表达自己对参照物的负面情绪价值，西班牙语中有“贬义 ese”(ese despectivo)的存在。此外，值得注意的是，与西班牙不同，在美洲的西班牙语中，人们习惯用 aquel 来代替 ese，所以形成了两分化的指示系统(Kany, 1945)。Eguren(1999：940)同样也提到了在拉丁美洲，人们会用 este 和 aquel 以及他们的屈折形式来分别表达离说话者较近和较远距离的所指，而 ese 则不常被使用。

在远近距离划分标准下，以说话人为参照点无疑是很重要的，但是往往实际交际中，三分化的指示词并不是与时空远近距离标准是完全一一对应的，RAE(2009：2053)称这种三分体系并不是完全物质意义的(física)也不是完全感知意义(perceptiva)或评判价值意义(valorativa)的，比如当一个人向另一个人展示其手里的一本书时，另一个人问他：“¿Dónde has comprado ese libro?”(你在哪儿买的那本书？)，另一种问法“¿Dónde has comprado este libro?”(你在哪儿买的这本书？)也并不为错。实际上这里指示词的更换并没有改变书本与说话者的实际空间距离远近，但 este 有可能表达出说话者对于这本书更加关心、更加有兴趣的心情或者情绪。

指示词 este，包含它的屈折变化形式，通常情况下用来指称近在说话者眼前的事物，例如：“Estará por aquí, caminando estos pasillos de techos infinitos durante un tiempo más.”(Cronista 3/7/1992)(他还会在这儿待上一段时间，再在这极高天花板下的走廊里走上一走)；“Esto nos servirá de cenicero.”(Gala, Ulises)(这个是给我们用作烟灰缸的)。①

此外，este 也用来表达较近的时间距离，无论是未来的还是追溯过去的，如我们既可以说“Este martes tendré clases.”[这个周二我有课(将来时)]，也可以说“Este martes tuve clase.”[这个周二我有课(过去时)]。

与 este 不同，aquel 通常用来表达追溯过去的时间，RAE(2009：2055)特别提到 aquel día lejano(遥远的那一天)与 un día lejano(遥远的一天)或者 cierto día lejano(遥远的某一天)不同，一般不用于表达即将来临的某一天。另外，尽管 ese 也可以表达较近的时间距离，但是 ese jueves(那个周四)既不能表示刚刚过去的

① 例句引自 RAE(2009：2054)。

jueves(周四),也不能表示即将来临的 jueves,一般情况下 ese jueves 这种用法指只是为了在语境中排除其他 jueves,如“Me refiero a ese jueves, no al otro.”(我指的是那个周四,不是其他的),这是一种假性的时间指示。此外 ese 和 aquel 在追溯过去时间时的功能被称为召唤(evocador)或者影射(alusivo),它们实际上并不是明确表达距离说话者所处时间点的时间距离有多远,而是诉诸说话者和对话者共享的概念范围,即他们所属的隐性的背景空间,指示词的出现让双方好似都身处这一空间当中一般,这种用法可以被看作一种隐喻模式。指示词的召唤功能(evocador)与回指功能可以兼容。指示词可以通过前面的话语恢复名词词组的内容,与此同时,包含指示词的名词词组也可以指向说话双方共同可获得的信息。然而,指示词 este 不常有召唤功能。

最后一种指示词的划分标准是其他可以区别指示词的语法特征。RAE(2009: 2058)指出指示词 este、ese 和 aquel 以及它们的屈折变化形态是有定的(definidos),而指示词 tanto 是量化的(cuantificativo)。量化指示词可以用于直接情景指示,也可以用于语境中的回指,如在例句“No grites tanto.”(你不要这么大吼大叫)中, tanto(这么,如此的)既可以是副词也可以指情景指示表达,用来指称实际感受的喊叫声大小和强度。而 tanto 的回指用法可在下句中体现:“Hoy me demoré media hora. Mañana no me demoraré tanto (‘todo ese tiempo’)”(我今天迟到了半小时。明天我不会再耽误这么久)。① 与 tanto 不同,tal(如此的)则是质性的(cualitativo),tal 在回指中不始终与先行项保持数的一致。

3.3 西班牙语指示词的句法功能

西班牙语指示词 este、ese 和 aquel 及其阴性和复数的变化形式既可以在句法功能上做主要成分(término primario),也可以做次要成分(término secundario)。做主要成分是指其可以作为名词短语(sintagma nominal)的核心(núcleo)或不与其他名词同时出现,自己本身起到名词或代词的功能;做次要成分是指其可以作为名词短语核心的主要修饰语,用作直接或间接的形容词功能。然而中性指示词只能作为主要成分来使用。正因为指示词既可以做主要成分,也可以做次要成分,Fernández(1987)认为其类别应该属于代词类,因为他认为名词只能做主要成分。无论是做主要成分没有补语的指示代词还是做次要成分的指示形容词

① 例句引自 RAE(2009: 2058)。

都可以实现眼前的内在身份的指示(deixis ad oculos),而带有补语的做主要成分的指示代词则通常用于指示外在的非身份参照,即用于限定名词的外延,作用类似于定冠词 el(Fernández, 1987)。另外,两种句法功能的指示词处于起始位置时都不能与冠词同时出现,因为二者都是起识别功能的语法元素,且定冠词 el 可以看做是语法化的指示词。

具体来说,做主要成分的指示代词主要能承担以下句法功能:

1. 做主语。

Esta es una de esas historias que apenas tienen cabida en los periódicos españoles, enlas radios o las televisiones. (这是一个几乎没有在西班牙报纸、广播或电视上出现的故事。)①

Eso muestra que el programa no funciona correctamente. (这表明程序没有正常运行。)②

2. 做表语。

La película de que te hablé es **esta.** (我跟你提到的电影就是这部。)

Los líderes carismáticos son **aquellos** que sobre la base de sus rasgos personales pueden influenciar en los demás. (魅力型领导人是指那些基于其个人特质能够影响他人的人。)③

3. 做直接宾语。

¿Has visto **aquella** que está al lado de Juan? (你看见胡安旁边的那位了吗?)

No tiene sentido discutir **esto** en 2004 y si el Gobierno no está a la altura de las circunstancias y no se replantea los errores que ha cometido [···] (在 2004 年讨论这个问题是没有意义的,如果政府不能胜任,不重新反思它所犯的错误……)④

4. 做间接宾语。

Se le va a caer la cara de vergüenza a **esa.** (她会为自己感到羞愧的。)⑤

No les entregue estos trabajos a **aquellos.** (您不要把这些文章交给那些人。)

---

① Ramos, Rafael: Homenaje a Don Bradman, el "Babe Ruth" australiano. *Diario de Londres*. www.blogs.lavanguardia. com/londres: blogs.lavanguardia. com/londres, 2001-02-27.

② Proceso, 21/07/1996, *Agencia de Información Proceso* (México D.F.), 1996.

③ *Boletín Cenfotur*, año 5, nº 22, 01/2002: PERFILES, Cenfotur. Centro de Formación en Turismo (Lima), 2002.

④ *El Mundo*, 10/11/2004, Unidad Editorial (Madrid), 2004.

⑤ Pedrero, Paloma: *El pasamanos*. Madrid: Fundamentos, 2001.

5. 做景况补语。

Pilato, con **aquellas**, y las siguientes preguntas, trataba de averiguar si yo formaba parte del grupo de astrólogos[…](彼拉图,用之前那些以及下面的问题,试图调查出我是否是占星师团体的一员。)①

En el invierno del 83 el agua entró a la sala y por **eso** construimos un muro. (1983 年冬天,水进了大厅,所以我们建了一堵墙。)②

6. 做名词补足语。

La causa de **esto** encuentra quizás sus raíces en el prestigio lingüístico que mantiene la lengua escrita sobre la oral. (究其原因,也许是源于书面语相对于口语而言所保持的语言威信。)

Tampoco sé que haría yo con mi vida sin **esto.** (我也不知道没有它我的生活会怎样。)③

在含有 ser 的系表结构句中,做主要成分的指示词既可以做主语也可以做表语,因此其可以根据动词和所指名词的内涵出现在不同的句子位置上。首先,指示词可以出现在系动词之后,结构为"名词+ser+指示词", Asenjo(1990)指出,在这种情况下,如果指示词是主语,那么句子类型通常是疑问句或者感叹句,例如下面的例句(6)所示,甚至有些情况下,句子中的系统词 ser 都可以省略,然而要特别注意的是,例句(6b)中的 vida esta 结构需要和做次要成分的指示词如 la vida esta 进行区分。

(6) a. ¿Qué vida es **esta**, sin alegría?

什么生活是这个,没有 快乐

这样没有快乐的日子到底是什么生活啊?

b. ¡Qué vida **esta** sin alegría!

什么生活这个没有 快乐

这样没有快乐,过的什么日子嘛! ④

除此之外,指示词也可以出现在系动词 ser 之前,结构为"指示词+ser+名词"。此时的指示词要么是为了让句子的表达更为清晰,要么是指示词用于连接前文所说和后文即将出现的内容,即便出现在居首位置,也要注意指示词与做表

① Benítez, J. (1994). *Caballo de Troya 1*. Barcelona: Planeta.

② *Vistazo*, *03/04/1997:* Guayaquil con el agua al cuello. *Ecuanet* (*Quito*), 1997.

③ Paz Soldán, Edmundo: *La materia del deseo*. Alfaguara (Madrid), 2002.

④ 引自 Asenjo(1990: 13).

语的名词之间保持性数的一致，如例句(7a)所示；但中性指示词也可以出现在此种结构中，没有性数变化，如例句(7b)所示。

(7) a. Pero **estas** son licencias que se permiten en un campo de fútbol.

但是 这些 是　许可　连　允许　　介 冠 球场　介 足球

但这些是被特许出现在足球场上的。

b. **Eso** es un desorden.

那　是 冠　混乱

那是一场混乱。

此外，"指示词＋名词＋ser"也是常见的结构之一，可以说是上一种结构的倒装。例如：

(8) a. **Aquel libro** era el de María.

那　　书　是 冠 介 玛丽亚

那本是玛丽亚的书。

b. **Esta posición** es la del gatillo.

这　位置　是 冠 介 小猫

这是小猫的位置。

例句(8)看似是指示词做次要成分而非主要成分，但应注意的是系表结构中的表语成分并非前置词短语，而是"定冠词＋前置词短语"结构，也就是说，指示词后接的名词 libro(书)和 posición(位置)都可以置于系动词之后，变成 el libro de María(玛丽亚的书)和 la posicióndel gatillo(小猫的位置)。Asenjo(1990：28)解释说当做主要成分的指示词携带补足语成分时，倾向使用"指示词＋ser＋名词"结构，如例句"**Esta, que a mí me parece que es la fundamental y primera**, es la razón por la que hay que luchar."(这一点，在我看来是基础也是首要的，正是我们必须奋斗的原因)，而当句子的想要强调表达意图时，则倾向于用"指示词＋名词＋ser"的结构。此外，句子的节奏性也会影响我们在二者中作出选择。

至于指示词和系动词 ser 的位置问题，指示词往往出现在系动词之前，例如上文中的例句(7)和例句(8)所示。当指示词出现在系动词之后时，一般有如下原因：一是句子以景况补语开头，例如"En el campo de la robótica es **esta** una época de expansión."(就机器人领域而言，这是一个扩张的时代)；二是疑问句，例如"¿Es esto lo único que te preocupa?"(这是你唯一担心的事吗？)(Asenjo, 1990：29)。当然这并不是固定不变的准则，在各种语境中，指示词与系动词的前后位置还是可以在不改变原句句义的情况下发生变化的。

通常情况下来说，指示代词很少做次要成分出现，仅仅当中性指示代词遇到 mismo(自己的)、todo(所有的)、solo(单独的)、más(更多的)，以及类似 anterior(之前的)或 último(最后的)这样的形容词时，才满足做次要成分的条件，如下面的例句所示：

(9) a. Ocasionalmente algunas personas ya me han dicho **esto** mismo.
偶然地 一些 人 已经 我(与) 说过 这 自己的
凑巧已经有些人跟我说过这个了。

b. Revisar las listas y eliminar todo **aquello** que no se necesite.
检查 冠 清单 连 删除 所有的 那些 连 不 需要
检查那些清单然后把所有不需要的都删掉。

c. **Esto** solo puede funcionar.
这 单独的 能够 运行
单单这个可以运行。

d. Te digo **esto** más：…
你(与) 说 这 更多的
我跟你再说些：……

e. **Esto** antiror exige avanzar.
这 之前的 需要 推进
这之前的都需要推进。

此外，无论是有性数变化的指示词还是中性指示词，都可以置于代词 otro(其他的)之前，例如：

(10) a. Yo te doy esto y tú te comprometes a **esto** otro.
我 你(与)给 这 连 你 允诺 介 这 其他的
我给你这个，你得答应它。

b. Usted empieza a buscar **esa** otra.
您 开始 介 寻找 那 其他的
您开始寻找另外那一个。

而做次要成分的指示词的作用类似于冠词，通常用来修饰名词或名词成分的其他元素。在这种情况下，指示词的主要功能是做名词的限定词或修饰语。冠词只能位于名词前面，物主形容词可以位于名词前面，也可以位于名词后面(mi casa、casa mía)(我的家)，既可以前置也可以后置，不同位置的物主形容词会产生不同的句法和语义特征。指示词也同物主形容词一样，既可以前置，也可以后置，位置的变化可能会引起语义的改变。通常情况下，指示词置于名词之前，此时冠词不会再同时出现，当指示词置于名词之后时，该名词一般需要由定冠词或者物主形容词居首，但 aquel 在此种情况下会受到比另外两个指示词 este 和 ese 更多的限制，如下例所示：

(11) a. He pasado momentos deliciosos leyendo **estos** libros.①
度过　时刻　美好　读　这些　书
读着这些书，我度过了美好的时光。

b. El hombre **ese** sacó el pie de la puerta，y yo me quedé ahí…②
冠　男人　那　取出　冠　脚　介　冠　门　连　我　留　那里
那个男人一只脚跨出了门，我停在了那里……

但 RAE(2009：2084—2085)也给出了相关的示例："El tipo aquel，en su gabán largo，muy abrochado，ha tenido un sobresalto."(那家伙在长长的被扣紧的柜子里吓了一跳)(Alba，V.，Pájaro)。相比冠词居首的情况，"物主词＋名词＋指"词的结构相对更少些，如"Yo le he visto por la mañana，jugando al ordenador con su amigo ese，el de la perilla."(我早上看见他和他那个留山羊胡的朋友在玩电脑)(Mañas，Kronen)。

在同一个名词短语中，定冠词和指示词同时出现，这代表了对唯一限定词的标记。指示词的功能是使名词短语获得有定性和指示。当指示词后置时，居首的定冠词和物主词使得名词词组的参照获得有定性，因此指示词的作用是进行指示定位。这里的指示词的功能类似于地点指示副词或时间指示副词与前置词构成的前置词词组，如 el libro este(el libro de aquí/de ahora)(这本书——这里/当下的书)。但是无论如何，这里的指示词的语义仍然是有定的，所以它一定和不定冠词或其他表不定语义的形容词不兼容(*un libro este)，但是当定冠词居首时，名词短语内是可以含有数量词的，如"¿Por qué no me contás el cuento de **los dos locos esos**?"(你为什么不跟我讲讲那两个疯子的故事?)(Cossa，Criado，RAE，2009：2085)。

从语义上来说，前置指示词和后置指示词的区别在于：首先，前置指示词既表达识别又表达指示定位，而后置指示词的名词短语中，由于有定冠词的出现，实体的参照识别实际是由冠词来实现，后置指示词只是加强了该参照的指示语义，也就是说，通过指示定位的功能来明确该实体的识别，后置指示词可以帮助

---

① *El Mundo*，16/07/1994：Crítica de los libros. Unidad Editorial (Madrid)，1995.

② Mahieu，Roma：*La gallina ciega*. Vox (Madrid)，1980.

识别和确定说话双方共同常识中的人和物,即使该人或物是首次出现在语境。因此,名词短语的指示定位特征得到了强调,后置指示词获得了类似地点副词的特有的指示语义。Eguren(1999:949)用英语与西班牙语的例句对比,来证明了后置指示词的这一特点:

(12) a. El hombre **ese** es tu padre.

冠 男人 那 系 你的 父亲

那个男人是你的父亲。

b. The man **there** is your father.

另外,后置指示词的出现也说明名词是作为已被识别的参照出现,因为如果指示词后置,名词本身不能携带参照被识别的意义,这就和后置的指示词的被识别意义相冲突,因此这里的短语里原来前置指示词的位置需要定冠词的出现。Álvarez Martínez(1989)认为,这种现象类似于西班牙语中的否定形式问题。如果否定元素(例如 nada、ninguno、nunca 等)置于变位动词之前,那么句子可以直接被理解为否定义;如果否定元素置于变位动词之后,在句首就必须有能够反映出句子是否定意义的成分先出现,否则从语义上来说,句子会给出肯定意义和否定意义的冲突,如 *Habla en pública nucna 和 *Habla nunca en pública 都不符合语法规则,正确的表达应该是 No habla nunca en pública。

此外,指示词后置,与冠词居首的名词短语连用时,往往会表达说话者的价值判断,如强调义、心理距离、讽刺意味、蔑视情绪及其他一些负面感情(sentimiento despectivo),尤其是在使用 este 和 ese 的情况下。后置指示代词非常适合用于表达指示词与指示中心三分化不同的距离差距这一语义内涵,其使得一些语义上的细微差别得以实现和被强调,比如用 este,而不是 ese 或 aquel 来指出说话者对于所指对象的关切和参与程度,用 ese 来表达贬义,如例句(13a)中说话人用后置的指示词 ese 来表达"那个男人"的贬义含义,并表达自己对他的疏离感,以及 aquel 来唤起较远的时间距离参照等等,例如例句(13b)所示。

(13) a. El hombre **ese** no me gusta.

冠 男人 那 你 我(与)喜欢

我不喜欢那个男人。

b. Los momentos **aquellos** son inolvidables para nosotros.

冠 时刻 那些 系 难忘的 介 我们(夺)

对我们来说,那些时刻是难忘的。

然而,著名语法学家 Emilio Alarcos(1978)确认为相较负面感情而言,后置的指示词更多地是表达强调意味，他以著名诗人马查多的诗句“el olmo aquel del Duero”（杜罗河畔的那棵榆树）举例，认为这里后者的指示词让情感的负载更加厚重。

通常情况下，因为指示代词具有指示功能，可以识别三分化的距离定位，因此其可以引入名词所表示的类别中的语义对比。当这一定位功能被突出时，指示词在名词短语中倾向于扮演“述位”（rema）功能。而无论是后置的指示代词还是有强调语义的前置指示代词，一般都起到“话题”（tema）作用。而不起强调作用的指示词则比后置指示代词更适用于回指情景中。

RAE（2009：2086—2087）同时指出，后置的指示词并不一定改变名词短语的语义，有些后置的指示词与前置指示词在意义上并无很大差别，可以互换使用。指示词 aquel 用在贬义语义的表达情况较少，因此 aquel 前置和后置时并不一定代表语义的改变，如 aquellos tiempos（那些时光）和 los tiempos aquellos（那些时光）。

当名词成分有修饰语出现的时候，修饰语可以置于名词前，也可以置于名词后，而前置词则需要放在两者之前，不可置于名词和修饰语之间，例如例句（14）中所示，其中（14c）是不符合语法规则的。

（14） a. Soy hijo de **este** bonito pueblo…①
是 儿子 介 这 美丽 村庄
我是这个美丽村庄的儿子……

b. ¿Qué le sucede a **este** pueblo cordial, amable, de trópico?②
什么 它（与）发生 介 这 村庄 热情 可爱 介 热带
这个热情、可爱的热带村庄发生了什么？

c. *No digo nada a pobre **ese** hombre.
不 说 什么东西 介 可怜 那 男人
我没跟那可怜的男人说任何事。

正如 Álvarez Martínez（1989）提到的那样，指示词永远占据它所在的短语（sintagma）的首位，除非是遇到全称量化词 todo（所有的），这点与英语和法语保持一致，如下面的例句所示：

（15） a. Todos **aquellos** cuadros son muy caros.
所有的 那些 画 系 很 贵
所有的那些画都很贵。

---

① *La Vanguardia*, *14/04/1994*: Sagarra y El Port de la Selva. T.I.S.A (Barcelona), 1994.

② *Diario de las Américas*, 12/07/1997. The America Publishing Company (Miami), 1997.

b. All **those** pictures are every exprensive.

所有的那些画都很昂贵。

值得注意的是，Asenjo(1990：30)提到，当名词短语中出现修饰语时，指示词也可以后置，同时冠词前置，但此时做修饰语的形容词通常放置于名词的后面，例如 el pueblo bonito este，也就是说“冠词＋名词＋形容词＋指示词”的结构是可能的，但“冠词＋形容词＋名词＋指示词”这一结构却可能在一些情况下产生问题，比如“¿Puedes creer que el insignificante ser este me da miedo?”(你能相信这个被逼的家伙令我害怕吗?)这句话是符合语法规则的，而“ *El pequeño niño ese está llorando mucho.”(正确的是应该是“El niño pequeño ese está llorando mucho.”，意义为那个小孩正在嚎啕大哭)则是不符合语法规则的。

做次要成分的指示词可以后接 mismo(自己的)、solo(单独的)和 otro(其他的)，还可以在做主要成分的指示词意义前加形容词 todo(所有的)，例如：

(16) a. se publicó en **esta** misma página un poema mío…

发表　介 这 自己的 页面 冠 诗歌 我的

就在这一页也同时发表了我的一首诗……

b. Cada hombre tenía ante sí **aquel** solo enemigo que lo amenazaba. ①

每 男人 有 介 自己 那 单独的 敌人 连 他(宾) 威胁

每个人男人面前都仅仅只有一个威胁他自己的敌人。

c. Para **esas** otras especialidades debería pensarse en centros de investigación y enseñanza…②

介 那些 其他的 专业 应该 考虑 介 中心 介 研究

连 教学

对于其他专业，应该考虑建立研究和教学中心。

d. Pero no todas **estas** voces permanecen invariables…③

但是 不 所有的 这些 声音 保持 不变

但是并不是所有的这些声音都一直保持不变……

另外，做次要成分的指示词还可以和物主形容词同时出现，常见结构为“指示词＋名词＋重读物主形容词”，在一些文学语言中，甚至也可能出现“指示词＋轻读物主形容词＋名词”的结构，如果核心名词还另有量化词修饰，则结构可为

① Uslar Pietri, Arturo: *La visita en el tiempo*. Círculo de Lectores (Barcelona), 1993.

② Beltrán, Pedro G.: *La verdadera realidad peruana*. San Martín (Madrid), 1976.

③ *La Prensa*, 27/01/1997: Polémica lexicográfica, (Managua), 1997.

“指示词＋轻读物主形容词＋量化词＋名词”，但这种情况较为少见，具体可见下面的例句：

(17) a. **Este** niño mío es muy travieso.

这 小孩 我的 系 很 淘气

我的这个孩子很淘气。

b. **Esta** mi opinión es inamovible.

这 我的 观点 系 不能改变的

我的这个观点是不可改变的。

c. **Estas** tus muchas ideas están impregnadas de amargura. ①

这些 你的 很多 观点 系 充满的 介 苦

你的很多想法都满是苦涩感。

从上面的例句我们可以看出，可以后接指示词的名词短语还可以包含其他的补语成分，如前置词词组、形容词、关系从句等，而指示词和这些补语成分的位置关系主要依据与核心名词的语义关系来决定。一般情况下，当后接的补语是前置词短语时，指示词会置于前置词词组之前，如：“Y **eso** lo dice un tío como yo que siempre ha sido una perfecta inutilidad para la cosa esta de los deportes intelectuales.”(像我这样的人总是对智力运动毫无办法)(Pérez Merinero, Días, RAE: 2009: 2088)。同样，形容词和其他关系从句也适用于这一准则。但 RAE (2009: 2088)同时指出了存在一种指示词后置于前置词词组之后的句法结构，如“Por un acaso en la carta **de testamento esa** ¿no aparece algún otro criado?”(莫非在那个遗嘱中有别的仆人出现?)(Riaza, Palacio)，RAE 解释说这里的前置词短语类似于形容词功能。因此，能够前置也能够后置于指示词的前置词短语一般是用来表达事物的品质属性的，在句法上与形容词短语类似。

指示词还有名词化功能，例如可以将原形动词名词化，如 este comer(这吃)，可以将形容词名词化 ese blanco(那白色)，这点和冠词的名词化功能类似，如 el amar(这爱)。被名词化的元素可以在句子中充当主语、直接宾语等不同的成分。

3.4 西班牙语指示词的语义内涵

前面的章节中我们提到，西班牙语的指示词是三分化的封闭类别元素，存在

---

① 例句引自 Asenjo(1990: 31)。

词性(阳性、阴性和中性)和数量(单数和复数)的形态变化,阳性和阴性的指示词可以作为限定词和代词两种功能使用,而中性指示词只具有代词功能。Croft (1990)将近(proximal)、中(medial)、远(distal)三个距离参数与人称参数相结合,总结出指示词如图 3-2 所示的语义图形:

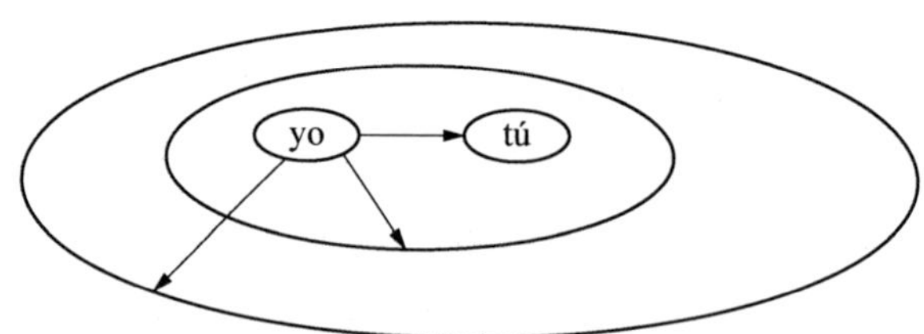

图 3-2 基于说话人场域的指示拓扑图形(改编自 Delbecque, 2013)

从图 3-2 中我们可以看出,近指的概念仅限于说话人所在范围,而中指的概念则有相对宽广的维度,至少包含了听话者的范畴,远指的概念则是将指示的维度无限扩大。在近指和远指的对立下,中指的范围界定显得不那么清晰和确定。

在语义方面,指示词可以帮助识别真实世界中的实体也可以识别非真实世界的事物。因此,指示词也是指称表达的一种,和专有名词、人称代词、特指语义的有定名词短语相同,它们可以存在于一些可以实现参照的可识别性的结构中, Eguren(1999: 938)总结了三种此类结构: ① 它们可以被 mismo(自己,反身代词)修饰,用于加强识别,或者被副词 justamente(恰恰)或 exactamente(正好)修饰,用于明确已被识别的实体的参照;② 它们也可以伴随非限定性关系从句;③ 它们可以出现在有识别意义的系表结构句中。我们可以从以下例句(Eguren, 1999: 938)中看出:

(18) a. {Juan/él/mi hermano/**eso**} mismo.
胡安/他/我哥哥/那个(中性) 自己

b. Precisamente {Juan/él/mi hermano/**eso**}.
恰恰 胡安/他/我哥哥/那个(中性)

c. {Juan/él/mi hermano/**este**}, que acaba de llegar, …
胡安/他/我哥哥/那个(阳性)连 刚刚 到达
刚刚到达的胡安/他/我哥哥/那个人……

d. {Juan/él/mi hermano/**este**} es el que acaba de llegar.
胡安/他/我哥哥/那个(阳性)是 冠 连 刚刚 到达

胡安/他/我哥哥/那个人就是刚刚到达的那位。

e. {Juan/él/mi hermano/**este**} es la persona adecuada.

胡安/他/我哥哥/那个(阳性)是 冠　人　合适

胡安/他/我哥哥/那个(阳性)是那个合适的人。

指示词除了可以识别参照之外,还可以添加和指示中心相关的某些信息。具体来说,还表达出被指示的事物和话语发出者所处位置的距离关系。因此,指示词包含了两方面的语义含义:参照识别性和方位指示性。而指示词的一个比较有趣的语义特点是它不能再"独立命名"(denominación independiente)的情况下使用,比如说,它不能用于给某个物体的表征冠名,任何其他名词类(专有名词、普通名词、有定或无定的名词短语和人称代词)的词汇都可以用于该场景中(Corblin, 1992)。

当然,并不是所有的指示词在语义上都是统一的。Eguren(1999: 939)还提到了近指词、远指词和中性词在语义上还有些细微的差别。例如,远指词可以在某些句法语境中加强非特指语义,如后接带有虚拟式的关系从句的结构中,在这种情况下,远指词相当于定冠词:

(19) a. {Los/**Aquellos**} que suspendan en junio deberán presentarse de nuevo en septiembre.

冠/那些　连　挂科　介 六月 必须　参加　重新　介 九月

那些在六月挂科的人必须重新参加九月的考试。

b. {***Estos**/***Esos**} que suspendan en junio deberán presentarse de nuevo en septiembre. ①

这些/那些　连　挂科　介 六月　必须　参加　重新 介　九月

那些在六月挂科的人必须重新参加九月的考试。

例句(19a)中的远指词 aquellos 是不能被近指词 estos 或中距离指示词 esos 替代,因此例句(19b)是不符合语法规的。

此外,远指词 aquel 可以作为整体中的部分结构的替代置于结构的最前端,功能类似弱限定词(determinantes débiles)algunos(一些)、muchos(很多)、dos(二)等,不能强限定词(determinantes fuertes)todos(所有的)、ambos(二者皆),以及

① 例句引自 Eguren(1999: 939)。

este 或 ese 取代，如下面的例句所示：

(20) a. **Aquella** de mis hermanas que me dio el consejo no conocía las dificultades.
那 介 我的 姐妹 连 我(与)给 冠 建议 不 知道 冠 困难
我姐妹里给我建议的那位不知道困难是什么。

b. { ***Esta**/ ***Esa**} de mis hermanas que me dio el consejo no conocía las dificultades.①
这/那 介 我的 姐妹 连 我(与)给 冠 建议 不 知道 冠 困难
我姐妹里给我建议的那位不知道困难是什么。

然而，值得注意的是，Eguren(1999)提到上述结构中的远指词 aquel 的功能并不能完全与弱限定词对应。这里远指词的出现也是有一定的限制条件的，比如，必须带有关系从这一修饰成分，如下面的例句(21a)和(21c)是正确的，而(21b)就是不符合语法规则的。

(21) a. **Aquel** de vosotros que esté libre de culpa, que tire la primera piedra.
那 介 你们 连 系 自由的 介 责任 连 扔 冠 第一 石头
你们中间没有责任的，是第一个投下石头的那位。

b. ***Aquel** de vosotros, que tire la primera piedra.
那 介 你们 连 扔 冠 第一 石头

c. Alguno de vosotros, que tire la primera piedra. ②
某个 介 你们 连 扔 冠 第一 石头
你们中间第一个扔石头的某个人。

Delbecque(2013)从认知角度解释了指示词在使用中的语义内涵。她认为，三分化的指示词的使用不应该拘泥于距离和位置的限制，说话人和听话人的认知状态也是选择指示词的一个重要指标。在这一假设下，指示词的使用更多地转向引导寻找参照和加强语篇衔接，以此来确认感知的精确性或来锚定参照。她提出了指示词使用的认知中的两个重要参数：一是概念化的卷入(involucramiento del conceptualizador, IC)，二是认识的牵涉(compromiso epistémico, CE)。由此，她提出，近指词 este 的使用需要满足[+IC，−CE]，中指词的使用需要满足[+IC，+CE]，而远指词的使用则需要满足[−IC，−CE]。

①② 例句引自 Eguren(1999：939)。

3.5　西班牙语中性指示词

西班牙语指示词的用法和功能具有复杂且多样的特点。在前面的章节中，我们提到指示词可以分为在句法中做次要成分的指示形容词和做主要成分的指示代词(起到名词作用)两种。在指示代词里，不得不提到的就是中性指示词这一个特殊类别。西班牙语中存在中性指示词形式(esto、eso、aquello)。和冠词lo、人称代词 ello 和不定量化词 algo 一样，源于拉丁语的中性指示词 esto、eso、aquello 本身没有性数的变化，因为在西班牙语中不存在中性的名词可以修饰(RAE, 2009: 2093)，因此中性指示词只能做主要成分。

中性指示词的使用更加灵活因为它所指代的对象种类更加丰富，如事物、行动、景况和句子等。也就是说中性指示词所在的短语也呈现中性特征，因此，其所指要么就是所指事物的全部，要么就是非具体的抽象事物。Fernández Ramírez (1987: 117)将中性指示词称为“un género de referencia objetiva y anafórica que podríamos llamar INCONCEPTUAL”(可以称之为非概念型的一种客观照应或者回指)。

RAE(2009: 2093)明确了中性指示词在以下几个方面不同于一般指示词。首先，中性指示词所指参照必须是非人的个体，或者说非生命体，中性指示词一般也不用于指动物。除此之外，中性指示词和其他的指示词一样可以替代系表结构中作表语的名词短语。中性指示词的参照还可以是实体或抽象的概念，如下面的例子所示：

(22) a. Debemos estudiar mucho. **Esto** es muy importante.

应该　学习　很多　这　系　很　重要

我们应该好好学习。这是非常重要的。

b. Todos sabemos la importancia de la salud. ¿Acaso no sabes **eso**?

所有人 知道　冠　重要性　介 冠 身体　难道　不　知道 那

所有人都知道健康的重要性。难道你不知道吗？

在例句(22a)中，中性指示词 esto 替代的是前文的完整的一句话，即“Debemos estudiar mucho.”(我们应该好好学习)这件事，而(22b)中，中性指示词 eso 指代的是抽象的概念“importancia”(重要性)，当然(22b)中的回指也可以用定冠词 la 或是阴性指示词 esta 来实现。

中性指示词还可以后置用于表达回指，从上述例句(22)中便可看出，再如下面的例句(23)：

(23) Es de Málaga. Por **eso** es muy friolero.

系 介 马拉加 因为 那 是 很 怕冷

他是马拉加来的，因此很怕冷。

中性指示词 esto 和 eso 也用于在条件句主句的开端，重启条件句从句内容，不管其是表达条件还是让步。另外，esto 和 eso 还可以在对话中置于话语的焦点位置后接动词和主语，如：Eso digo yo(那是我说的)～*Eso yo digo(RAE，2009：2094)。

中性指示词中的 eso 不仅可以用于口语，当说话者不能或者不想提起具体事物时，表达万能的含义，也可以用于书面语，经常与前置词搭配，例如 por eso (因此)，也可以用于习惯用语表达强调意义，如“eso，sí”(确实如此)，“eso，no”(不是这样)等。相比 eso 较为广泛的用法，中性指示词 esto 的功能就相对少一些，Fernández Ramírez(1987)曾提到过 eso 和 esto 的使用比例大约在 4∶1。例如 esto 不能像 eso 一样在对话中用以确认或否定对方的言论。然而，esto 也可以用作回指意义，上指和下指的功能均兼具，例如：

(24) Tienes que saber **esto**：que debes estudiar mucho.

必须(情态) 知道 这 连 应该 学习 多

你必须知道这点：应该好好学习。

此外，esto 还可以在书面语中与系动词构成 esto es(也就是说)这一结构，其意义与短语 es decir(也就是说)相同。至于 esto 和 eso 在回指功能上的区别，Álvarez Martínez 认为很难辨别，而 Fernández Ramírez 则认为 esto 的先行项通常不是一个名词概念而是一种想法，而 eso 的先行项则通常是名词性质的概念。

中性指示词可以后接修饰语，就其表达的意义而言，不同的情况仍存在一定的差异，有的可起到直接指示作用，有的可起到召唤(evocador)作用。当 esto 和 eso 的所指是刚刚提及的话语时，其直接指示作用类似于回指功能。

与 esto 和 eso 相反，aquello 则是在标准的西班牙语中用途最少的中性指示词。远指中性指示词 aquello 和中性冠词 lo 在非指示语境下可以和关系从句构成非特指的名词短语，如“Haré {aquello～lo} que sea necesario.”(我会做需要做的事情)(RAE，2009：2096)，这里的远指指示词 aquello 其实并不表达说话者或听话者之间的远近距离。RAE(2009：2096)指出，现代西班牙语习惯用中性冠词来后接修饰语，如 lo bueno(好的东西)，但 aquello 却不常有这种用法，因为 aquello 倾向于获得指示和回指含义，所以 RAE(2009：206)比较了两句(25a)和(25b)，认为前句是可接受的，而后句则相对勉强，因为后句不存在直接的场景指示。

(25) a. **aquello** amarillo que se ve allá lejos

那 黄色 连 看见(被动) 那里 远处

从那里远处看见的黄色的东西。

b. ?**aquello** amarillo que destaca en muchos cuadros de Joan Miró

那 黄色 连 凸显 介 很多 画 介 胡安·米罗

胡安·米罗很多画作里都凸显的黄色。

在句法方面,中性指示词几乎可以承担所有功能,既包括名词类别的功能,也包括其他类别的功能。Álvarez Martínez 还提到中性指示词通常可以被中性代词 ello 替代。所以中性指示词被看作代词,没有数量上的变化。中性指示词的使用可以伴有身势动作,表达直接指示含义,既可以指向事物,也可以指向某种行动。当然,身势动作也并不是一定必需的。

中性指示词的功能既包含指示用法(身势指示 gestual、象征指示 simbólico、篇章指示 textual)及非指示用法(回指 anafórico 和非回指 no anafórico)。其中身势指示是指参照的实现与交际事件的物理条件(听觉、视觉、触觉)有关,而象征指示是指参照的实现只依靠交际事件发生的基本时间和空间环境参数,在中文语法环境下,大多数语法学家用"情景指示"称呼这一用法。下面的句子(26)是 Eguren(1999: 941)用以说明中性指示代词不同用法的举例:

(26) a. Quiero **eso**, no **eso**. (身势指示)

要 那 不 那

我要的是那个,不是那个(伴有身势指示)。

b. **Esto** no me está gustando nada. (象征指示)

这 不 我(与) 系(进行时) 喜欢 一点也不

这个我一点都不喜欢。

c. – Nuestra hija se llama *Leocadia*.

我们的 女儿 叫 莱奥卡地亚

我们的女儿叫莱奥卡地亚。

– Pero ¡cómo le habéis puesto de nombre **eso**! (情景指示)

但是 怎么 她(与) 放置(完成体) 名字 那个

你们怎么会给她起那样的名字啊!

d. –Dame el martillo.

给我 冠 锤子

把锤子给我。

– ¿No irás a golpearme con **eso**? （回指）

不 要 介 捶我 介 那个

你不会是要用那个捶我吧?

e. **Estooo**···¿Qué os estaba diciendo? （非回指）

这 什么 你们(宾) 系(进行时) 说

这……他当时到底在跟你们说什么啊?

f. – Los elefantes vuelan.

冠 大象 飞

大象会飞。

– **Eso** no es verdad.（非纯粹篇章指示）

那 不 系 真的

那不是真的。

上面的例句(26f)是指指示的参照并不是直接出现在上下文中,而是经过总结和推理产生的。

前面我们已经提到,中性指示词只能是代词,不同于其他指示代词,没有性数变化,在语义方面上也呈现出一些差别。首先,中性指示词的标准或者典型参照应该是非人的实体,除了是故意表达贬义语气的情况。另外,中性指示词并不仅仅用来指别物理实体,还可以用来指别事件、事物的状态或者句子等。因此,中性指示词的参照范围很广,但它与其参照之间在话语发出时产生的关系常常是不明确的或是抽象的。这一语义方面的特点也决定了中性指示词的句法特征,即决定了它所修饰的词和结构的数量和性质。

和其他的指称表达一样,如专有名词、人称代词、特指名词短语、性数有变化的指示代词等,中性指示词也可以被其强调作用的 mismo(自己的、相同的)和作同位语的关系从句修饰,同时还可以为其前置全称量词 todo(所有的)或聚焦类副词 solo(单独的)、incluso(甚至)和 hasta(甚至)等所修饰。在这些语境中,中性指示词可以扮演明确的指代表达角色用以识别不同层级的实体。然而,与其他指称表达不同的是,中性指示词可以允许典型的名词修饰语伴随,从这个意义上来说,有些类似于中性冠词 lo 的使用方法。Bosque 和 Moreno(1989)认为,中性指示词和中性冠词 lo 贡献两个功能:一是绝对指称的个体性,二是事实性。然而,Eguren(1999:948)也明确了中性指示词和中性冠词 lo 之间的区别:首先,中性指示词相比中性冠词 lo 而言接受形容词修饰语的程度要低很多;其次,中性指示词可以被由非 de 的其他介词引导的介词短语修饰;再次,当后接的关系从句有介词引导时，中性冠词需要被中性指示词取代；最后，lo 可以表达时间、地点或方法等，而中性指示词却不具备这样的功能。下面的四个例句或短语分别解释了上述四种区别（Eguren, 1999: 948）：

(27) a. {Lo/ ***Eso**} interesante.

冠　这　有趣的

有趣的东西（名词化）。

b. ¿Qué es {**eso**/ *lo} sin asas que traes ahí?

什么 系 这 冠 介 手柄 连 带来 那里

你带来的那个没有手柄的东西是什么？

c. ¿Qué es {**eso**!*lo} de que estáis hablando?

什么 系 这 冠 介 连 系（进行时）说

你们正在聊的那个是什么啊？

d. por {lo/ ***eso**} pronto, a {lo/ ***eso**} lejos, a {lo/ ***eso**} tonto.

介 冠 那 快 介 冠 那 远 介 冠 那 笨

目前　远处　傻傻地

3.6　西班牙语指示词与定冠词的比较

指示限定词决定了名词词组的所指并且使名词词组变得有定，因此它可以帮助确定名词词组所指实体，即其参照（referente）。这一功能与其他一些有定限定词产生了一定的交叉，如定冠词或物主限定词等。当我们谈及有定名词词组时，必然要提到其唯一性条件（condición de unicidad）。也就是说通过这些限定词，听话者可以识别出名词词组的唯一参照所指，或称有定范围（dominio de definitud），而名词词组的参照既可以是通过语篇中与上下文的其他部分构成联系而实现，也可以通过在交际情境中的直接指示而实现。而指示词与定冠词的最大区别在于指示词与其参照建立指示关系，而定冠词则要求参照是已知或熟悉的。指示词与定冠词在很多情况下可以互换使用，这一点说明定冠词保留了其历史源头指示词的部分的指示特征，如“Acércame {el～ese} cenicero.”[把（那个）烟灰缸递给我]（RAE, 2009: 2068）。

论及指示词和定冠词的差别，主要体现在以下几个方面：

第一，含有定冠词的名词词组必须满足唯一性，以获得合适的参照识别，其所带解释性修饰语通常是用来限制参照条件的。而指示词的参照获得因为是通过指示实现的，所以其修饰语没有这一条件限制。所以含有指示词的名词词组中所带的解修饰语并不是限制性的，而是解释性的，并不是参照实现的绝对条件。如RAE(2009：2069)的示例，当被问及："¿Qué lápiz quieres?"(你想要什么样的铅笔?)，如果回答El rojo(红色的)，rojo(红色)是帮助获得唯一参照的，在句子中必不可少，若回答este rojo(这只红色的)，rojo则可有可无，只起到修饰作用，este本身已可获得名词的参照。另有一些价值判断型的形容词，一般情况下在名词词组中和不定冠词连用，如"Entonces tuvo lugar {un～el} descubrimiento sorprendente."(那时候一个/那个惊人的发现诞生了)，在这句话中若要限定descubrimiento(发现)的范围，则只能有定冠词el来满足唯一性条件，这类形容词还包括例如sorprendente(惊人的)、maravilloso(神奇的)、importante(重要的)、inesperado(意料之外的)等，当这些形容词不出现在定冠词为首的名词词组中时，它们的实际功能是指明意见和情绪心理反应的谓词。当选用不定冠词时，名词词组实际上是不能获得自己的参照的。但是，指示词与该类形容词的搭配不影响名词词组获得参照，因为指示词本身就具有唯一性特征。

第二，在西班牙语定冠词的用法中包含关联性用法(uso asociativo)，即用在首次出现的名词词组前，但该名词词组跟前文的其他名词词组存在一定关联，比如整体和部分的关系等，例如前文出现了una casa(一栋房子)，后文可以出现la puerta(门)，这里的"门"即指前文"房子"的"门"，是"房子"的一部分，但是指示词却不能具有该功能，如果前文出现una casa(一栋房子)，后文直接出现esta puerta(这扇门)，只能去情景语境中找esta的直接指示，esta(这)无法帮助puerta(门)和casa(房子)构建出关联性的关系。RAE(2009：2071)列举了可以用定冠词，但不可以用指示词替代定冠词的例子：

(28) [···] un viejo piso tercero interior donde había un millón de cosas que hacer, reformar **el baño**, cambiar **la cocina**, agrandar **las ventanas**. (Grandes, Aires).

冠 旧 公寓 第三 内部 连 有 冠 百万 介 东西 连 做 重修 冠 浴室 改 冠 厨房 扩大 冠 窗户

第三间旧公寓的内部有很多地方需要重做，比如整修浴室，改装厨房和扩大窗户。

值得注意的是，有关关联性的这个功能，汉语与西班牙语的指示词稍有区别，汉语指示词的回指隐性用法里实际包含了关联性功能，因为表达部分和整体的关系，在汉语中我们将其称为蕴含性隐性上指，如下例所示：

(29) 书架上的书都是你们的，可**那**字都是别人写的。(《泡菜坛子》，李汉荣)

在上面的例句(29)中,名词“字”可以看成前句“书”的一部分,汉语的指示词“那”的使用并不违反语法规则。

第三,在定冠词的内指(usos endofóricos)这一用法中,名词词组所带的一些修饰语或者补语可以为首次出现的名词词组的参照获取提供信息。这一用法也是指示词所不具有的。例如 RAE(2009: 2071)提到的下面的例句中带有修饰语的名词词组中的定冠词也不可被指示词所替代。

(30) ¡Imagínense qué valentía la de esta mujer, teniendo así enfermo a su esposo y al mismo tiempo asumiendo aquella responsabilidad de los rehenes! **El** compromiso que había asumido con el pueblo era admirable. (Viezzer, Hablar)

想象　多么　勇气　冠　介　这　女人　有　这样　生病的　介　她的　丈夫　连　介　相同　时间　承担　那　责任　介　冠　人质　冠　承诺　连　承担　介　冠　人民　是　令人钦佩的

诸位能想象这个女人是多么的有勇气么!她丈夫生着病,一边还要承担着人质这边的责任。她对人民的承诺真令人钦佩。

在上述例句中,如果将标记下划线的从句去掉,就无法从前文中获得名词 compromiso(承诺)的参照。在词句中,除非前文当中已经出现过 compromiso 一词,后半句的 el compromiso 才可以被 este compromiso 所替代。也就是说,指示词在实现与有定性时,必然会唤起回指或者指示功能。而定冠词则可以通过内指功能直接实现有定性。同样地,这一用法在汉语指示词的隐性回指功能中是存在的,例如汉语指示词“那些”在下面例句中的出现:

(31) 秋天来了,记忆就轻轻提示道:“凄凄切切的秋虫又要想起来了。”可是一点影响也没有,邻居蹄人闹,弦歌杂作的深夜,接上轮震石响,总听不到一丝的秋虫的声息。并不是被**那些**欢乐的宰困的宏大的清凉的声音淹没了。(《没有秋虫的地方》,叶圣陶)

第四,与定冠词不同,指示词还不能实现在某一群体或者某一共同体中已达成的共有知识或常识带来的有定性,如像 el rey(国王)、el sol(太阳)、la capital(首都)、el ayuntamiento(政府)这样的词。只有在波多黎各以及秘鲁部分年轻人的西班牙语变体中,才会出现用指示词替代定冠词的情况。

第五,定冠词与名词词组的组合还可以具有特指语义,尤其是当其包含一个带有虚拟式的冠词从句时,这时候的定冠词及并非指向某个具体的参照,甚至其所指都可能不存在,如下例:

(32) El jugador que gane el partido podrá conseguir un gran premio.

冠 运动员 连 赢(虚) 冠 比赛 能够 获得 冠 大 奖

赢得比赛的运动员可以获得一个大奖。

然而,在这种情况下,指示词与名词词组的搭配却一定只具有指示义,除了指示词 aquel 的个别用法外,aquel 在一些情况下用法与定冠词类似,可以与名词词组搭配构成特指语义,如下例 RAE(2009: 2073):

(33) Ten mucho cuidado con **aquellas** tentaciones que puedan distraerte de tus obligaciones. (Nuevo Herald 30/6/1997)

有 很多 小心 介 那些 诱惑 连 会 分心 介 你的 职责

你要特别小心那些会让你从你的职责中分心的诱惑。

这里带有虚拟式的关系从句对指示词 aquel 拥有特指语义贡献很大,没有含虚拟式的关系从句,此处 aquel 很难获得特指语义,相反,只能获得指示或回指语义。此外,aquel 还可以承接带有陈述式的关系从句表达类指语义,如 RAE (2009: 2074)的例句所示:

(34) **Aquel** que encuentra un molde de pasteles y sigue haciendo pasteles, nada tiene que ver con el arte. (Hora 27/9/2004)

那 连 找到 冠 模具 介 蛋糕 连 继续 做 蛋糕 无 有 连 看见介 冠 艺术

找到模具的人继续做蛋糕,跟艺术没有关系。

第六,定冠词可以承接包含否定量化词的名词短语,而指示词却不可以,因为在此种情况下,指示词的指示词含义与参照的缺乏不能兼容,而定冠词却有唯一性用法,如 RAE(2009: 2075)的例句所示:

(35) Los padres deben decir a sus hijos que no visiten la casa de ningún vecino. (Granma Internacional 12/1996).

冠 父母 应该 说 介 他们的 孩子 连 不 拜访 冠 房子 介 任何一个 邻居

父母们应该跟他们的孩子说不要去任何一个邻居的家里。

第七,一般情况下,指示词是不能像定冠词意义具有类指语义(uso genérico)的,比如在句子"El hombre es mortal."(人都会死)中,若将定冠词替换成指示词,则 el hombre 就不表示人类这一类指语义,而是具体指某个人。

第八,带有指示词的名词短语缺乏量化或者强调功能,而这是带有定冠词的名词短语所具备的功能，在这种情况下，定冠词性的功能类似于一个量化词，不具有具体参照，因此不能用指示词来替换，如例句(36)所示，此外，指示词也不能像定冠词和物主词一样出现在最高级中，如{el～*ese} chico más alto(最高的男孩)。

(36) No quiero ni pensar el/ ***ese** dinero que se habrá gastado.

*不　想　也不想　冠/*指　钱　连　花费(将来)*

我不想要也不会去想那些会被用掉的钱。

第九，在与专有名词连用时，定冠词则比指示词有更多的局限性。一般情况下，定冠词与专有名词的连接还需搭配限制性修饰语，此时，专有名词的语义向普通名词转化，如 RAE(2009：2077)的举例 la Córdoba de su infancia(他童年的科尔多瓦)，这里的专有名词 Córdoba(科尔多瓦)代表着很多不同面貌的 Córdoba 的存在，而后面的前置词修饰短语 de su infancia(他童年的)限制了名词的参照选择。然而，指示词能自己和专有名词搭配，无须限制性修饰语的出现，这是定冠词不具备的功能，如 RAE(2009：2077)的例句所示：

(37) Tenía claro que el de **esta** Barcelona era el musical. (Vanguardia [Esp.] 2/3/1995)

有　清楚　连　冠　介　这　巴萨罗那　是　冠　音乐的

他很清楚巴塞罗那的特质是具有音乐性。

此外，指示词还能和不加限制性修饰语的专有名词搭配，起到回指功能。在口语中，还经常出现“指示词＋指人专有名词”的组合，这里指示词实际是起强调或表达情绪的功能，如 RAE(2009：2078)的例句所示：

(38) Lo que emociona **este** Matías Prats… (Martínez Mediero，Niño)

冠　连　使激动　这　马蒂亚斯·布拉茨

让马蒂亚斯·布拉茨激动的是……

第十，在与全称量化词的搭配使用上，指示词和定冠词物主词具有类似的用法，然而，指示词的单数形式一般不和 todo(所有的)单独连用，如 todo este sentimiento(所有这些感觉)＞* todo este，指示词复数和中性指示词 esto、eso 和 aquello 则不受限制。在部分情况下，远指指示词 aquel 也可和 todo 连用，但需要后接关系从句，以表明参照，如 RAE(2009：2079)的例句所示：

(39) Por lo que era claramente comprensible que estuviera de lo más violenta e irritable contra todo **aquel** que se acercara a pedirle que hiciera un trabajo extra. (Esquivel，Agua)

因此　　是　清楚地　可理解的　连　系　介冠更　暴躁连
生气　对抗　所有　那　连　靠近　介请求　连　做　冠　工作
额外的

因此,她对任何要求她做额外工作的人表现得最为暴躁和生气,这显然是可以理解的。

在此种情况下,定冠词和 aquel 可以互换使用。与其他的有定限定词意义,指示词还可以后接不定词 otro(其他的),以及其他一些量化词,如基数词、序数词和程度量化词等,如 estos dos libros(这两本书)、esos últimos días(那些最后的日子)、aquellas pocas personas(那些很少的人)。

最后,定冠词和指示词都可以和一个零形式名词短语连用后接前置词短语,如 el Ø de tu casa 和 ese Ø de su casa,RAE(2009：2080)也指出,在指示词的情况下,我们也可以将指示词看作代词,因此并不存在零形式名词短语。相比定冠词,指示词连接前置词短语的受限会更小,定冠词一般只连接前置词 de 的短语,而指示词则可以连接前置词 con,sin,en 的短语,如 el mueble con tres patas (三只脚的家具)＞ *el con tres patas,aquellos con huesos astillables(那些伤筋动骨的人), esas sin estudios(没有书房的那些),ese en el espejo(在镜子里的那个)。

3.7　西班牙语指示词的指示和非指示用法

3.7.1　指示代词的回指用法

前文中我们提到,西班牙语指示词系统中有三个基本元素,即 este、ese、aquel。它们分别有性(阴/阳)和数(单数/复数)的变化。这三个元素可以用作限定词修饰名词,如 **esta** casa(这个房子)、**ese** hombre(那个男人)、**aquel** planeta lejano(那颗遥远的星球)等,也可以用作代词,单独出现,如:"**Este** es mi amigo."(这是我的朋友);"**Ese** no es mi libro."(那不是我的书);"**Aquella** es nuestra universidad."(那是我们的大学)。除此之外,西班牙语中还存在中性代词(neutros),分别是 esto、eso 和 aquello,其主要作用是用于指代抽象事物或者没法归类到阳性或阴性词类的事物。从空间指示(deixis espacial)来看,西班牙语的指示词以说话双方为参照区分远近距离。因此,este 指称的事物离说话者距离较近,ese 指称的事物离听话者较近,然而 Zulaica-Hernández 和 Gutiérrez-Rexach(2009)则认为 ese 的指称的事物与说话者和听话者的距离并无特殊关系,aquel 指称的事物则是离说话者和听话者都有较远的距离,而 Zulaica-Hernández 和 Gutiérrez-Rexach(2009)则只提到远指词 aquel 离说话者较远，未提及听话者。由此也可以推断出来这三组指示词在时间轴上所表达的远近距离，也就是说指示词除了空间距离，也可以指示时间距离，远指词 aquel 相较 este 和 ese 所指示的参照时间应该更远，例如 aquellos momentos inolvidables(那些难忘的时刻)。

指示词除了可以进行直接的情景指示外，还可以用于语篇中与所指名词词组指称同一参照(correferencia)，如果名词词组出现在指示词之前，可称之为指示词的先行项(antecedente)，指示词起上指作用，如果名词词组出现在指示词之后，则称之为指示词的后项(consecuente)，指示词起下指作用。

众多的语法学家都提到西班牙语中的指示词大量的用于表达回指，既包括上指(anáfora)又包括下指(catáfora)，如下面的例句所示，在(40a)中，指示词 esto 起到的是上指功能，指代前面的一句话(La alianza tiene mayoría.)，而(40b)中 eso 是下指，指代后面的 ser un seductor 这件事。

(40) a. La alianza tiene mayoría. Y **esto** lo sabe todo el pueblo argentino.

冠 同盟 有 大多数 连 这 代 知道 所有 冠 人民 阿根廷

同盟赢了多数票。所有阿根廷人民都知道这点。

b. ¿Sale muy caro **eso** de ser un seductor?

出来 很 贵 那 介 是 冠 骗子

成为骗子会付出很大的代价吗？

指示代词的回指用法既可出现在同一个句子当中，也可以出现在同一个篇章的不同句子当中，或者同一段对话当中，然而，指示代词的回指用法用于分析性文章和叙述文的频率远高于用于对话当中。

Eguren(1999：942)提到，无论是在上指还是下指中，指示代词 este 的使用频次都远高于中指词 ese 和远指词 aquel，尽管在对话中人们常用 ese 来指代听话者所提及的内容。而根据 Fernández Ramírez(1951)的观点，远指词 aquel 也可以在只有两分化的远近区分时用来表达远指，或是在避免歧义产生的情况下使用。值得一提的是，在篇章中，指示代词 este 经常用来指代离自己最近的先行成分，而 aquel 则用来指代离自己最远的先行成分，一方面，这些指示代词和自己的先行项之间分别都存在着共参照的关系；另一方面，话语发出的时间结构同时也产生了与参照中心之间的空间上的远近关系，然而这一用法在情景对话中却不常出现。此外，具有上指和下指作用的指示代词与其各自的先行项或后行词之间的距离关系也有所不同，下指的指示代词往往直接后接其后行词，而上指的指示代词与其先行项之间可能并不是线性的毗邻关系，如下例所示(Eguren，1999：943)：

(41) a. Aunque no se pueda demostrar, debéis creer en **esto**: el extraterrestre existe.
尽管 不 能 证明 应该 相信 介 这 外星人 存在
尽管没法证明,你们还是应该相信这点:外星人是存在的。

b. *Debéis creer en **esto**, aunque no se pueda demostrar: el extraterrestre existe.
应该 相信 介 这 尽管 不 能 证明 外星人 存在
你们应该相信这个,尽管没法证明:外星人是存在的。

c. El extraterrestre existe. **Eso** es verdad, aunque no se pueda demostrar.
外星人 存在 那 是 真的 尽管 不 能 证明
外星人是存在的。那是真的。尽管没法证明。

d. El extraterrestre existe. Aunque no se pueda demostrar, **eso** es verdad.
外星人 存在 尽管 不 能 证明 那 是 真的
外星人是存在的。尽管没法证明,但那是真的。

3.7.2 句子中指示代词的回指用法

当 este 和 aquel 分别指前文出现的不同的名词词组时,aquel 通常与两者中离指示词较远的那组名词词组相照应,而 este 通常与距离较近的名词词组相照应。RAE(2009: 2060)将这种功能既看作直接指示又看作回指。回指是因为指示词在语篇中与先行项有同一参照,直接指示是因为指示词的指示功能也是通过远近距离的指示而产生的,然而,RAE 特别提到 ese 不具有这种功能。

此外,指示词和人称代词在一定情况下可以互换使用,但这种情况并不常见,RAE(2009: 2061)明确了西班牙语中有人称代词来指代事物或者动物的局限性,所以当所指为人的时候,人称代词有可能被指示词取代,但是人称代词作主语通常可以省略,且人称代词不能表达远近关系,所以指示词在替代时也有条件所限。Eguren(1999: 934—944)用 este 来举例说明这些限制:在同一个句子中,指示词必须紧跟在它的先行项后面,而人称代词却既可以用作上指又可以用作下指,如下面的例句所示:

(42) a. Cuando Pedro se encuentra con Juan$_i$, **este**$_i$ siempre le saluda.
当 佩德罗 遇到 介 胡安 这 总是 他 打招呼
当佩德罗遇到这位,胡安,他总是跟他打招呼。

b. *Cuando Pedro se encuentra con **este**$_i$, Juan$_i$; siempre le saluda.

当　佩德罗　遇到　介 这　胡安　总是　他 打招呼

c. Cuando Pedro se encuentra con Juan$_i$, él$_i$, siempre le saluda.

当　佩德罗　遇到　介 胡安　他　总是　他　打招呼

佩德罗遇到胡安的时候，总是和他打招呼。

d. Cuando Pedro se encuentra con él$_i$, Juan$_i$, siempre le saluda.

当　佩德罗　遇到　介 他　换　总是　他　打招呼

佩德罗遇到胡安的时候，总是和他打招呼。

名词词组和指示词之间的关系既可以是严格的同一参照，但也可能是非严格的完全对应关系，RAE 称之为意义回指(anáfora de sentido)。再者，在同一个句子中，指示代词 este 前一般必须有超过两个的可被指代的参照物，且它仅用来指代在话语线性时间线上里自己最近距离的参照，而人称代词则不受参照物数量和其与参照物距离的限制。也就是说指示代词 este 回指功能的实现必须是在其出现前有不同的可被指代的参照物，这种情况也是适用于一个参照物作句子主语，而另一个参照物作动词的宾语成分时，当某个动词缺少宾语时，指示代词就不能用来指代句子的主语，但人称代词却能承担这样的功能，如下面的例句(Eguren，1999：944)：

(43) Ana ganó porque {ella/ ***esta**} había jugado mejor.

安娜 赢　因为　她　这　玩　更好

安娜赢了因为她玩得更好。

此外，还应注意的是指示代词所指的先行项不能是省略的名词或代词，也不能是用作附着词素的代词(宾格或与格代词)，如下面的例句所示(Eguren，1999：944)：

(44) a. Ana, ganó a María$_i$ porque **aquella** jugó mejor.

安娜　赢 介 玛利亚 因为　那　玩　更好

安娜赢了玛利亚因为她玩得更好。

b. * Φ_i ganó a María porque **aquella**$_i$ jugó mejor.

赢　介 玛利亚 因为　那　玩　更好

c. Ana felicitó a María$_i$ porque **esta**$_i$ había jugado mejor.

安娜 祝贺 介 玛利亚 因为　这　玩　更好

安娜祝贺玛利亚因为玛利亚玩得更好。

d. *Ana la$_i$ felicitó, porque **esta**, había jugado mejor.

安娜 她 祝贺　因为　这　玩　更好

最后，当指示代词出现在从句中，且语义上需要靠主句中的某个先行项来实现时，这种情况指示代词的出现通常是违背语法合法性的，而这对于起回指作用的人称代词却可以成立。

(45) Ana le dijo a Lourdes$_i$, que {ella, / ***esta**$_i$} no tenía razón.

安娜 他 说 介 卢德 连 她 这 不 有 道理

安娜对卢德说她没有道理。

然而，同时应当注意的是，在某些情况下用于回指时会倾向于用人称代词，在另一些情况下则会倾向于用指示代词。例如，当先行项是人的时候，人称代词的使用要远远多于指示代词，而当先行项是非人类的有生命体时，则必须使用指示代词。此外，在有些情况下，为了避免产生歧义，指示代词的使用也会优于人称代词。

此外，当带有指示词的名词词组与出现在语篇中该词组之后的名词词组有同一参照时，我们说指示词具有了下指功能(catáfora)。在下指功能下，最常见的指示词是 este 以及它的各种屈折变化形式。RAE(2009: 2066)指出，即便是上指功能的指示词与其先行项之间的距离是仍是可变的，下指功能的指示词通常都有较为严格的毗连性或者相邻性要求，一般情况下，含有指示词后项的句子通常会立即出现在指示词之后。此外，具有下指功能的指示词涉及系表结构时情况更为复杂，如在 RAE(2009: 2067)所示的例句当中：

(46) Tampoco **aquella** fue una época que yo recuerde con amargura. No me divertía con algún chico de mi edad y, a decir verdad, los sustos no me hacían mella. (Chávez, Batallador)

也不 那 是 冠 时代 连 我 记得 介 苦 不 娱乐 介 某个 男孩 介 我的 年纪 连 介 说 事实 冠 害怕 不 我 产生 影响

那也不是我痛苦回忆的年代。不。我和一个同龄的男孩玩得很开心，说实话，我一点也不害怕。

尽管先前语篇中并没有出现 época(时代)这个词，但读者依然可以毫不费力地判断出 aquella 的所指是“时代”。当然这里也是为了寻求特殊的问题效果，否则以这样的句子开头也罕见(RAE, 2009: 2067)。“época”这个词尽管没有提前以书面形式出现，但很快出现在了指示词之后紧跟的相关结构中；因此，读者可以通过前文获取一定的可以决定 aquella 性质的信息，还可以从下文中抽取它的另一部分信息，如性数等形态特征等，此外也可以通过语义信息获得 aquella 的所指。

3.7.3　指示词的其他用法：词法化和半词法化的结构

在有些情况下，este和aquel的功能并不是指示和回指，实际上，它们有时候只具有西班牙语或惯用语表达的功能，意思是"随便一个"，如RAE(2009：2132)所举的例子所示：

(47) Obtener triunfos resonantes contra **este** o **aquel** seleccionado o equipo no sería sino producto del milagro o la proeza extraordinaria. (Tiempos 15/2/1997)

获得　胜利　巨大的　对抗　这个　或　那个　选手　或　队伍　不是　而是　产品　介　奇迹　或　冠　壮举　非凡的

对抗随便一个选手队伍取得这么大的胜利并不是什么奇迹或者非凡的壮举。

在指人的时候，还可以用estos和aquellos来表达。指示词este和esto还会用作口头语的表达，RAE(2009：2132)总结说，este在美洲西班牙语中用得更为广泛，而esto则在欧洲被使用得更多。事实上，在很多拉丁美洲国家，指示词este甚至会被看作填充停顿，或是表达疑惑犹豫等信号的标记。指示词eso则用作表达肯定含义，如我们日常生活中用于肯定前句的"Eso es"(正是这样)。RAE(2009：2133)还解释说，副词短语con todo y eso、con todo y con eso以及con eso y todo的含义等于其简化形式con todo。而短语A eso de，例如在a eso de las seis中，是用于引入表达时间参照的名词短语，因此这句例句的意思是"大约在六点"。短语en esto和en eso的含义与mientras tano相当，用于引入某个事件发生同时正在发生的另一事件。短语y eso que用于口语当中，用作转折连接词，类似aunque或者a pesar de que的含义。当指示词eso用于句子eso es todo并置于连词之前时，可以用于表达强调语义，例如RAE(2009：2134)的例句所示：

(48) Tengo mil dólares en cheques y **eso** es todo. (Morales，A.，Verdad)

有　千　美元　介　支票　连　那　是　所有

我就只有一千美元的支票，就这些。

尽管这里eso的用法可以算是词法化用法，但它并没有失去自己的回指功能。另有些词组包含了指示词esas，不产生性数的变化，如ni por esas，用于表达在任何条件下的都不可能实现，en esas estamos用于表达等待的态度等。此外，阴性单数的指示词esta也可以用于表达某些场合、情形和机会，没有性数的变化。

Eguren(1999：943)也对中性代词的非指示用法中的非回指功能及其在固

定词组和固定搭配中的使用进行了论述，认为这些用法主要包含口头语中的 *estooo*… 或者 *esteee*…，及用作填充的(todo)eso que…和具有时间意义的短语 a eso de (la una)；固定词组中比较常用的包括含有让步含义的 y eso que…、用于解释的 esto es，以及用于承接结果的 en {eso/esto/estas}；而常见的固定搭配主要包含 eso sí (que no)、eso no、eso es、eso nunca、lejos de eso、todo menos eso、nada de eso、pero de eso a 等等(Fernández Ramírez, 1951：131.3 y 135.2)。

3.8　本章小结

本章对西班牙语中的指示词进行了系统且全面的介绍和描述，明确了指示词在西班牙语中是一类特殊的词汇，它们不能独立于句子外成为具体的部分，只能作为名字、形容词或副词作用而发挥功能，因为指示词与表达固定语义的词汇不同，其参照具有临时性和变化性等特点。根据不同的原则，西班牙语中的指示词有不同的类别划分标准。根据形态变化，可以分为阴性和阳性以及单数和复数指示词；根据语音形态结构，可分为简单指示词和复合指示词；根据词汇句法功能，可分为指示代词和指示形容词；根据空间和时间距离，可分为近指词、中指词和远指词；根据语法特征，还可以分为有定指示词和量化指示词。西班牙语的指示词具有丰富的句法功能，可以做主语、表语、直接宾语、间接宾语、景况补语、名词补足语等。其语义内涵围绕说话人和听话人的场域而展开。此外，本章还介绍了西班牙语中性指示词的特征和功能，并将指示词与定冠词进行比较。最后，本章围绕指示词的指示和非指示用法进行了细致的描述和阐释，并引入了指示词的词法化和半词法化特征。

第四章　汉西英指示词的对比研究

4.1　汉西英语言的基本特点

4.1.1　汉语的类型学特征

我们进行语言对比时，自然而然地默认了有关语言的普遍性假设(Chomsky，1964)。汉语是一门孤立语言，西班牙是一门屈折语言，而英语既不像汉语是孤立的，又不完全像西班牙语那样是屈折变化的，因此英语可以看作汉语和西班牙语的中间过渡，也可以看作汉语和西班牙之间的普遍性连接。

汉语属于汉藏语系，是一种孤立语(isolating language)，这意味着在汉语中不同的词汇类别之间并没有形态上的区别，词汇类别和语法功能之间也没有固定的对应关系，而这种对应关系的存在是屈折语言和黏着语言的主要特征之一(林琳，2018)。例如，在汉语中，一个动词除了可以做句子的谓语成分之外，还可以在不产生任何形态变化的同时承担主语、宾语、表语等功能，例如我们用汉语词语“快乐”来举例说明：

(1) a. 他很快乐。

　　b. 快乐最重要。

　　c. 没了快乐，要别的又有什么用呢？

　　d. 孩子们在快乐地玩耍。

从例句(1)的四个句子中我们可以看到，“快乐”一词没有任何形态上的变化，但是分别承担了不同的句子功能，(1a)中“快乐”做谓语用，(1b)中做主语，(1c)中做宾语，(1d)中做状语。

此外，汉语中的动词也没有屈折变化，即不用根据不同的时、体、人称变位。例如我们以动词“跑步”举例：

(2) a. 我每天傍晚 6 点跑步。

　　b. 我明天早上 8 点跑步。

　　c. 我高中的时候，常常去海边跑步。

　　d. 我们 5 个人每天傍晚 6 点一起跑步。

我们在例句(2)中可以看到，三个句子分别表达不同的时态，(2a)是一般现在时,(2b)是将来时,(2c)是过去时。值得注意的是,(2c)虽然是过去时,但表达的是过去常常发生的事情,如果是过去一次性发生的动作,则需要一些时体标记来辅助表达,比如"我昨天8点跑的步""我昨天8点跑步了"或者"我昨天跑过步了"。而(2d)中,时态虽然和(2a)保持一致,但是人称从(2a)的单数变成了复数,然而动词"跑步"依然保持形态不变。

此外,汉语的动词不存在谓语动词和非谓语动词的区别,无论在英语还是西班牙语中,主谓结构短语是不能做句子的主语的,动词做主语时需要将动词变位成非谓语形式,如英语的 to do 或者 doing,西班牙语的原形动词等。而汉语中既存在主谓句,也存在主谓短语结构,如下面的例句所示:

(3)我独自去吃火锅让我的朋友很不开心。

例句(3)中,句子的主语"我独自去吃火锅"如果在英语或西班牙语中都不可以直接出现,而需要相应从句来实现其主语功能,如英语可以加 that 来引导主语从句"that I went to eat the hotpot alone",西班牙语中可以用 el que 来引导"el que fui a comer el hotpot solo"。从上述分析中我们可以看出,在汉语中,语法功能或者词汇类别并不能通过词汇内部的形态变化来区分。通常情况下,语法功能的实现或者词汇类别的区分是依靠词序或者功能词汇、虚词的作用,这点 Wu(2004)曾经指出过汉语中的虚词对于语法分析和跨语言对比都会起到重要作用。

汉语的书写系统也是区别于英语和西班牙语的一大特征。汉语不是拼读语言,其书写系统和发音系统是相对独立的,儿童时期孩子们会说汉语,但并不一定会书写汉字,而一个人会书写某个字也不代表他一定可以准确发出这个字的读音。Lin(2018)将其原因归结为汉语发音系统中相对有限的音素数量,尽管汉语的声调系统已经帮助扩充了很多发音的可能性。此外,汉语的字大多是单音节的,这样有限的因素就很难像英语和西班牙语中那样组成多音节长词。通常情况下,一个发音在汉语中会对应不同的多个汉字。有研究表明90%的汉字都是由一个表示意义类的部首和一个表示简单的或者已存在的汉字组成(Chao, 1968)。根据国务院2013年6月发布的《通用规范汉字表》,汉语中的通用字为6500字。有很多汉字的发音是相同的,意义却因为其部首的不同而不尽相同。有时,汉字的意思并不能仅仅通过发音来确定含义,需要通过与之搭配的相关字符来进一步判断。Lin(2018: 51)举了一个日常生活中常见的例子用以说明,并用相应的英文来对比:

(4) a. 甲:你叫什么名字?

乙:Lǐlì

甲:哪个 lì?

乙：美丽的丽。

b. A：What is your name?

B：Lily

?A：Which Lily? /How do you spell it?

汉语是一门缺乏冠词系统的语言，英语和西班牙语中都拥有定冠词和不定冠词系统。在拥有冠词系统的语言中，普通名词出现在句子中时通常会有冠词前置。一般情况下，如果该名词的参照是已知信息或是唯一信息，会用定冠词修饰，如果该名词是首次出现，或其参照为非定指，会使用不定冠词修饰。当然，也会出现冠词缺失的特例情况，比如在英语中，复数可数名词前不会使用不定冠词 a 和 an，因为其语义会相冲突(Kirsner, 1979)，此外单数不可数名词前也不会使用不定冠词。在英语中复数可数名词还可以单独出现在句子中充当主语，然而西班牙语中光杆复数可数名词只有在极少数情况下才可以充当句子主语，如并列结构、带修饰语的情况下等。因为汉语中没有冠词系统，汉语指示词"这"和"那"就会充当冠词的部分功能，特别是定冠词的功能，因为指示词可以帮助定位名词所指的参照，例如下面三语的例句对比所示：

(5) a. 我喜欢那本桌子上的书。

b. I like the book on the table.

c. Me　gusta el libro en la mesa.

我(与)①喜欢 冠 书　介 冠 桌

从例句(5)中可以看到，汉语中的指示词"那"可以对应英语和西班牙语定冠词，用以表示参照的定指(桌子上的)，说话者喜欢的就是桌子上的书，而非其他书，听话者可以通过指示词的使用来定位名词"书"，并区别于其他的"书"。在英语和西班牙语中，如果普通名词具有唯一性这一特点，一般也会有定冠词前指，然而这种情况下汉语中则会使用光杆名词，如下面的例句所示：

(6) a. 月亮被乌云遮住了。

b. The moon was obscured by dark clouds.

c. La luna está oculta por las nubes oscuras.

冠 月亮 系　遮住　介　冠　云　乌的

月亮这一名词自然界只有唯一存在，因此其定位的实现无须其他修饰语的存在，但是在英语和西班牙语中定冠词在这里却是不可缺少的，而汉语中则允许

---

① "与"代表"与格代词"。

光杆名词这种表达。

论及汉语中对应不定冠词用法的形式，鹿秀川(2019)用一个章节来论述了汉语中如何用数量词来表达不定语义。首先她明确了汉语中的名词属于物质名词(mass noun)，因此汉语当中的名词的可数性不是通过数词来表达而是通过量词来表达，也就是说，数词和名词之间需要量词来将名词实现个体化(Chierchia, 1998; Cheng & Sybesma, 1999)。因此英语和西班牙语中的“不定冠词＋名词”组合通常对应到汉语中“数词＋量词＋名词”的组合，如下表所示：

表 4-1　英语、西班牙语和汉语中的名词短语对比举例(鹿秀川，2019：95)

a	one book	un libro	一　本　书
b	a book	un libro	一　本　书
c	three books	tres libros	三　本　书

在上述列表中，汉语的名词短语都有量词“本”的出现，搭配名词“书”。而不同的名词需要和不同的量词进行搭配，更确切地说，量词的选择依据是名词的语义属性。[①] 比如说，长条形东西用“条”来表达，比如一条河、一条围巾、一条路等；平面东西常用量词“张”来搭配，比如一张纸、一张照片、一张桌子等(鹿秀川，2019：95)。Li & Thompson(1981) 认为汉语中存在量词短语，由“数词＋量词＋名词”或“指示词＋量词＋名词”构成，只有在名词数量为一的时候，数词“一”可以省略。

具体来说，如果名词是首次出现时，汉语中可以有两种形式进行表达。其一，如上表中所列的“一＋量＋名”的形式；其二，如果不需要特别指出名词的数量为“一”时，也可以用汉语的光杆名词来表达，例如：

(7) a. 学校旁边有一家咖啡厅。

b. 学校旁边有咖啡厅。

c. 学校旁边有家咖啡厅。

d. There is a coffee shop next to the school.

e. Hay una cafetería al lado de la escuela.

有　冠　咖啡厅 介 边　介 冠 学校

---

① 在线新华字典显示，汉语中共有 288 个量词，共分为 17 个种类：表示人的量词、表示动物的量词、表示人和动物器官部位的量词、表示植物的量词、表示水果的量词、表示食物的量词、表示餐具的量词、表示家庭用品的量词、表示穿戴用品和装饰品的量词、表示建筑物的量词、表示交通工具的量词、表示工具的量词、表示文具的量词、表示文艺作品的量词、表示事件和动作的量词、表示地理天文气候的量词和表示形状的量词。

例句(7a)和(7b)的区别就在于(7b)并没有明确学校附近咖啡厅的数量，或者咖啡厅的数量并不是说话者发出言语的焦点，所以并没有使用如(7a)所示的"一＋量＋名"的形式，而(7c)就是 Li & Thompson(1981)所提到的数量为一时，量词短语可以省略数词，直接用"量词＋名词"来表达。从上述分析中我们可以看出，汉语中的光杆名词可以是指称的也可以是非指称的，可以表达有定的，也可以表达无定的。

汉语的另一个主要特征是主题显著(topic-prominent)，而英语和西班牙语都属于主语显著(subject-prominent)语言。一般来说，我们不把汉语归结为 SVO (subject-verb-object，主谓宾)结构语言，虽然大多数情况下汉语常规的句子结构是遵守这一原则的，但是汉语有其特殊的主题句。在主题句中，如果宾语的内容是句子的主题(topic)，主语可以在宾语之后出现，主题句一般以主题开始，之后跟随对这个主题进行的评述，即述题(comment)。例如下面的例句：

(8) 甲：你还钱了吗？

乙：钱我还了。

在例句(8)中，"钱"虽然是动词"还"的宾语，但因为是句子的主题，因此可以置于句子的开端处。然而，如果乙在回答甲的问题时不将"钱"作为句子的主题，答句中的主语和宾语甚至都可以省略，变成"还了"即可，因为通过上下文我们可以获取相应的信息。一般来说，使用主题句时，针对这件事对话双方还会有继续的讨论，如例句(8)中甲和乙还会针对"还的钱"进行一定的评述，而如果乙只回答"还了"，则基本上有关于"钱"的对话就结束了。

在汉语中，相比句法因素，语义和语用因素在语序排列上起到更大的作用(Li & Tompson, 1976)。而英语和西班牙语的语序则更大程度上依赖句法结构规则，如主谓一致原则等(Comrie, 1985)。实际上在汉语中，说话人可以通过自己的观点表达意愿来确定句子的语序，因此当说话人设定了一个主题时，实际上是在为话语的后续范围设置一个独立的参照框架(Chafe, 1976)。在对话中，为了达到交际目的，说话者需要预判听话者的常识储备并通过与他的互动和他的反馈来进行评估，当讨论一个主题时，说话人需要确认听话者能够与他同频而不会在对话中迷失(Lin, 2018)。

4.1.2　西班牙语的类型学特征

西班牙语属于印欧语系的罗曼语族，历史上来源于罗马帝国的通俗拉丁语。西班牙最早的白话文开始于中世纪的卡斯蒂利亚地区(坎塔布里亚以南，布尔戈斯以北)，受到巴斯克语、西哥特语以及日耳曼语的影响。目前通常认为西班牙语最早的形式出现在《圣米良修士注释文献》(*Glosses emilianenses*)中,成文时间约为10世纪晚期和11世纪早期,它被保存在圣米兰德拉科戈拉(拉里奥哈)的尤索修道院(Monasterio de Yuso)里。712年到1492年近8个世纪的时间里,阿拉伯人占领了伊比利亚半岛的大部分地区,因此阿拉伯语对西班牙语产生了很大的影响,尤其是词汇方面,西班牙语中有4 000多个词源自阿拉伯语,分布在农业、建筑、军事、政治、数学、金融、贸易、植物、手工业等方面。中世纪晚期,在西班牙的光复战争(Reconquista)中,西班牙语传遍了这片土地。这时,西班牙各个王国的语言之间的融合和语义的迁移范围都扩大了。著名语法学家安东尼奥·德·内布里哈(Antonio de Nebrija)被认为是西班牙语语法的创造者,他于1492年在萨拉曼卡开始推广他的《语法》(*Grammatica*)一书,这本著作是当时关于西班牙语句法的最重要的著作。到了15世纪,正统的西班牙语已经进入伊比利亚半岛的大部分地区。据估计,到16世纪中期,80%的西班牙人开始用西班牙语进行交流。也是在16世纪,西班牙对美洲的殖民使得西班牙语传播到美洲大陆的大部分地区,美洲当地的土著语言如纳瓦特尔语(Náhuatl)和盖丘亚语(quechua)也对西班牙语的词汇产生了明显的影响。目前,全球范围内有超过5亿人将西班牙语作为母语使用,在使用人数上仅次于汉语,在使用范围上仅次于英语。与汉语相比,西班牙语的基本特点主要表现在以下几个方面:

第一,屈折变化。屈折是指对一个词加以修饰使之显示出不同的类别,如词性、格、时态等。动词的屈折变化被称为动词变位(conjugation),动词变位可以给出有关动词时态、体态、人称、主被动态以及语式等信息。名词的屈折变化可以称为变格(declension),可以阐明名词的词性、词数及格的信息。显然,西班牙语是一门屈折语言,其屈折变化远远多于英语。首先,英语的名词没有词性和格的变化,虽然西班牙语的名词也无格的变化,但是西班牙语代词的格变化要远多于英语,除了主格和宾格外,西班牙语中还有与格和夺格。此外,英语名词数的变位也不会影响修饰它的形容词的屈折变化;但是在西班牙语中,名词和形容词要保持性数一致,形容词也要根据名词的词性和词数产生相应的屈折变化。其次,英语的动词变位也远少于西班牙语,如在语式这一点上,英语的动词变位主要差别是陈述式和虚拟语气,然而在西班牙语中,除了陈述式和虚拟式,还有命令式和条件式的变化。英语动词变位的人称变化也远少于西班牙语,西班牙在每个时态下都有第一人称单复数、第二人称单复数和第三人称单复数6种人称变位。

具体来说,西班牙的名词首先都有词性特征。有些语法词性是根据名词的自然词性特征来决定的,例如padre(父亲)是阳性的,madre(母亲)是阴性的;然而也有些词汇的语法词性和它的生物性别不存在逻辑上的必然关系，甚至有的名词不具有生物性，所以语法意义和其实体之间没有直接的对应关系。在西班牙语中，名词、形容词、冠词和一些代词都具有阴阳性的差别，名词没有中性词性，但是代词有中性词性存在，如中性代词 lo（也有语法学家将 lo 归为中性冠词），主要用于将形容词名词化或指代抽象概念，中性人称代词 ello 和中性指示代词 esto、eso 和 aquello，当形容词和这些中性词进行搭配时，形容词一般使用阳性单数形式，没有相应屈折变化。如前文所述，名词与修饰其的形容词和冠词必须保持词性的一致，但当涉及主语和表语之间的词性问题时，却存在特例情况，并不严格遵守性数一致原则，如例句“Estas cosas son lo peor.”（这些东西是最差的），cosas 是阴性复数名词，但表语的“代词＋形容词”组合却是中性代词的名词化功能体现。在西班牙语中，一般认为阳性是没有标记的形式（forma no marcada）或包含形式（forma inclusiva），如阳性复数形式 los chinos 除了可以指中国男人们，也可以指中国男人和中国女人的合集；而阴性则是标记形式（forma marcada）或称排他形式（forma exclusiva），如阴性复数形式 las chinas 只能用来表示中国女人们。大部分的西班牙语词性可以通过词尾语素来判断，如词尾以 o 结尾的词汇大部分为阳性名词，词尾为 a 的大部分为阴性名词，但也有特例存在。除了在形态上的阴阳性区别，还存在一些语义上对词性的划分，分别为双性词汇、通性词汇和模糊性别词汇。双性词汇主要是指一些具有生命的实体，其词尾不产生相应变化，但是会有不同词性的冠词和形容词来修饰，如 el dentista（男牙医）、la dentista（女牙医）、el estudiante（男学生）、la estudiante（女学生）等；通性词汇是指一些动物名称中，生物性别的不同不在语法性别上反映出来，如 el ratón（老鼠）、la rana（青蛙）等，如果想特别指出动物的性，则需要用 macho（公的）和 hembra（母的）来加以修饰，如 el ratón macho（公老鼠）和 el ratón hembra（母老鼠）；模糊性别是指某些名词既可以是阴性也可以是阳性，如 el mar 和 la mar（大海），el azúcar 和 la azúcar（糖）等。此外，还有一些词汇当选择不同的语法词性时，语义内容上会有一定的变化，如：阳性表示较大物体，而阴性表示较小物体，sillón（扶手椅）和 silla（椅子）的区别；阴性表示较大物体，而阳性表示较小物体，anillo（戒指）和 anilla（吊环）的区别；阳性表示人类，而阴性表示事物，impresor（印刷工人）和 impresora（打印机）的区别；阳性表示赞美，而阴性表示贬损，zorro（公狐狸／佐罗）和 zorra（母狐狸／妓女）的区别；阳性表示个体，而阴性表示集体，leño（树枝）和 leña（柴火）的区别。

第二，西班牙语的名词还具有语法上词数的变化，也就是说名词实体可以是单个的，也可以是多个的。除此之外，西班牙语的谓语动词也可以体现人称数量这一语法特征。西班牙语中,名词短语内部要保持数量上的一致,形容词要和名词一样做出形态上的变化,主语和谓语动词之间也要保持数量上的一致。在每种语言中,语法数量由不同的句法或者形态标记来表达,一般来说,在印欧语言中,数量标记是强制的,这和汉语有很大的不同。在大多数的印欧语言中,一般只有单数和复数对立的语法区别。单数是指名词或代词指定元素的一个实例或者一个集体。复数是用来指向一个以上的指代对象。在汉语中,虽然存在复数,但复数的使用非常有限,仅限于少数有生命的名词和代词。西班牙语中的名词复数由后缀体现,通常在名词词尾添加-s 或者-es,如 estudiante(学生)和 estudiantes(学生们),lápiz(铅笔)和 lápices[铅笔(复数)],也有些特殊的情况,如单复数同形:una crisis(一个危机)和 varias crisis(若干个危机)。在西班牙语中,除了名词或代词本身要变成复数形态指向多个实体外,名词短语内部的限定词、形容词修饰语等也都要与名词和代词本身保持词数上的一致,如下面的例子所示:

(9) a. **el** **alumno alto** de la clase
冠(单)[1]学生 高 介 冠 班级
班里个高的那个学生

b. **los** **alumnos altos** de la clase
冠(复)[2]学生们 高(复)介 冠 班级
班里个高的那些学生们

除此之外,正如我们在前文中提到的,西班牙语句法中动词和主语也要保持高度的数量上的一致,如下面的例句所示:

(10) a. El **alumno** más alto de la clase está aquí.
冠(单)学生 更 高 介 冠 班级 在 这儿
班里最高的那个学生在这儿。

b. los **alumnos** más altos de la clase están aquí.
冠(复)学生们 更 高(复) 介 冠 班级 在 这儿
班里最高的学生们在这儿。

西班牙语中,无论动词主语是第一人称、第二人称还是第三人称,都存在单复数的对立情况,这与英语和汉语都有所不同。而且由于西班牙语中常常省略主语,我们通常可以通过谓语动词的数量变化得知主语的人称。

第三,我们来看看西班牙语中格的特点,格一般代表了某些词语或短语在句

---

① "单"代表"单数"。
② "复"代表"复数"。

中扮演的角色。从句法上来看,这种角色可以通过词或短语内部的变格,如词尾变化来实现,可以通过一些附加的词来实现,如介词,也可以通过改变句子顺序或者其他一些机制来实现,格的变化在每种语言总有不同的体现。在西班牙语中,只在代词的格上有形态学的变化,分为主格、宾格、与格、属格和夺格。主格用于标记不及物动词的主语或施事者,如 yo;宾格用于标记及物动词的受事宾语,如 lo;与格用于标记及物动词的间接宾语,如 le;属格用于表示所属关系,如 mío;夺格一般通过与前置词连用表示地点、时间、方式、原因、施事者等信息,西班牙语的夺格代词形式除了 mí、ti、sí 之外与主格形式上保持一致,如 conmigo(和我)、sin ti(没有你)、para nosotros(为了我们)。

4.1.3　英语的类型学特征

英语属于印欧语系,可以算是当今世界最为通用的语言,所以被视为通用语(lingua franka),全球目前有 3.31 亿英语母语者和超过 20 亿的英语二语学习者。《大英百科全书》记载,英语是随着 5—7 世纪由盎格鲁-撒克逊移民从现在的德国西北部、丹麦南部和荷兰带入英国的。5 世纪中叶开始定居于大不列颠群岛的盎格鲁-撒克逊人的语言起源于英吉利语,最早取代凯尔特语为英格兰和苏格兰南部和东部的定居者使用。随后受到斯堪的纳维亚维京人的北日耳曼语的影响,逐渐形成了古英语。Baugh(1951)指出,约有 85%的古英语如今已不再使用,幸存的元素构成了今天现代英语的基础。10—11 世纪,古英语开始向中古英语演变,古英语一度被盎格鲁-诺曼语取代,成为上层阶级的语言,这也被认为是古英语和盎格鲁-撒克逊时代的结束,这一时期许多诺曼语和法语的外来词,尤其是与教会、宫廷系统和政府有关的词汇进入英语。中古英语时期,英语语法,特别是英语的句法开始演变,这一时期最终以尾格的消失,屈折标记被更为复杂的语言特征取代而结束。中古英语时期建立的正字体系至今仍在使用。《坎特伯雷故事集》的作者、英国伟大的诗人乔叟的作品中英语、法语和拉丁语并驾齐驱,而 14 世纪中期伦敦法院的职员法语和拉丁语都很流利,他们的交流方式对最终形成早期现代英语奠定了基础。15—17 世纪中叶,英语的变化主要体现在发音、词汇和语法的变化,同时英语文艺复兴也开始兴起。托马斯·马洛里(Thomas Malory)的《亚瑟之死》(*Le Morte d'Arthur*)的流行推动了早期现代英语的普及,16 世纪末至 17 世纪初,英语的变化在莎士比亚的作品中得到了进一步巩固。早期现代英语的重大语音变化包括持续的元音位移。17—19 世纪各种英语方言因为大量自愿和非自愿的移民的涌入而出现,英语开始受到西非、美洲土著、西班牙和欧洲的影响。18—20 世纪初的工业革命和英国的崛起见证了英语的进一步发展,大量新型的工业、科技、生物词汇在希腊语和拉丁语词根的基础上被创造出来。英语在 20 世纪后半叶成为全球通用语言,取代了法语和拉丁语,成为全球商业、外交、科技交流的共同语言。

前文说过,英语是一门介于汉语和西班牙语之间的语言,这体现在屈折变化、时体标记等多个方面。汉语的名词没有词性的变化,词数的变化也只体现在非常少量的有生命体特征的名词和代词上,西班牙语的名词和代词则有性数变化,且修饰名词代词的形容词限定词也需与其保持性数的一致,而英语的名词有明确的数量变化,主要是单复数的对立,但没有词性的变化,词性的变化仅体现在第三人称的代词上。又如在冠词的使用上,汉语是没有冠词系统的,而西班牙语的冠词系统里包含了定冠词和不定冠词以及阴阳性、单复数的不同形式,而英语中虽然存在不定冠词和定冠词的对立,却不存在这么多冠词的形态变化,只有定冠词 the 和不定冠词 a(an)的区别。此外这种介于汉语和西班牙语之间的特点也体现在语音上,例如在清浊塞音这个问题上,汉语普通话分为送气和不送气的塞音体系(吴宗济,1988),英语的词首浊塞音则常常不带音,持阻时声带不震动,VOT(voice onset time,嗓音起始时间)为正值,送气音的 VOT 值区间为 42 ms 至 70 ms,不送气音的 VOT 区间为 11 ms 至 27 ms。西班牙语则是通过持阻阶段有无带音来区别清浊两类塞音音位,然而在汉语的某些方言中,却有类似于西班牙语浊塞音的发音(如表 4 - 2 所示),虽然其 VOT 值并不是严格意义上的负值,实际上是一种“清音浊流”现象(曹建芬,1982)。

表 4 - 2　母语、二语、三语词首塞音分类(鹿秀川等,2021: 148)

<table>
<tr><th colspan="2" rowspan="2">语　　言</th><th colspan="2">清　塞　音</th><th rowspan="2">浊塞音</th></tr>
<tr><th>清送气音</th><th>清不送气音</th></tr>
<tr><td rowspan="2">母语</td><td>汉语普通话</td><td>p^h、t^h、k^h</td><td>p、t、k</td><td></td></tr>
<tr><td>吴方言</td><td>p^h、t^h、k^h</td><td>p、t、k</td><td>b、d、g</td></tr>
<tr><td>二语</td><td>英语</td><td>p^h、t^h、k^h</td><td></td><td>b、d、g</td></tr>
<tr><td>三语</td><td>西班牙语</td><td></td><td>p、t、k</td><td>b、d、g</td></tr>
</table>

实际上,有关英语到底是屈折语言还是孤立语言,目前语法界尚有争执,这一分歧主要是因为前文所述的英语在历史上经历的剧烈变化导致的。古英语像其他的印欧语系语言一样,属于屈折语言,有发达的名词变格和动词屈折系统,

句子中的名词也必须与其他成分保持强制性的协调一致关系。到了中古英语时期，英语形态中的屈折变化大量减少，只保留了少量的生成语法形式，如名词的复数形式、动词的过去式等。这些语法后缀逐渐失去了他们的屈折属性，演变成黏着属性，英语逐渐从综合语(synthetic language)向分析语(analytic language)发展。形态特征变化的减少使得英语中句法连接的屈折统一彻底消失。在现代英语中，只要名词与指示词，如 this boy 和 these boys，以及名词与一般现在时第三人称单数形式，如 they say 和 he says 之间仍保有形态学上的一致关系；管辖关系可以从动词和它的宾格代词中体现，如 to see him。现代英语中的语义一致要优先于形式一致，如集合名词的动词常用复数形式，虽然集合名词本身是单数形式，如 people are very nice here。形态上的一致和管辖关系被纯粹的句法连接方式所取代，如使用附加形式(adjunction)或者使用连接词等，这就使得词序变为更重要的语义呈现的手段。汉语、英语和西班牙语之间的类型学特征总结如下表。

表 4－3　汉语、英语和西班牙语的类型学特征

	汉　语	英　语	西班牙语
1. 词序	固定	固定	灵活
2. 时-体-式形式	虚词附加	不丰富	丰富
3. 屈折变化潜力	小	中	大
3.1 名词变格	无	无	有
3.2 名词词性	无	无	有
4. 性数格一致	无	数量一致	有
5. 代词脱落	有	无	有
6. 冠词	无	有	有
7. 领属结构	领有者前置	领有者前置或被领有者前置	被领有者前置

4.2　汉西英指示词相关句法结构对比

4.2.1　简单名词短语结构对比——指名结构对比

汉语的指示词“这”和“那”没有阴阳性的变化，虽然汉语中“这些”和“那些”

可以看作复数形式，但是“些”常被处理成类似于“点(儿)”的不定量词(熊建国，2008：148)，因此，一些语法学家认为汉语的“这些”和“那些”并不是汉语指示词的复数形式；英语的指示词同样有单数和复数的区别，如 this/these、that/those，指示词的单数形式之后既可以接可数名词也可以接不可数名词，而复数形式之后只能接可数名词的复数；西班牙语的指示词屈折变化则多于汉语和西班牙语，除了单复数的对立之外，还有阴阳性以及远中近距离的区别，如 este/esta/estos/estas，ese/esa/esos/esas，aquel/aquella/aquellos/aquellas，此外西班牙语还有三分化的中性指示代词，如 esto、eso、aquello。

指名结构既可以作主语也可以作宾语，在三语中其分布几乎没有限制，如下面的例子对比所示：

(11) a. *__这__书真贵！*

b. *你爱过__那__男孩吗？*

c. **This** program is made by our company.

d. We bought **those** books yesterday.

e. **Estos** papeles son muy caros.

这(复)纸(复) 系 很 贵

这些纸很贵。

f. ¿Puedes pasarme **aquel** libro?

你能 递 我(与) 那 书

你能把那本书递给我吗？

在(11a)和(11b)里，汉语中的指名结构分别作句子的主语和宾语，在例句(11c)和(11d)中，英语的指名结构也分别作句子的主语和宾语，在例句(11e)和(11f)中，西班牙语的指名结构同样也是承担句子中的主语和宾语功能。值得注意的是，无论是英语还是西班牙语，指示词都必须和名词保持数量上的一致，这点在汉语上体现不明显，除了汉语的名词为少量具有生命体特征的名词之外。此外，西班牙语的指示词和名词之间还要保持词性的一致，即阳性名词搭配阳性指示词，阴性名词搭配阴性指示词，中性指示词只能单独作代词使用。熊建国(2008)提出汉语和英语在指名结构上的一大不同点是英语的指示词复数形式 these/those 不可以后接物质名词，而汉语的“这些”和“那些”则没有这方面的限制，例如：

(12) a. I bought **this furniture.**

b. * I bought **these furniture.**

c. 我买了**这些家具**。

在这一问题上,西班牙语和英语的表现一致,指示词复数形式一般不会后接物质名词,如例句(13a)所示,但是鹿秀川(2019: 218)指出了一些特殊情况,如例句(13b)所示:

(13) a. *Me gustan estas aguas.

我(与) 喜欢 这(复)水(复)

b. ?**Estas aguas** de Madrid son mejores.

这(复)水(复) 介 马德里 系 更好

这些马德里的水更好。

鹿秀川(2019: 218)提到了如(13b)所示的连续性名词或称不可数名词的一个特殊的复数用法。也就是说,在特殊情况下,连续性名词也可以以复数形式出现表示类指语义。虽然作者当时是用冠词和不可数名词的搭配来解释这一问题,但指示词在这里也可以适用。作者提到并非所有连续性名词都可以在单数和复数之间转换出现,例如,*Los aires de Madrid(马德里的空气)就是不合语法规则的,其正确形式应当为 El aire de Madrid es bueno(马德里的空气很好)。这与限定词后接的名词语义有很大关系。可以出现复数形式的连续性名词往往具有可分成不同部分或定量组件的特征,或是用以强调区别于其他集合。例如,我们可以接受 estas aguas de Madrid(这些马德里的水),因为这里的水可以是马德里的河水、山脉流下的雪融水、地下水,或者每个房屋或建筑物的水龙头里流出的水。也就是说,马德里的“水”这个整体可分为几个部分或单独的数量。至于 aire(空气)这个名词,我们很难将它分开,因为无论在哪里,空气都是连贯的,不可分割的。对于连续性名词的复数形式表达区别于其他集合的类型,我们引用皇家语言学会《泛西班牙语疑难问题词典》[*Diccionario panhispánico de dudas* (2005)]中的例子:“Fue ella quien me introdujo en las cosas, en las comidas, en las gentes de aquí.”(是她向我介绍这里的东西、这里的事物和这里的人们)。RAE 解释说,在这种情况下,名词“gente”(人)的近义词是“pueblo”(人民),也就是说,人是指“来自一个地方的人”。除了这个解释之外,我们还可以考虑将 gente 这个名词在语义上划分为几个组。我们看到一个例子:“Las gentes de todos los rincones del mundo vinieron a esta fiesta.”(来自世界各个角落的人都来参加这个节日)。我们可以认为这句话中的“人”是来自不同国家、地区的人,也就是说,可以将名词分为几个不同的群体。此外,我们知道连续性名词还可以表达抽象的概念状态,不支持复数形式,如例句“*Los amores son la cosas más bonita del mundo.”

(爱是世界上最美的事物)是不符合语法规则的。

熊建国(2009)指出汉语的指名结构可以作同位语用,但是在宾语情况下,指量名结构比指名结构更容易被接受,如下面的例句(14)所示,熊建国表示,搜索引擎检索结果显示(14b)的指名结构比(14c)的指量名结构要少得多,但并不是不可接受,实际上是一个接受程度的问题。

(14) a. 你**这**老师太负责了!

b. ?你吃过**这**菜吗?

c. 你吃过**这个**菜吗?

同样的,鹿秀川(2019)也提出过类似于(14a)和(14b)这样的省略量词的指名结构不如指量名结构常见,并用北京大学中国语言学研究中心 CCL 现代汉语语料库进行了验证,结果显示,指名结构只有指量名结构数量的一半不到。

4.2.2 复杂名词短语结构对比

4.2.2.1 指量名结构

指量名是汉语特有的结构,在前文介绍汉语的类型学特征时,我们已经提到汉语中量词(Cl)的使用的特殊性。Lyons(1977: 463)提出量词是用于根据实体的种类来实现实体的个体化。Chierchia(1998)以及 Cheng 和 Sybesma(1999)在研究中指出汉语中的名词属于物质名词(mass nouns),基于此,汉语中用量词替代数词来表达名词的可数性。汉语的指量名结构在句法分布上不受限制,既可以作主语,也可以作宾语,例如:

(15) a. **这本书**很有意思。

b. 我喜欢**这本书**。

熊建国(2008)提到,除了指示词后接不定量词“点”或“些”之外,指量名结构在数量上相当于省略了数量词“一”,在语义上均表示数量“一”,如例句(15b)可以变成“我喜欢这一本书”,这主要是因为数词“一”出现在语义层面,在语音层面的某个操作使其省略。然而作者同时提到,如果将类似于(15a)这样的例句若将数词“一”补充完整,可接受性似乎有所降低:“? 这一本书很有意思。”针对这一点,作者结合经济原则和音节平衡原则进行了解释:“一方面,指示代词‘这’增加了平衡性,使得‘一’字的省略并不违反音节平衡原则;另一方面,经济原则要求只要能省略的成分就一定要省略。简言之,音节平衡原则构成了‘一’字省略的充分条件,而经济原则又为‘一’字的省略提供了必要条件”(熊建国,2008: 173)。因此在将(15a)补充完整后的“? 这一本书很有意思”违反了经济原则。

同量名结构相比，指量名结构受到句子结构的限制更少，如例句(16)所示，且在语义上均表达有定意义。

(16) a. *小明看烦了**本书**。

b. 小明看烦了**这本书**。

英语和西班牙语中含有量词的名词短语结构和汉语有着较大的区别，通常情况下语义上可以理解为量词的词语本身属于名词范畴类，如 a drop of water 中的 drop、a pair of shoes 中的 pair，严格意义上来说，并不像汉语的量词那样具有独立的功能，甚至作为中心词构成相应的量词短语。正因为英语和西班牙语这些“量词”的名词属性，在构成名词短语时，它们和核心名词之间往往需要通过额外的介词进行连接，如例句(17)所示，因此不能算严格意义上的指量名结构。

(17) a. I like **this pair of shoes.**

b. Me　　gusta **este par de zapatos.**

我(与)喜欢　这　双 介 鞋子

我喜欢这双鞋子。

4.2.2.2　指数名结构

汉语中的指数名的使用受限较多，能出现在这种结构中的名词相对非常有限，然而如果可以用于该结构中，则构成的指数名结构在句法分布上不受限制，在语义上也表示有定义，如例句(18)所示：

(18) a. **这俩小孩**真调皮。

b. 你别理**这三人**。

c. ***这四小孩**真调皮。

d. *我不喜欢**那五书**。

在例句(18)中，(18a)和(18b)是符合语法规则的，而(18c)和(18d)则不能够成立。对于(18a)能够成立，我们的解释主要是集中在数词“俩”上，实际上，“俩”是数词“两”加量词“个”的缩合形式，因此数词“俩”和名词之间不能再插入其他量词。而针对(18b)的“这三人”，熊建国(2008：179)解释说，名词“人”生成于名词位(N)，投射出名词短语(NP)，然后 NP 与中心词量词 Cl($H_{f\text{-}Cl}$)合并，而数词“三”基础生成于 $H_{F\text{-}Cl}$位，并作为有标记允准成分向中心词 $H_{f\text{-}Cl}$指派值域，投射为量词短语 ClP，随后，量词短语与中心词数词 $H_{f\text{-}Num}$合并，数词“三”从 $H_{F\text{-}Cl}$位移位至 $H_{F\text{-}Num}$位，投射出数词短语 NumP，然后再与指示词“这”F 基础生成于 $H_{F\text{-}D}$位，合并投射出限定词短语 DP，如图 4－1 所示：

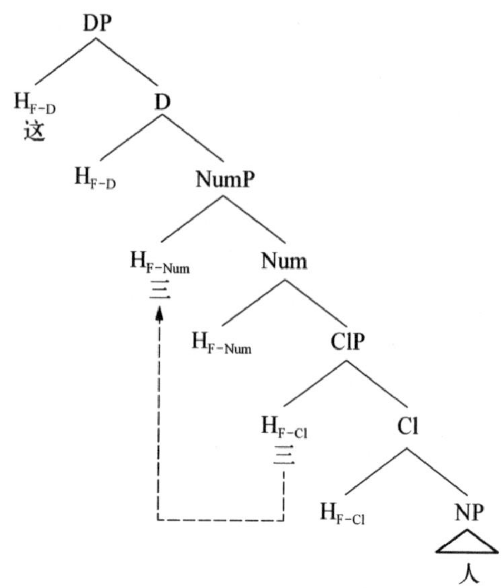

图 4-1　指数名结构“这三人”的生成过程(改编自熊建国,2008: 179)

前文中我们提到,量词是汉语中实现名词个体化的必备手段(Chierchia, 1998: 534),因此没有量词的名词短语在大部分情况下是不符合语法规则的,这也是为什么指数名结构在汉语中较少出现的原因。而在英语中,指数名结构相对数名结构来说,在句法分布上既可以作主语也可以作宾语,但一般不能用于存现结构,此外,在指数名结构中,指示词、数词和名词三者之间需要保持数的一致,且大多数情况下,指数名结构都为有定语义,我们可以通过下面的一组例子来分析:

(19) a. **These two girls** helped me a lot.

b. I have read **this one book** a number of times.①

c. *There are **these three trees** on the road.

d. ***This two girls** helped me a lot.

在(19a)和(19b)中,指数名结构分别在句子中作主语和宾语成分,而(19c)的存现结构 there be 不接受后接指数名结构,熊建国(2008: 178)指出,其原因应当归结于存现句结构本身的要求,与指数名短语的内部结构无直接关系,(19d)不符合语法规则是因指数名结构内部打破了数的平衡。值得注意的是,在(19b)中合法的 this one book 这一英语指数名结构,在西班牙语中却不可以被接受,如例句(20)所示:

① 例句源自熊建国(2008: 176)。

(20) a. ***Aquella una casa** es suya.

那　　一 房子 是 他的

b. Aquellas tres casas son suyas.

那　　三 房子 是 他的

那三个房子是他的。

在(20a)中，指示词 aquella 和数词 una 的搭配不能成立，而在(20b)中，当我们把数词 una 改成 tres，并将指示词变位复数后，指数名结构 aquellas tres casas 却毫无问题。究其原因，我们会发现 una 在西班牙语中除了数词功能外，还有不定冠词功能，与英语不定冠词和数词形式有所区分不同，在指示词后出现的 una 的冠词属性被激发，而冠词的层级总是高于数词或指示词，所以不可以出现在指示词的右侧(鹿秀川，2019)。

4.2.2.3　指数量名结构

指数量名结构在英语和西班牙语中实际对应的就是指数名结构，然而汉语中指数量名结构的能产性非常高，与指数名结构不同，指数量名结构的名词种类几乎不受限制，且该结构的句法分布也比较自由，如例句(21)所示：

(21) a. **这两栋楼**很高。

b. 他们租了**那三个房间**。

熊建国(2008：183)解释说，指数量名结构能有很高的能产性是因为该结构内部的功能层次都不涉及有标记允准，而该结构在分布上不受限制则是因为量词、数词和指示词都在限定词内部获得了允准。

4.2.2.4　属指量名结构和指量属名结构

和前面的指数量名一样，因为有汉语特有的量词的存在，属指量名结构也仅在汉语中存在。该结构在句法分布上既可以作主语也可以作宾语，在语义上只表示单数和有定意义，除了量词为“点”或“些”这些有复数意义的词除外，如例句(22)所示：

(22) a. **我的这本书**很贵。

b. 我喜欢**你的那件衣服**。

c. **我的这些朋友**都来自拉丁美洲。

在(22a)和(22b)中属指量名结构都表示单数有定义，而(22c)则是复数有定义，三句的名词“书”“衣服”和“朋友”的所指都是说话人和听话人所能明确获得的信息。从例句中我们可以看出汉语的物主形容词和指示词可以同时出现在名词的左侧，在量词存在的情况下，物主形容词与指示词的位置甚至可以互换如将(22c)

的“我的这些朋友”换成“这些我的朋友”也是符合语法规则的，但是若该结构缺少量词，变成属指名结构，指示词则不能放在物主形容词左侧，因为其内部会出现句法结构上的错误，如例句(23)和其句法结构树形图所示(何元建，2011：132)：

(23) a. 你的这事儿不好办。

b. *这你的事儿不好办。

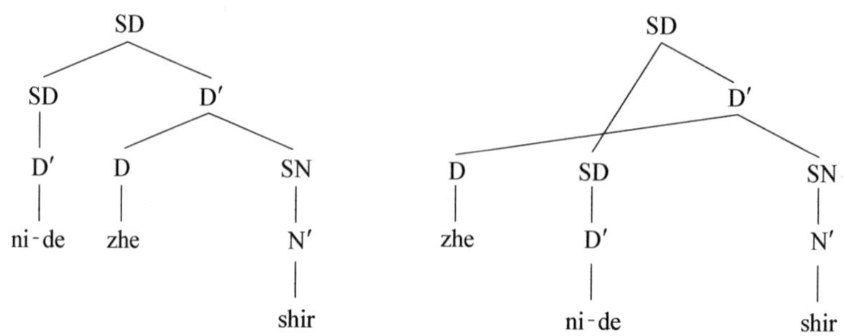

图 4-2 “你的这事儿”和“*这你的事儿”的树形图

值得注意的是，鹿秀川(2019：122)提到了如果在(23b)指示词后插入一个量词，该句子又符合语法规则了，变为“这件你的事儿不好办”，该指量属名的树形图如下面的图 4-3 所示，而(23a)也可以看成量词“件”的省略。

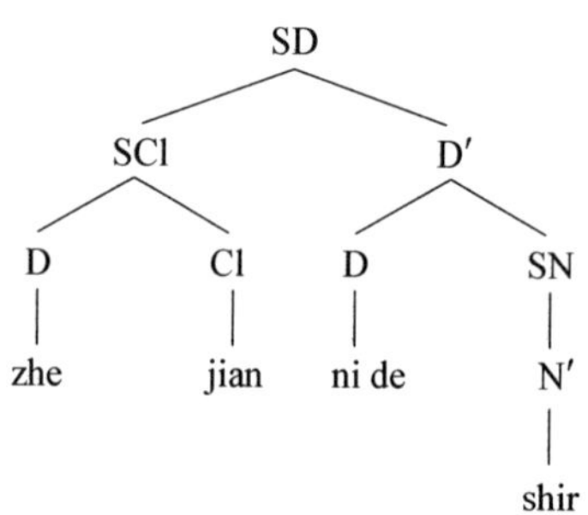

图 4-3 “这件你的事儿”的树形图

鹿秀川(2019：122)解释说，虽然短语“你的这件事儿”和“这件你的事儿”都可以看作限定词短语，但它们的中心语不同。在前一短语里，中心语是指示词“这”，最大投射是一个指示词短语，但后者的中心语是“你的”，可以看作物主词短语。两个短语所强调的元素不一样，前者强调你的所有事儿中的“这件”，而后者强调所有事当中属于“你的”这件。

此外，熊建国(2008：193)还总结说指量属名结构的使用频率远远低于属指量名结构，且其在可接受程度上也略逊于属指量名结构。与指量属名结构一样，指量属名结构在数量意义上也只表示单数，除了量词是“点”和“些”等复数词汇时，且其语义也多为有定义。

在英语中，物主形容词和指示词不能同时出现在名词的左侧，若想表达属指量名结构，可用介词加物主名词的结构，如例句(22a)在英语中可以表达为 this book of mine 这样的双重所有格形式。而西班牙语中非重读物主形容词也不可和指示词同时出现在名词的左侧，但因为重读物主形容词的存在，该结构则可以表达为指名属结构，(22a)在西班牙语中的表达为 este libro mío。

4.2.2.5 属指数量名结构和指数量属名结构

因为量词的存在，属指数量名结构也是汉语中一种独有的结构，在句法结构分布上很自由，且语义多为有定义，如例句(24)所示：

(24) a. **我的这三个同学**都来自北方。

b. 妈妈邀请了**她的四位朋友**。

同样的，指数量属名结构也是汉语中独有的，句法分布上也是既可作主语又可作宾语，如例句(25)所示，语义上取有定义。

(25) a. **那三件我的大衣**挂在衣橱里。

b. 你看见**那两只我的猫**了吗？

然而，相比属指数量名结构，指数量属名结构用例数量较少，可接受性也较低(熊建国，2008：199)，如他提出的例句“这三本我的书都很有意思”没有“我的这三本书都很有意思”接受度高，但并不意味着前句完全不符合语法规则。鹿秀川(2019)以“我的那三件大衣”和“那三件我的大衣”为例，用树形图解释了两个短语的投射过程：

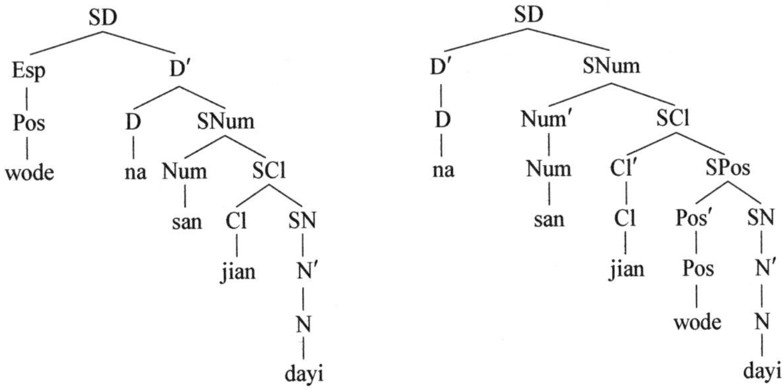

图 4-4 “我的那三件大衣”和“那三件我的大衣”的树形图

在英语中，无论是“我的那三件大衣”还是“那三件我的大衣”都可以借助物主名词表达为 those three coats of mine，或者 those three of my coats，但两者语义上稍显不同，前者的意味更偏向于“我一共就三件大衣”，而后者则更像是在表达部分的语义，即“我的大衣不止三件，那三件是我全部大衣的一部分”。

而在西班牙语中，因为有重读物主形容词的存在，这两种结构都可以表达为指数名属的形式，因此“我的那三件大衣”和“那三件我的大衣”可译为 aquellos tres abrigos míos，其树形图如图 4－5 所示（鹿秀川，2019：124）：

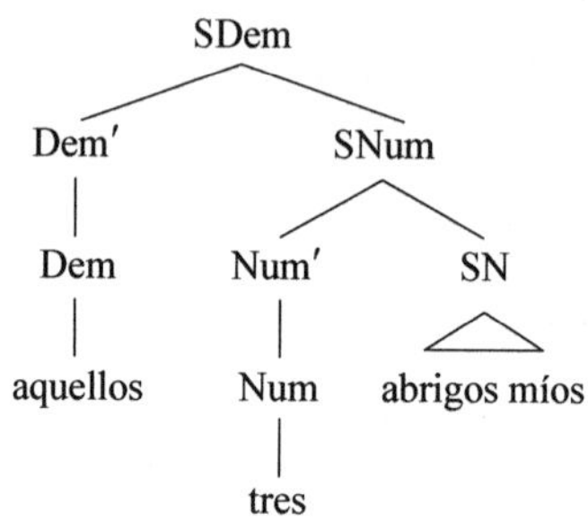

图 4－5　“aquellos tres abrigos míos”的树形图

4.3　汉西英指示词与各类修饰语位置情况对比

4.3.1　指示词与形容词的位置情况对比

在汉语中，前人研究表明指示词一般位于形容词之前（陈玉洁，2010），我们可以通过本研究使用的《骆驼祥子》、《王子与贫儿》中文译本中的例句来验证①。

（26）a. 看着**那高等的车夫**，他计划着怎样杀进他的腰去，好更显出他的铁扇面似的胸，与直硬的背；扭头看看自己的肩，多么宽，多么威严！

b. 四外什么也看不见，就好像全世界的黑暗都在等着他似的，由黑暗中迈步，再走入黑暗中；身后跟着**那不声不响的骆驼**。

① 本章选用的语料为老舍的《骆驼祥子》1—3 章汉语原版（16 790 字）及其西班牙语译本（10 134 字，Tan Hui & Manuel Lacruz 译）和英语译本（11 627 字，葛浩文 Howard Goldblatt 译），马克·吐温的《王子与贫儿》的 1—6 章英语原版（10 289 字）及其汉语译本（20 274 字，张友松译）和西班牙语译本（10 237 字，Juan Manuel Ibeas & Fabián Chueca 译），以及胡安·拉蒙·希梅内斯的《银儿与我》的西班牙语原版 1—44 章（10 066 字）及其汉语译本（19 663 字，张伟劼译）和英语译本（10 514 字，Stanley Appelbaum 译）。

c. 顶可怜的是**那长而无毛的脖子**，那么长，那么秃，弯弯的，愚笨的，伸出老远，像条失意的瘦龙。可是祥子不憎嫌它们，不管它们是怎样的不体面，到底是些活东西。

d. 远处有个村子，不小的一个村子，村外的柳树像一排高而绿的护兵，低头看着**那些矮矮的房屋**，屋上浮着些炊烟。

e. 他从一家的屋脊上看过去，又看见了**那光明的太阳**，可是太阳似乎不像刚才那样可爱了！

f. 全英国除了谈**这个新生的孩子**，太子爱德华·都铎而外，都不谈别的事情。

g. 晚上汤姆回到家里，浑身透湿，又乏又饿，以致连他的父亲和祖母看了他**这种倒霉的光景**。

h. 你姐姐也不许她们的仆人笑，怕的是**这种不端庄的行为**会毁坏她们的灵魂吗？

i. 你们这些贱骨头快跪下，一齐跪下，拜见太子殿下的威仪和他这套王家的破烂衣裳吧！

j. 他试坐每一把豪华的椅子，心里想着，假如垃圾大院那一群野孩子也能往里面偷看一下，瞧见他**这副威风十足的样子**，他该会多么得意。

k. 他怀疑他回家之后给他们叙述这段经过，他们会不会相信他**这个神奇的故事**。

陈玉洁(2010：297)总结说："汉语中指示词、形容词和名词核心同现时，形容词多位于指示词之后，起非限制性功能，指示词有单数、复数、类指、单一指示语素等各类形式。"

在英文中，指示词和形容词都位于核心名词的左侧，且指示词置于形容词之前，如语料《王子与贫儿》原文版本和《骆驼祥子》和《银儿与我》的英语译本的例子所示：

(27) a. **This stern-countenanced invalid** was the dread Henry VIII.

b. He recognized that he was indeed a captive now, and might remain forever shut up in **this gilded cage.**

c. His head grew to be full of **these wonderful things**…

d. But Tom's influence among **these young people** began to grow…

e. He shall cease to speak to any of **that lowly birth and life**…

f. I can't stand watching **these fine animals** suffer, I tell you!

g. In **those out-of-the-way places** he could take his time when negotiating a fare.

h. I took the poor fellow to the stream with the yellow irises, so that the running water could lick **this little wound** with its long, pure tongue.

i. And now I'm going to give you a pailful of **this pure, fresh water**, from the same pail…

j. Or graze a while in **this tender meadow**, if you prefer.

k. But let me look at **this lovely pool** that I haven't seen for so many years…

l. Do you perhaps know where **these soft flowers** are coming from…

m. Come on, we're going to let **these poor old ladies** pass by…

n. We who were standing on them called out more or less witty remarks, small and dark as we were in **that confined silence** of the eclipse.

o. Facing the immense, clear sky, of a blazing indigo, my eyes - so far from my ears! - open nobly, welcoming in its calm **that indescribable placidity, that harmonious, divine serenity** which dwells in the limitlessness of the horizon…

p. Through the transom, which brings the rainbow treasure of the zenith, I momentarily depart up a sunbeam heavenward, from **that idyllic spot.**

q. All those dreams that cradled my early childhood, **that poor peppertree** I saw from my balcony, full of sparrows, protruding above Don José's roof!

r. One day, after **that evil black wind** passed through the white street, I failed to see the boy in his doorway.

s. On the slope, the town church tower, crowned with refulgent tiles, was already taking on a monumental aspect, in the elevation of **that pure hour.**

t. Even Platero's bray becomes tender beneath **that sweet, rain-wet load!**

u. He was one of **those poor children** who never receive the gift of speech or the gift of grace.

相比汉语和英文指示词与形容词位置相对固定,西班牙语的指示词和形容词位置更加灵活,既可以置于核心名词左侧,又可以置于核心名词右侧:若指示词和形容词都位于核心名词左侧,则指示词必须在前,形容词必须在后,如例句(28b);

若指示词位于核心名词的左侧，形容词也可以置于核心名词的右侧，如(28a)，如果是多个形容词的情况，可能出现核心名词左右都有形容词的情况，但右侧的形容词必须后置于指示词，如(28h)；若指示词位于核心名词右侧，则形容词一般位于核心名词左侧，且整个名词短语须有定冠词前置，如 el guapo chico ese(那个帅小伙)；也有少数情况允许形容词和指示词同时出现在核心名词的右侧，且形容词前置于指示词，整个名词短语需要不定冠词引导，如 un libro intesesante ese(一本那样有趣的书)，唐雯(2014：143)指出这样指示词后置的情况并不多，且多具有讽刺或者贬义的感情色彩。值得注意的是，有些特殊的量化类形容词可以置于指示词的左侧，如 todo。我们可以通过下列《银儿与我》原文版本和《骆驼祥子》的西班牙语译本中的例子来验证。

(28) a. Pero déjame ver a mí **este remanso bello**, que no veo hace tantos años…

b. ¿Sabes tú, quizá, de dónde es **esta blanda flora**, …?

c. O pace un rato en **ese prado tierno**, si lo prefieres.

d. ¿De quién vendrá huyendo, con **ese trote desigual y violento**?

e. Se abren noblemente, recibiendo en su calma esa placidez sin nombre, **esa serenidad armoniosa y divina** que vive en el sinfín del horizonte…

f. Era uno de **esos pobres niños** a quienes no llega nunca el don de la palabra ni el regalo de la gracia…

g. Anda, vamos a dejar que pasen esas pobres viejas…

h. Un día, cuando pasó por la calle blanca **aquel mal viento negro**, no vi ya al niño en su puerta.

i. **Este pequeño conocimiento** de algunas palabras en otras lenguas se convierte en un tesoro que no comparten jamás con ningún colega.

j. Gracias a **este exhaustivo análisis preliminar**, podemos situar a Xiangzi con la precisión empleada por un obrero que ajusta una tuerca de una máquina.

k. Pero ¿cómo festejarlo, cómo celebrar **este doble aniversario**?

l. En **esta misma clase** de tiradores encontramos a los que trabajan de sol a sol.

m. Su vocabulario de camellero se limitaba a **esta única expresión**.

n. **Todos estos tiradores** solamente efectúan recorridos largos.

o. **Estos condenados animales** podían resbalar al meterse en el más pequeño charco de agua que pisaban, con el riesgo añadido de poder romperse fácilmente una pata.

p. …ya que la providencia había tenido la deferencia de regalarle **estos tesoros vivientes** para poder cambiarlos por un rickshaw.

q. Se sentía fatigado, pero con **ese cansancio agradable** que le proporcionaba un sentimiento de orgullo…

r. Si se hubiese muerto en **ese mismo instante**, habría sido incapaz de explicar, en el otro mundo, por qué lo habían encontrado en una postura como esa.

s. Una vez allí, se regalaría en un puesto de comida ambulante uno de **esos fantásticos almuerzos** que solían consistir en empanadillas rellenas de cordero asado…

t. Durante **todas esas penosas jornadas** había tenido la sensación de que la sangre no le circulaba más que en sus extremidades, pero ahora, por fin, le llegaba al corazón.

u. Esto hacía que **todos aquellos chismes** acabaran convirtiéndose en asuntos de dominio público y se difundieran transformados en canciones populares.

v. En medio de **todos aquellos empujones y gritos**, Xiangzi consiguió deslizarse hasta los camellos, que estaban acostados e inmóviles y tranquilos…

4.3.2 指示词与领属类修饰语的位置情况对比

领属类修饰语包括时间名词、地点名词、领有成分等,在汉语中,它们都位于指示词之前,起限制功能,去掉之后会影响名词短语的语义表达(陈玉洁,2010: 298)。我们通过本研究使用的语料《骆驼祥子》、《王子与贫儿》汉语译本来进行验证。

(29) a. 那么,我们就先说祥子,随手儿把**骆驼与祥子那点关系**说过去,也就算了。

b. 只要他的主意打定,他便随着**心中所开开的那条路儿**走;假若走不通的话,他能一两天不出一声,咬着牙,好似咬着自己的心!

c. 他就打听明白了,像**他赁的那辆**——弓子软,铜活地道,雨布大帘部,双灯,细脖大铜喇叭——值一百出头。

d. 即使遇不上大兵,**他自己那身破军衣**,脸上的泥,与那一脑袋的长头发,能使人相信他是个拉骆驼的吗?

e. 可是到底不肯撒手**骆驼鼻子上的那条绳子**。

f. 除了**他自己家里这些发愁的人**谈到他而外，再也没有别人理睬他了。

g. 虽然**她这种大逆不道的罪行**每每被她的丈夫发觉，并且还要挨他一顿毒打，她也不管。

h. 这位假扮的王子天天都按照他从**书本上这些传奇故事**里学来的一些繁重的礼节接受大家的朝拜。

i. 王子毕竟有王子的斯文派头和礼貌，他把仆人们都吩咐出去，好让**他这位卑微的客人**不致因为他们在场品头论足而感到局促不安。

j. 你们这些贱骨头快跪下，一齐跪下，拜见太子殿下的威仪和**他这套王家的破烂衣裳**吧！

k. 我要是不到精疲力竭，倒在地上的时候，就能找到这个地方，那我就得救了——因为他家里的人会把我带到宫里去，证明我不是**他们这家的人**，而是真正的王子。

l. 要真是这样的话，我要不把**你这一身瘦骨头**全给打断，那我就情愿改个姓，不算是约翰·康第了。

m. 可是不管你疯不疯，我和你奶奶回头就会弄清楚**你这身贱骨头**哪点儿最软，要不然我就不算好汉！

n. 他试坐每一把豪华的椅子，心里想着，假如垃圾大院那一群野孩子也能往里面偷看一下，瞧见**他这副威风十足的样子**，他该会多么得意。

o. 他怀疑他回家之后给他们叙述这段经过，他们会不会相信**他这个神奇的故事**。

p. 你们都听着！**我这儿子**是疯了；可是并不是永久的发疯。这是由于念书太用功，还有点管制得太严的缘故。

q. 汤姆被人从国王面前引着走开了，他心里感到沉重，因为他本来存着恢复自由的希望，现在国王最后的圣旨对**他这种希望**却成了一个致命的打击。

r. 这两位大臣不但觉得**他们所照料的这个活宝贝**已经受够了洋罪，而且他们自己也不大有精神来把他们那只船驾回原处，再来提心吊胆地航行一次。

s. 既然英国需要这样，那就但愿上帝保佑**我们这个国家**吧。

我们通过《王子与贫儿》原文版本、《银儿与我》和《骆驼祥子》英语译本来看英语中指示词和领属类修饰语的位置情况。英语中含有领属类修饰语的指示词短语一般采用介词用以连接，指示词在核心名词的左侧，介词短语在核心名词的右侧,如例句(30a),除了常见领属结构所用介词 of 之外,一些表示地点的介词如 in、on、from 等也可以看作领属类修饰语,如例句(30c)(30d)(30g)(30i)(30k)(30l)(30m),核心名词和指示词之间还可以插入形容词,如(30d)(30e)。

(30) a. …but take advice in **that matter of the Lord Hertford**…

b. Platero, it seems, while the Angelus is ringing, that **this life of ours** is losing its everyday strength.

c. The best one is **this one in my house**, which, as you can see, has a curb carved out of a single block of alabastrine marble.

d. And now I'm going to give you a pailful of **this pure, fresh water from the same pail** that Villegas drained at one draft, poor Villegas whose body was already burnt to a frazzle by cognac and brandy…

e. We who were standing on them called out more or less witty remarks, small and dark as we were in **that confined silence of the eclipse.**

f. With a solicitude no doubt greater than **that of old Darbón**, his veterinarian, I bent his foreleg and looked at his red pad.

g. I ask Raposo, the field foreman, for help as he comes down **that way from the Almendral**, and between the two of us we try to open Platero's mouth.

h. His effort was fruitless, like **that of courageous children**, like the flight of those weary summer breezes which swoon away amid the flowers.

i. He was black, with scarlet, green, and blue iridescences, all silvery like **those on beetles and crows.**

j. Now with **this overview of the rickshaw trade**, let's see where Xiangzi fits in, in order to place – or at least attempt to place.

k. **Those native to Xiyuan and Haidian** naturally play their trade in the Western Hills or around the universities at Yanjing and Tsinghua; **those from Anding Gate** stick to the Qinghe and Beiyuan districts; while **those outside of Yongding Gate** work in the area of Nanyuan.

l. In other words, with **that in his hand**, he'd at least have something.

m. Not to mention the fact **that thirty-five yuan in his hand** meant more than ten thousand in his dreams, even though it wasn't much to risk your life for.

同样的，我们通过《银儿与我》原文版本、《王子与贫儿》和《骆驼祥子》的西班牙语译本来看西班牙语中指示词和领属类修饰语的位置情况。西班牙语中，因为重读物主形容词的存在，领属结构可以通过重读物主形容词来表达，其位置一般在核心名词右侧，指示词在核心名词左侧，如例句(31b)(31i)。此外，和英语一样，介词 de 也经常用于领属结构的表达，此时，指示词在核心名词左侧，如为指示代词，则可以单独出现，省略核心名词，de 引导的介词短语在核心名词右侧，如例句(31a)(31c)(31d)(31e)(31f)(31g)所示，同时核心名词还可以被其他形容词修饰，形容词既可以出现在指示词和核心名词之间，如例句(31e)，也可以出现在核心名词和介词短语之间，如例句(31d)(31f)(31h)所示。除了 de 引导的介词短语之外，也会出现如 en、desde 等其他可以表达地点关系的介词短语作为领属类修饰语出现，同样出现在核心名词右侧，如例句(31h)所示。

(31) a. El mejor es **este de mi casa**, que, como ves, tiene el brocal esculpido en una pieza sola de mármol alabastrino.

b. Parece, Platero, mientras suena el Angelus, que **esta vida nuestra** pierde su fuerza cotidiana…

c. Y el niño se recoge entonces, se aprieta, se sume en sí, para que ni_ **ese latido de la sangre** que cambia…

d. Era vano su esfuerzo, como el de los niños valientes, como el vuelo de **esas brisas cansadas del verano** que se caen, en un desmayo, entre las flores.

e. En **esta misma clase de tiradores** encontramos a los que trabajan de sol a sol.

f. Los que estábamos en ellas nos gritábamos cosas de inge-nio mejor o peor, pequeños y oscuros en **aquel silencio reducido del eclipse.**

g. Nunca olvidaré, Platero, **aquella noche de septiembre.**

h. Estaba seguro de que una vez que hubiese conseguido escapar, acabaría por llegar a Hai-dian (**ese barrio tan pintoresco en la zona noroeste de Pekín**), aunque tuviera para ello que recorrer vastas regiones.

i. **Este hijo mío** está loco, pero no es incurable.

4.3.3 指示词与从句修饰语的位置情况对比

在汉语中，指示词既可以出现在从句修饰语之后，又可以出现在从句修饰语之前。陈玉洁(2010)总结说，当指示词出现在从句修饰语之后时，从句修饰语都起限制作用，无一例外，而指示词出现在从句修饰语之前时，则会出现不同的情况：从句修饰语可能起非限制性功能，此时指示词有指示功能，可以是直接指示、回指或者有关联的指示等；也有可能指示成分不具有指示功能，而表达类指语义，从句修饰语的出现并不是为了限定核心，而是因为核心有了较长的修饰语，使得名词短语最前端的指示词起到标识名词短语的作用；另外还有从句修饰语出现在指示词之后具有限制功能的例子。我们通过语料《骆驼祥子》原文、《王子与贫儿》以及《银儿与我》的汉语译本中的实例来验证。

(32) a. 可是他们还不如东交民巷的车夫的气儿长，**这些专拉洋买卖的**讲究一气儿由交民巷拉到玉泉山，颐和园或西山。

b. 气长也还算小事，一般车夫万不能争这项生意的原因，大半还是因为**这些吃洋饭的**有点与众不同的知识，他们会说外国话。

c. **那经验十足而没什么力气的**却另有一种方法：胸向内含，度数很深；腿抬得很高；一走一探头。

d. 就是**那不尽合自己的理想的地方**也都可以原谅了，因为已经是自己的车了。

e. 凭这样的赞美，似乎也应当捧**那身矮胆大的光头**一场；再说呢，两块钱是两块钱，这不是天天能遇到的事。

f. 拉车的方法，以**他干过的那些推，拉，扛，挑的经验**来领会，也不算十分难。

g. 这里的人一定会乐于照顾**这位对他们有过这么大恩惠的施主**的儿子……

h. **这个面貌冷酷的病夫**就是那威严的亨利八世。

i. 这两位大臣不但觉得**他们所照料的这个活宝贝**已经受够了洋罪，而且他们自己也不大有精神来把他们那只船驾回原处，再来提心吊胆地航行一次。

j. 随后赫德福伯爵就叫他**这位同来侍奉王子的大臣**先去休息……

k. 他们就不会把你当笨小孩笑话了，也不会把你真的当作他们用来骂人的“蠢驴”，给你戴上**那种像河里的小船那样涂有一对红蓝眼圈的帽子**，帽子上还有两只耳朵，比你的耳朵还要大一倍呢。

l. 今年的春天想要卖弄风情，早早地就起了床，到头来还是打着冷战，躺回**那三月雾气沉沉的床铺**上，把娇羞的胴体重新藏好。

m. 它们不敢排成笔直的队列、拖着那独具特色的尾巴在努埃瓦街上下翻飞，也不敢飞进井边的窠巢中，还不敢在**那被北风吹得嗡嗡作响**

的电线杆上歇脚……

n. 它肚皮底下,在**那微微泛着绿色、将一切渲染出翡翠色泽的灰暗地面**上,遍布着从破旧的驴舍屋顶洒下来的闪亮金币。

o. 我相信你见过他,那天在他的果园里,他穿着水手裤,戴着阔边遮阳帽,对**那些偷他橙子的小顽童**破口大骂,还朝他们扔石块。

p. 他们刚刚在那底下淋过一阵雨——**那一团只停留了片刻的云**,用它的金线银线蒙住了青草地。

q. 阿格拉埃,专司美和善的女神,在净的旭日中,隐约地靠在**那棵有着许多梨子和麻雀的绿叶覆展的梨树**旁,微笑地看着眼前的情景。

r. 它巍峨地矗立在**乞丐们所走的到圣卢卡去的路上那崎岖的红色山坡**之上。

在英语里,指示词短语也可以携带从句性修饰语,但是其位置关系相比汉语相对受限。从句性修饰语只能放在核心名词的右侧,或是直接放在指示代词右侧,通常需要通过关系代词进行连接,一些情况下可以省略关系代词 that。指示词和从句性修饰语起到双重限定作用,去掉从句修饰语会改变原有名词短语的语义表达。我们通过语料《王子与贫儿》原文、《银儿与我》以及《骆驼祥子》的英语译本中的例子来验证。

(33) a. Around him stood **those who had come with him.**

b. …that he shall strive with diligence to bring into his memory again **those faces which he was wont to know** - and where he faileth he shall hold his peace, neither betraying by semblance of surprise, or other sign, that he hath forgot.

c. With what self-confidence they offer their age to life, imbued with **this springtime which makes the thistle** put forth yellow blossoms in the vibrant sweetness of its boiling sunshine!

d. Facing the immense, clear sky, of a blazing indigo, my eyes - so far from my ears! - open nobly, welcoming in its calm that indescribable placidity, **that harmonious, divine serenity which dwells in the limitlessness of the horizon…**

e. All **those dreams that cradled my early childhood, that poor peppertree I saw from my balcony**, full of sparrows, protruding above Don José's roof!

f. When they cut off **that bough which the hurricane had broken**, I thought a limb of my own had been pulled out.

g. He was one of **those poor children who never receive the gift of speech or the gift of grace**…

h. He was one of **those poachers who hunt deer in the Coto de Donaña.**

i. His effort was fruitless, like that of courageous children, like the flight of **those weary summer breezes which swoon away amid the flowers.**

j. He wondered what kind of strategy **these soldiers – who were good for little more than marching and plundering** – had.

西班牙语中指示词和从句类修饰语的位置关系与英语类似，从句类修饰语只能位于核心名词的左侧，从句类修饰语和核心名词之间还能插入形容词修饰语，如(34a)(34e)(34h)(34k)所示，在有些情况下，从句类修饰语因为句法关系的原因需要介词引导，如(34c)(34d)(34g)(34n)所示。这点符合唐雯(2014)对于西班牙语名词短语内部结构分析的总结：限定词-数量词-形容词-核心名词-形容词-前置词短语-关系小句。西班牙语中，从句类修饰语和指示词也同时起到限定作用。我们通过语料《银儿与我》的原文以及《王子与贫儿》和《骆驼祥子》的汉语译本中的例子来验证。

(34) a. Se abren noblemente, recibiendo en su calma esa placidez sin nombre, **esa serenidad armoniosa y divina que vive en el sinfín del horizonte**…

b. ¡Cuántos sueños le ha mecido a mi infancia **esa pobre pimienta que, desde mi balcón, veía yo, llena de gorriones, sobre el tejado de don José!**

c. Era uno de **esos pobres niños a quienes no llega nunca el don de la palabra ni el regalo de la gracia.**

d. Cuando, en el descuido de mis pensamientos, las imágenes arbitrarias se colocan donde quieren, o en **esos instantes en que hay cosas que se ven cual en una visión segunda y a un lado de lo distinto**…

e. Allá abajo les ha llovido -**aquella nube fugaz que veló el prado verde con sus hilos de oro y plata**, en los que tembló, como en una lira de llanto, el arco iris-.

f. Cuando le cortaron **aquella rama que el huracán le tronchó**, me pareció que me habían arrancado un miembro.

g. …pero que cobija a mi madre y a mis hermanas, y por ello es hogar para mí, al paso que **esta pompa y estos esplendores a que no estoy**

acostumbrado…

h. La locura puede provocar **esas cosas tan raras que tú ves en él** y más aún.

i. Los que tienen más de cuarenta años y menos de veinte quedan fuera de **estas dos categorías que acabamos de describir.**

j. Fue justamente en una de **estas ocasiones cuando Xiangzi sacó su rickshaw fuera de la ciudad.**

k. Se sentía fatigado, pero con **ese cansancio agradable que le proporcionaba un sentimiento de orgullo…**

l. Mientras esperan la muerte, su estilo y su arte para negociar el precio de la carrera, y **esa gracia que poseen cuando encuentran el recorrido**, más corto, evocan todavía sus pasados tiempos de gloria.

m. Una vez allí, se regalaría en un puesto de comida ambulante uno de **esos fantásticos almuerzos que solían consistir en empanadillas rellenas de cordero asado…**

n. Con un rickshaw como **aquel con el que soñaba**, ya no tendría que doblar más el espinazo ante los amos o los clientes.

o. Para parecerse a un tirador de primera, antes de lanzarse al oficio, pensó en cómo estrecharse la cintura y así poder adoptar **aquellas maneras que le permitieran destacar su busto erguido y su ancho pecho.**

从上述对比中,我们可以看到汉语和英语、西班牙语在指示词与从句类修饰语位置关系上呈现的不同特点:汉语中,从句类修饰语既可以出现在指示词左侧,又可以出现在指示词右侧,而英语和西班牙语中从句类修饰语只能出现在指示词右侧。汉语中,指示词之后的从句类修饰语可以起到非限制性功能,即只有描写作用,但英语和西班牙语中指示词后的从句类修饰语一般只起限定作用,这符合唐雯(2014)的研究结论,认为西班牙语中,解释性修饰成分前置,限定性修饰成分倾向于后置。此外,指示词在现代汉语中有前置与整个名词短语的倾向,唐正大(2007)认为这是汉语中指示词冠词化的进一步体现;而这一点与英语和西班牙语中指示词的绝对前置位置类似。

4.4 本章小结

本章回顾了汉语、英语和西班牙语的类型学特征,然后就指名结构、指量名结构、指数名结构、指数量名结构、属指量名结构和指量属名结构、属指数量名结构和指数量属名结构在三语中的具体使用进行了对比分析。随后，就指示词和其他各类修饰语在名词短语中的位置情况进行了讨论，发现：汉语中指示词、形容词和名词核心同现时，形容词多位于指示词之后，起非限制性功能；而英语中指示词和形容词都位于核心名词的左侧，且指示词置于形容词之前；西班牙语的指示词和形容词位置更加灵活，既可以置于核心名词左侧，又可以置于核心名词右侧。此外，在指示词与领属类修饰语的位置方面，在汉语中，领属类修饰语都位于指示词之前，起限制功能；英语中含有领属类修饰语的指示词短语一般采用介词以连接，指示词在核心名词的左侧，介词短语在核心名词的右侧；西班牙语中，因为重读物主形容词的存在，领属结构可以通过重读物主形容词来表达，其位置一般在核心名词右侧，指示词在核心名词左侧，此外，和英语一样，介词 de 也经常用于领属结构的表达，此时，指示词在核心名词左侧，de 引导的介词短语在核心名词右侧。而在指示词与从句修饰语的位置情况对比方面，汉语中，从句类修饰语既可以出现在指示词左侧，又可以出现在指示词右侧，而英语和西班牙语中从句类修饰语只能出现在指示词右侧。汉语中，指示词之后的从句类修饰语可以起到非限制性功能，即只有描写作用，但英语和西班牙语中指示词后的从句类修饰语一般指起限定作用。

第五章 汉西英指示词的指示对象及句法搭配对比

前人的研究已经明确,指示词属于典型的语篇指示语,可以指代上下文中出现过的或者即将出现的内容(Halliday & Hasan, 1978;杨佑文,2013)。姜美子(2016)总结按词性分的指示系统:指示冠形词、指示代名词、指示副词、指示形容词、指示动词;按指示对象分:指示人物、指示事物、指示地点、指示时间、指示方向、指示时间、指示程度、指示状态、指示动作。有关汉语指示词的划分见表 5-1。

表 5-1 按指示对象划分的汉语指示词的体系(改编于姜美子 2016: 3)

指示对象	近　称	远　称
人　物	这、这人、这个、这位、这名、这+指人名词	那、那人、那个、那位、那名、那+指人名词
事　物	这、这个、这+(量词)+指物名词	那、那个、那+(量词)+指物名词
地　点	这里、这儿、这+(量词)+地点名词	那里、那儿、那+(量词)+地点名词
时　间	这时、这会儿、这+时间名词	那时、那会儿、那+时间名词
方　向	这边	那边
程　度	这么	那么
状态及动作	这样、这么	那样、那么

根据上述研究框架,可以总结出西班牙语中按指示对象划分的指示系统(见表 5-2)。

表 5-2 按指示对象划分的西班牙语指示词的体系

指示对象	近　称	中　称	远　称
人　物	este、este+指人名词	ese、ese+指人名词	aquel+指人名词
事　物	este、este+指物名词	ese、ese+指物名词	aquel+指物名词

续 表

指示对象	近　　称	中　　称	远　　称
地　点	aquí、acá、este este＋地点名词	ahí、ese ese＋地点名词	allí、allá、aquel aquel＋地点名词
时　间	este＋时间名词	ese＋时间名词	aquel＋时间名词 entonces(那时)
	hoy(今天)、ayer(昨天)、mañana(明天)、pasado mañana(后天)、anteayer(前天)、o antier(前天)、anteanoche(前晚)、anoche(昨晚)		
程　度	tanto、tal、así		
方　式	así		

同样,在英语中也可以按照指示对象对指示体系进行归类(见表 5－3)。

表 5－3　按指示对象划分的英语指示词的体系

指 示 对 象	近　　称	远　　称
人　物	this、this＋指人名词	that、that＋指人名词
事　物	this、this ＋指物名词	that、that＋指物名词
地　点	here、this＋地点名词	there、that＋地点名词
时　间	this＋时间名词	that＋时间名词
	now、today、yesterday、tomorrow 等	
程度	so、such	
状态及动作	so、such	

前面的章节中我们提到汉语和英语是两分化的指示系统,而西班牙语是三分化的指示系统,姜美子(2016: 63)提到说"汉语的指示代词对同一个指示对象部分'你、我领域'(说话人和听话人),而使用你、我领域重复所产生的'我们'的共同视点(融合视点)",而就西班牙语来说,则是对同一个指示对象严格按照属于说话人自己的领域还是对方的领域来选择指示代词。在下面的小节中我们就基于本研究自建的三语平行语料库考察各类指示对象情况下,汉语英语和西班牙语的指示词的单独使用、搭配使用情况及其句法功能。本章自建平行语料库

的语料基础选用的是老舍的《骆驼祥子》1—3 章汉语原版(16 790 字[①])及其西班牙语译本(10 134 字,Tan Hui & Manuel Lacruz 译)和英语译本(11 627 字,葛浩文 Howard Goldblatt 译),马克·吐温的《王子与贫儿》1—6 章英语原版(10 289 字)及其汉语译本(20 274 字,张友松译)和西班牙语译本(10 237 字,Juan Manuel Ibeas & Fabián Chueca 译),以及胡安·拉蒙·希梅内斯的《银儿与我》的西班牙语原版 1—44 章(10 066 字)及其汉语译本(19 663 字,张伟劼译)和英语译本(10 514 字,Stanley Appelbaum 译)。

5.1 指示人物

指示词在汉语、英语和西班牙语中均可以单独使用用来指示人物,我们从《骆驼祥子》《王子与贫儿》以及《银儿与我》中找到了如下的例句:

(1) a. **这**是跑长趟的,不愿拉零座;因为拉一趟便是一趟,不屑于三五个铜子的穷凑了。

b. **这**正是王子,我认得很清楚——不久他就会当您的皇上了。

c. 有几个打扮得很讲究的男人在他近旁站着——不消说,**那**都是他的仆人。

d. The shop owner knew **this** was no ordinary customer.

e. Wearing a blue jacket, open in front, he had a face that glowed, and one look told Xiangzi that **this** was one of the village's wealthy men. He made a quick decision.

f. **This** is the very prince, I know him well - and soon will be thy King.

g. **This** is the true prince, gone mad!

h. In fact he was become a hero to all who knew him except his own family - **these**, only, saw nothing in him.

i. Tom's remarks, and Tom's performances, were reported by the boys to their elders; and **these**, also, presently began to discuss Tom Canty, and to regard him as a most gifted and extraordinary creature.

j. **Estos** se las arreglan, especialmente, para portear desde la Colina del Oeste, Xi-shan, hasta Yan-Jing, o Qing-hua.

① 下列统计字数均包含标点。

k. Aun habiendo algunos desconfiados, **estos** siempre terminaban pensando que Xiangzi era un campesino recién llegado a la ciudad y que no se atrevería a pedir un precio demasiado alto.

在本研究使用的三语平行语料库中,指示对象为人物的单独使用的指示词中,近指词要远远多于远指词,甚至在英语和西班牙语的语料中都未发现具有该功能的单独远指词。从指示词形式上来看,西班牙语中仅有复数形式单独出现指人;从句法结构来看,当指示词用于指人物搭配时,本语料中的相关例句全部都是位于主语位置。

值得注意的是,汉语指示词在指人单独使用时是不可以出现在除主语的其他位置上的,且其结构通常都是"这/那是……"的判断句,如例句(1a)(1b)(1c)用以介绍、说明或者辨认某个人,起到强调或者话题引出的作用。刘丹青(2002)认为汉语主语和宾语的句法属性和语用属性有对立倾向,光杆名词位于主语位置自然被赋予有定性、话题性和类指性等语用属性,所以指示词作为代替手段可自动获得以上属性。西班牙语中,指人的指示词是可以单独使用用于除主语的其他句法位置的,如下面的例句所示:

(2) a. - ¿Cuáles son tus amigos?

哪些 是 你的 朋友

哪些人是你的朋友?

- Mis amigos son **aquellos**.

我的 朋友 是 那些

那些是我的朋友。

b. Es mejor que los niños no imiten a esos.

是 更好 连 冠 孩子们 不 模仿 介 那些

孩子们最好不用模仿那些人。

c. A **estos** les gusta jugar al baloncesto.

介 这些 与 喜欢 玩 介 篮球

这些人喜欢打篮球。

我们可以看到,在(2a)中 aquellos 单独出现在了系表结构的表语位置上,(2b)是宾语位置而(2c)是在兴趣补语(利益与格)位置上。而英语的情况是介于汉语和西班牙语之间的,单独出现的 this、that、these 和 those 除了主语位置外,在其他句法位置都略显勉强,如下面的(3a)和(3b)所示:

(3) a. **This** is my father.

b. *My friends are **those.**

c. – Are **those** your friends?

– No, my friends are **these.**

汉语和英语的指示词在指人时所受的句法限制较多，这是因为相比西班牙语，汉语和英语的指示词并没有兼具更多的代词功能，且由于缺乏性与格的语法范畴，汉语和英语的指示词不像西班牙语那样可以直接表达与人称代词相似的意义。然而，在例句(3c)的对话中，指示词单独出现似乎接受度又变高了，这是因为物主形容词 my 给出了句前的焦点信息，而句末的指示词标记了已知信息，构建了平衡关系。

除了单独使用外，汉语指示词也可与“个”“位”“名”等量词连用用于指称人物或是在指示词和数词间插入数词，如下面例句所示：

(4) a. **这一些**是以前决没想到自己能与洋车发生关系，而到了生和死的界限已经不甚分明，才抄起车把来的。

b. 这就是说，他是属于年轻力壮，而且自己有车的**那一类**：自己的车，自己的生活，都在自己手里，高等车夫。

c. 他那双眼睛不由自主地望望**这个**的脸，又望望**那个**的脸，然后他就张皇失措地盯住他面前那个孩子。

有关量词的问题，根据 Chierchia(1998)的观点，即汉语的名词一般指向全体或种类，具有整体语义内涵，而量词是名词实现个体化的必备手段。因此，我们可以看到在例句(4)的句子中，其结构可以省略数词如(4d)，而不可以省略量词。但反观英语和西班牙语，指示词则可以和数词单独搭配用以指人，如下例所示：

(5) a. ***这五**是我的朋友

b. – Which book do you want to take?

– I want **these three.**

c. **Estos cinco** son los más altos de todo el grupo.

这些　五　是　冠　更　高　介所有冠　群

这五个是组里最高的了。

汉语指示词在用作指人时也可以单独和指人名词搭配，如下面的例句(6a)所示，指示词和名词间有时还可以插入形容词，如例句(6b)和(6c)所示：

(6) a. 那个人愣住了，他低下头瞪着眼睛望了望**这孩子**，然后摇摇头，嘟哝着说……

b. 于是那戏弄的一群人向**这可怜的小王子**围拢来，连挤带推地拥着他顺着大路走了很远。

c. 看着**那高等的车夫**,他计划着怎样杀进他的腰去,好更显出他的铁扇面似的胸,与直硬的背。

汉语搭配指人名词时既可以像例句(6)中的三个例句指示特定的人,又可以泛指某一类人,如姜美子(2016:56)提到的例句:"这人啊,一般都是自私的。"

"指示词+指人名词"的组合结构可以看作没有量词的限定词短语(Abney,1987),鹿秀川(2019)曾用北京大学中国语言学研究中心现代汉语语料库(CCL)进行验证,发现"这人"结构数量只有"这个人"结构数量的一半。而相比之下,英语和西班牙语中"指示词+指人名词"用于指人是最常见的搭配手段,如本研究自建语料库中的例句所示:

(7) a. Interested only in long hauls, **these men** disdain the short, penny-ante business.

b. Thou shouldst hear **those damsels** at it!

c. Come on, we're going to let **these poor old ladies** pass by…

d. Platero, I don't know whether you'll understand what I tell you, or not: but **that boy** has my soul in his hand.

e. Platero, no sé si entenderás o no lo que te digo, pero **ese niño** tiene en su mano mi alma.

f. Anda, vamos a dejar que pasen **esas pobres viejas**…

此外,"指示词+数量词+指人名词"也是指示词用作指人功能时的常见搭配,其中数词根据是否想强调数量语义可有可无,名词前有时还可以插入形容词用于修饰或限定。

(8) a. **这一派哥儿们**的希望大概有两个:或是拉包车;或是自己买上辆车,有了自己的车,再去拉包月或散座就没大关系了,反正车是自己的。

b. **这些人**,生命最鲜壮的时期已经卖掉,现在再把窝窝头变成的血汗滴在马路上。

c. 这些日子的经验使他知道,**这些兵**的打仗方法和困在屋中的蜜蜂一样,只会到处乱撞。

d. 他们的拉车姿式,讲价时的随机应变,走路的抄近绕远,都足以使他们想起过去的光荣,而用鼻翅儿扇着**那些后起之辈**。

e. 看着**那高等的车夫**,他计划着怎样杀进他的腰去,好更显出他的铁扇面似的胸,与直硬的背。

f. 至于讲价争座,他的嘴慢气盛,弄不过**那些老油子们**。

g. 他的样子是那么诚实,脸上是那么简单可爱,人们好像只好信任他,不敢想**这个傻大个子**是会敲人的。

h. 这是什么战略——假使**这群只会跑路与抢劫的兵们**也会有战略——他不晓得。

在英语和西班牙语中,虽然量词不如在汉语名词短语中使用频率高,但在本研究的语料中,我们也发现了少量"指示词+量词+指人名词"结构的搭配:

(9) a. Stamina is only one reason why most pullers will not compete for this business, for **this group of men** can deal with their foreign passengers in their own languages…

b. …now, among **that multitude of strangers**, whereas, an hour earlier, the idea of their going with him would have been an insupportable terror to him.

c. Deberíais de haber visto entonces a **aquella veleidosa muchedumbre** arrancarse el sombrero de la cabeza.

d. En **esta misma clase de tiradores** encontramos a los que trabajan de sol a sol.

e. **Todos estos tiradores** solamente efectúan recorridos largos.

在英语例句(9a)和(9b)中,指人的短语结构都是由"指示词+量词+of+指人名词"构成,在西班牙语例句(9c)中,其结构是"指示词+形容词+量词",核心名词的语义被包含在量词 muchedumbre(人群)中,(9d)的结构则类似于英语的(9a)和(9b),clase(种类)作为量词出现,量词和名词间由介词 de 连接,而(9e)则的短语结构则由全称量化词 todo 领头,其结构为"量化词+指示词+名词"。

汉语指示词还可以直接和指人的专有名词搭配。前人研究表明,专有名词是"一个对象的名称,只有一个实例"(祝东平,2018),因此专有名词本身就具有指称义,在具体语境中,其作用类似于只指一个实例的人称代词,且专有名词的指称对象应该是语境中说话者和听话者共同约定的,如下面(10a)中的贫儿即指《王子与贫儿》中的主人公之一,而(10c)(10d)和(10e)中的"亨利八世""洁恩小公主"和"奥雷伯爵"更是指称明确,不会随着语境改变而变化所指对象,有趣的是这样的专有名词前也可以用指示词进行修饰,祝东平(2018)称这种用法中的指示词是为了凸显专有名词是语境中的个体存在。王力(1975)、方梅(2002)等将这种情况下的指示词对等到英语中的冠词,没有语义,只为引出名称而用。林祥楣(1984)则认为这种情况下,指示词让被指称的名词突出了。张伯江、方梅

(1996)认为置于专有名词前的指示词让名词的个体的特征泛化到一类对象中。我们同时也认为,这里指示词的使用可能和说话者想要表达的心理距离相关,如(10c)中“那威严的亨利八世”以及(10d)中“那轻浮的洁恩小公主”,形容词“威严”和“轻浮”都一定程度上表现出说话者对其修饰的专有名词在有意拉远心理距离。

(10) a. **那贫儿**心中所祈求的事情终于如愿以偿了。

b. 那两个兵士举起戟来敬礼,随即打开大门,并且在**那“穷人国的王子”**穿着那身随风飘动的破烂衣裳走进来和那富甲天下的王子握手的时候,他们又敬了一次礼。

c. 这个面貌冷酷的病夫就是**那威严的亨利八世**。

d. 有一次**那轻浮的洁恩小公主**冲口而出地向汤姆说了一句简单的希腊话。

e. 她宛若一位公主:“我是**那奥雷伯爵**的小呀么小寡妇哦……”

有关英语和西班牙语中专有名词前是否可以加上具有指称意义的指示词这一问题,不得不谈及的便是专有名词普通化问题,Lyons(1995)将这种现象称为“再范畴化”(recategorization)。周树军(2008)就曾指出从语用认知角度出发,专有名词和普通名词的转化条件是语境,通过相关联的认知域之间的投射而实现。雷玉兰(2023)总结了专有名词普通化过程中范畴属性发生改变的三个特点:首先是语义上特指义被隐略,泛指义被凸显;其次是句法上转化后的专有名词可以接受限定词等前置修饰成分;最后在语用上专有名词不再有唯一参照,需依具体的语言环境对其内涵进行理解。虽然在本研究的语料中我们未找到类似汉语例句(10)的“指示词+专有名词”的指人表达,但根据前人观点,英语和西班牙语中也存在“指示词+专有名词”的结构,例如:

(11) a. I don't like **that Tom.**

b. No me gusta **ese Juan.**

不 我(与)喜欢 那 胡安

我不喜欢那个胡安。

在例句(11)中 Tom 和 Juan 都是指人的专有名词,当被前置的指示词 that 和 ese 修饰后,专有名词被普通化,说话人“不喜欢”的这种想要拉远的心理距离被很好地体现出来。

此外,指示词加名词化的谓词短语结构也出现在了本研究的语料中,汉语中常常用谓词加“的”短语用以名词化。徐慧(2014)曾总结过动词名词化时,若用动作转人,指人名词词义可以用动词“者”或者“的人”,且“者”或“的人”有时可以省略。如下面例句(12)中所示,省略"的"后的"人"同样可以通过具体语境意会动词转指人。

(12) a. 气长也还算小事,一般车夫万不能争这项生意的原因,大半还是因为**这些吃洋饭的**有点与众不同的知识,他们会说外国话。

b. 比**这一派岁数稍大的**,或因身体的关系而跑得稍差点劲的,或因家庭的关系而不敢白耗一天的,大概就多数的拉八成新的车。

汉语中其他表示人物的名词搭配还包括"人称代词+指示词+指人名词短语"的结构,例如例句(13)所示:

(13) a. "我给您殿下敬礼。"然后含怒地说,"快滚开,你**这发了疯的小杂种!**"

b. "嘀,**你们这些畜生、奴才、靠太子殿下的父王施恩养活的家伙**,怎么这么无礼?……"

值得注意的是,例句(13)中都是人称代词后接近指词的例子,因为徐丹(1988)提到过如果人称代词和指示词是同位关系,"我""你"和"那"呈现排斥关系。张莹(2016)提出能够接受后接带指示词的短语的人称代词包括"我、你、他、我们、你们、他们、人家",而不能接受这一类的人称代词包括"自己、别人、大家、大伙儿"。这属于人称代词构成同位结构的一种类型。而这种"人称代词+指示词短语"的同位结构在英语和汉语中是不被句法原则接受的,这点在鹿秀川(2019)的研究中也已被验证。

英语和西班牙语中除了上述形式外,还有指示词与从句搭配用以指人,如下面的例句所示:

(14) a. Around him stood **those who had come with him.**

b. Era un cazador furtivo de **esos que cazan venados en el coto de Doñana.**

c. De buen grado servirán al hijo de **aquel que tan generoso ha sido para ellos**, tanto más cuanto que ese hijo es tan pobre y tan abandonado como cualquiera que se ampare aquí hoy y siempre.

英语例句(14a)中 who 引导的从句用以限定 those 的内涵,是指示词短语不可或缺的一部分,明确了指示词 those 的所指。同样地,西班牙语例句(14b)和(14c)中的 esos 和 aquel 也因后接从句的存在而确定了所指向的具体人物。

5.2 指示事物

与指示人物的情况类似,汉语、英语和西班牙语中的指示词都可以单独使用用于指事物。汉语“这、那”可以单独指物，通常只能做主语（姜美子，2016：60），做宾语时必须附加量词。我们在本研究的三语平行语料库中找到如下的指示词单独使用用于指物的情况：

（15）a. 他有力气，年纪正轻；所差的是他还没有跑过，不敢一上手就拉漂亮的车。但**这**不是不能胜过的困难……

b. 由磨石口——假如这是磨石口——到黄村，是条直路。**这**既是走骆驼的大路，而且一点不绕远儿。

c. 垃圾大院！真是，**这**又是个古怪名称。父母在世吗？

d. 他那种生活和垃圾大院所有的孩子们过的是一样的，因此他也就以为**那**是当然的、舒服的生活。

e. 最好的水池呢，就是我们家的**这个**，你看，它的扶栏可是用一整块雪花大理石雕出来的。

在例句（15a）（15b）（15c）和（15d）中指示词“这”和“那”都是单独使用用以指“困难”“大路”“名称”和“生活”的具体或抽象的事物，指示词均位于主语位置，且均为判断句。但指物的汉语指示词并不像指人的指示词一样，只能出现在含有系动词的判断句中，比如“这不可能是我的”中的“这”完全可以用于称代某个不属于我的物品。而在（15e）中，指示词“这”位于系表结构的表语位置，前置有物主形容词修饰，后接量词“个”，若缺少量词，则该句不符合语法规则。此外，我们发现指物的指示词单独使用时不能出现在并列结构当中，例如，“*这和那都是我的”这句话就不符合语法规则。在英语和西班牙语中，指示词单独出现用以指物的用法并不像汉语中有这样的句法限制，其可以出现在除主语的其他位置上，如下例所示：

（16）a. The prince spurned the nearest boy with his foot, and said fiercely: “Take thou **that**, till the morrow come and I build thee a gibbet!”

b. He glanced at Lord Hertford, who gave him a sign – but he failed to understand **that**, also.

c. At this rate, when would he ever have enough to buy a rickshaw? Why was **this** happening? Was he not trying hard enough?

d. Espera. ¿Qué es **eso**, Platero? ¿Qué tienes?

e. Se juró a sí mismo que tendría su propio rickshaw en un año y medio, y también que **este** sería nuevo para estrena.

f. Con ayuda de **este**, lo único que tenía que hacer era seguir adelante.

从例句(16)中我们可以看到,英语和西班牙语的指示词单独指物可以出现在宾语位置上,如例句(16a)(16b),也可以出现在补语位置上,如例句(16f)所示。在西班牙语中,如果指称对象是抽象的概念,或是一件事、一句话,可以使用中性指示代词,如例句(16d)所示。

同样的,“指示词+数量词+指物名词”也是指示词用于指物的常见表达结构,其中数词和量词在一些情况下可以省略,我们来看本研究语料中的汉语例句:

(17) a. 我们像疯子一样撒腿快跑,看谁先抵达**这棵**或**那棵无花果树**。

b. 透过**这翡翠般的繁枝茂叶**望去,曙光正滴着露水,润湿了东方天空中透明的薄纱,越显生机勃勃。

c. 汤姆瞪着眼睛望着那老大的一堆建筑物,望着那伸出很远的边厢、**那威严的棱堡和角楼、那绝大的石造大门**……

d. 可是**这点光荣**丝毫不能减少将来的黑暗,他们自己也因此在擦着汗的时节常常微叹。

e. 房屋的主人按照各自的脾胃把屋梁漆成红色、蓝色或是黑色,这就使得**那些房屋**显出一副很雅致的气派。

汉语例句(17a)(17d)和(17e)是“指示词+量词+指物名词”的搭配,而例句(17b)和(17c)则是省略了量词,但指示词和名词之间插入了形容词作为修饰成分。值得注意的是,汉语的组合形式还可以是“指示词+数词+量词+指物名词”,姜美子(2016: 60)提到如果该组合形式中的数词是“一”,而“一”不被省略,则“这”“那”要发生音变为 zhei、nei,如“这(zhei)一棵无花果树”。汉语中“指示词+(数量词)+(形容词)+指物名词”结构可以在句中做主语成分,如例句(17d)所示,也可以处于宾语位置,如例句(17a)(17b)和(17c)所示,还可以在小句中做主语,如例句(17e)所示。类似的用法在英语和西班牙语语料中也存在,但西班牙语和英语中一般没有量词出现,形容词或小句型形容词从句可以在指示词之后用于修饰指物名词,如下例所示:

(18) a. Doff thy rags, and don **these splendors**, lad! It is a brief happiness, but will be not less keen for that. We will have it while we may, and change again before any come to molest.

b. ... that he shall cease to speak to any of **that lowly birth and life** his malady hath conjured out of the unwholesome imaginings of o'erwrought fancy ...

c. ... so that the running water could lick **this little wound** with its long, pure tongue.

d. Y **estas pifias** llevan un acompañamiento de inclinaciones de cabeza…

e. ¿De quién vendrá huyendo，con **ese trote desigual y violento**?

f. Allá abajo les ha llovido -**aquella nube fugaz que veló el prado verde con sus hilos de oro y plata**，en los que tembló，como en una lira de llanto，el arco iris-.

在例句(18a)和(18d)中是“指示词＋指物名词”组合，(18b)和(18c)中形容词 lowly 和 little 被插入在指示词和指物名词之间，(18e)中的形容词 desigual 和 violento 置于“指示词＋指物名词”之后，这是由西班牙语形容词和名词位置关系原则决定的，而(18f)中指物名词之后出现的是限定性定语从句，用于修饰指物名词。英语和西班牙语的“指示词＋指物名词”组合的句法限制也较宽松。此外，西班牙语中可以省略核心名词，我们找到一些语料中的例句，以“指示词＋形容词/形容词从句”搭配的形式用于指物，如下例所示：

(19) a. Hay dos camisas aquí. No me gusta **esta roja.**

有 两 衬衫 这里 不与 喜欢 这 红色的

这里有两件衬衫。我不喜欢这件红色的。

b. Hay dos camisas aquí. No me gusta **esta que tiene botones negros.**

有 两 衬衫 这里 不与 喜欢 这 连 有 纽扣 黑色的

这里有两件衬衫。我不喜欢这件有黑色纽扣的。

如例句(19)所示，因为在前文语境中已经提及 camisa(衬衫)这个名词，因此后文中“指示词＋形容词”(esta roja)和“指示词＋形容词从句”(esta que tiene botones negros)即便省略核心名词也可以明确所指是前文的衬衫，这是“指示词＋形容词(从句)名词化”的方式。

除了上述组合之外，我们还在语料中发现了“人称代词＋指示词＋(数量词)＋指物名词”的例句：

(20) a. **他那种生活**和垃圾大院所有的孩子们过的是一样的，因此他也就以为那是当然的、舒服的生活。

b. 于是有许多晚上，当他在黑暗中躺在**他那薄薄的、发臭的稻草**上，又倦又饿。

c. 清早醒来时，他一看周围那种倒霉的情景，**他那一场好梦**就对他起了照例的作用——使他那环境的肮脏鄙陋更加强一千倍了。

如例句(20)所示，人称代词可以出现在指示词的左侧，究其原因，Sio(2006)

解释说汉语的指示词不属于"Kase-assigner"①,因为汉语指示词左侧出现的修饰语数量非常有限,且指示词左侧也可以是空缺的。例句(20)中的人称代词从语义上来说可以看作物主属格,如(20a)中的"他那种生活"可以理解为"他的那种生活"。在前一章,我们也曾提到,何元建(2011)和鹿秀川(2019)都认为指示词和物主形容词互换位置时,会发生语法错误,如"*这你的事儿",但如果在指示词后插入量词,则符合语法规则,如"这件你的事儿",因为其句法结构不存在内部冲突,其树形图可如下所示:

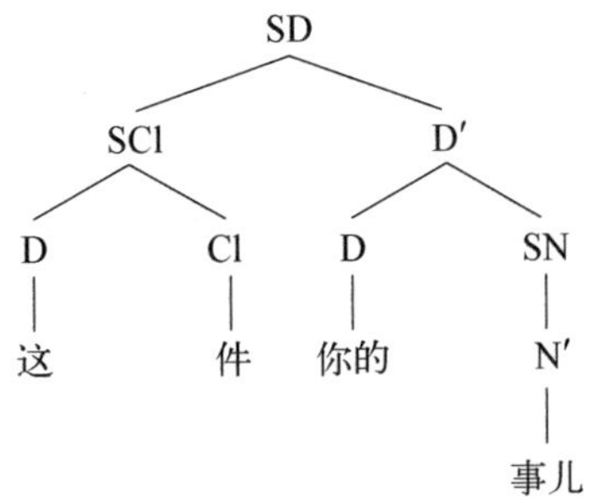

图 5-1　"这件你的事儿"的树形图

5.3　指 示 处 所

指示词单独或与其他词类搭配使用用于指示处所也是指示词的常见用法之一。指示处所也可以理解为指示词方位、方向或位置。与指示人物和事物的指示词不同,汉语中的指示词除了单独使用和与指处所的名词短语搭配使用外,还有"这儿" "那儿""这里""那里""这边""那边"等专指处所的指示代词。下面我们通过三语自建平行语料库的例句来具体分析:

(21) a. 可是他确知道,假如**这**真是磨石口的话,兵们必是绕不出山去,而想到山下来找个活路。

b. 先到城里再说,他渴想再看见城市,虽然那里没有父母亲戚,没有任何财产,可是**那**到底是他的家,全个的城都是他的家。

指示词单独使用用于指处所时同样只能出现在主语位置上,如例句(21a)和(21b)所示。若出现在其他句法位置上,则必须是以"这儿""这里""这边"等地

① Kase= Function feature and case(Fukui: 1995: 27).

点指示代词的形式出现。在英语语料中,我们找到了如下单独使用指示词用于指方位的例句:

(22) a. All right, **this** was the place to take a rest and see if there might be a chance to say good-bye to his camels.

b. It's a straight line from Moshi Pass – if **that**'s where I am – to Yellow Village.

英语中的该类型例句非常有限,而西班牙语的语料中甚至没有找到指示词单独用于指方位的例句,虽然这种用法在西班牙语中是存在的,如“Esta es la dirección que voy a seguir ahora(这是我现在要走的方向)”。英语和西班牙语中之所以很少用指示词单独指方向和其本身存在地点副词有很大的关系,这点我们将在后面指示词的情景指示和语篇指示对比章节具体分析。

汉语中用含有“这”的指示代词,如“这儿”“那儿”“这里”“那里”“这边”“那边”“这头”“那头”来指示方位的情形也很多,如下例所示:

(23) a. 在**这里**,二十岁以下的——有的从十一二岁就干这行儿——很少能到二十岁以后改变成漂亮的车夫的,因为在幼年受了伤,很难健壮起来。

b. 好吧,他就在**这儿**休息会儿吧,万一有个好机会把骆驼打发出去呢!

c. 况且,前两天还有人说天坛住满了兵;他亲眼看见的,**那里**连个兵毛儿也没有。

d. 而在远处,在高高的田地**那头**,还回荡着那时而略显嘶哑的尖利叫声,那断断续续、喘着气的单调叫声:“疯……子! 疯……子!”

此外,汉语的形式还可以是“指示词+(量词)+处所名词”或者“指示代词+处所名词+方位词”,如下例所示:

(24) a. 在**这僻静的地点**,他可以从容的讲价,而且有时候不肯要价,只说声:“坐上吧,瞧着给!”

b. 后来他走到了邓普尔门,这是他由家里往**这个方向**走得最远的一次。

c. 在春天我特别怀念城市,此时在**这钟楼**中寻得了一点带着惆怅的安慰。

d. 因为他现在看出了自己的确成了一个俘虏,也许永远要被囚禁**在这个金漆的笼子**里,老做一个孤零的、举目无亲的王子,除非上帝对他开恩,给他恢复自由。

例句(24c)和(24d)中,在指示词和处所名词后还后接了方位词“中”和“里”,明确了其所指的具体方位,在英语和西班牙语中方位词通过介词来表达,通常出

现在指示词短语之前,如下例所示:

(25) a. Wait, Platero…Or graze a while in **this tender meadow**, if you prefer.

b. Through the transom, which brings the rainbow treasure of the zenith, I momentarily depart up a sunbeam heavenward, from **that idyllic spot.**

c. By and by he found himself at Temple Bar, the farthest from home he had ever traveled in **that direction.**

d. "Aren't there soldiers out **that way**?" The old man was staring at Xiangzi's army pants. Espérate, Platero…O pace un rato en **ese prado tierno**, si lo prefieres.

e. Los descalabros eran tan comunes como el hambre en **aquel lugar.**

f. De pronto se encontró en Temple Bar, lo más lejos de su casa que había llegado nunca en **aquella dirección.**

g. Estaba seguro de que una vez que hubiese conseguido escapar, acabaría por llegar a Hai-dian (**ese barrio** tan pintoresco en la zona noroeste de Pekín), aunque tuviera para ello que recorrer vastas regiones.

例句(25)中指示词前的介词"in""from""en"等的作用类似于汉语中的方位词,在指示词和处所名词前还可以插入形容词进行修饰,如例句(25a)和(25d)所示。

除却上述情形外,我们在语料中发现了"人称代词+指示代词"的例句,如下例所示:

(26) 小银一看见它,耳一下并作尖角;一会儿又一只朝上,一只向下,然后跑到**我这边**来,想躲进路边的壕沟,乘机逃走。

殷志平(2021)认为地点指示词前附加人称代词可用于转指处所附着物、机构、人和抽象事物,如例句(26)中的"我这边"实际是转指人的一种用法,在这种情况下,人称代词通常是单数,地点指示词回指人称代词,二者构成重合参照结构(p.216)。

5.4 指示时间

无论是汉语、英语还是西班牙语,指示词还可以单独或搭配其他词类使用用于指示时间。我们先来看本研究的语料中汉语指示词单独使用用于指时间的例句:

(27) a. 吃完,有好买卖呢就再拉一两个;没有呢,就收车;**这**是生日!

b. 天上下着寒冷的毛毛雨;空中是阴沉的;**那**是个凄凉的日子。

例句(27)中分别是近指词"这"和远指词"那"在判断句中用于指示时间的例

子。一般情况下,汉语中指示词近指指现在,远指指过去和将来,如在例句(27a)中"这"其实指"今天",而例句(27b)中的"那"则是以叙述者的视角在回顾过去的时间。在英语和西班牙语的语料中,我们也发现了指示词单独使用用于指时间的例句,如下面的例句所示。

(28) a. All right, he said to himself, I bought a new rickshaw today, so **this** will count as a birthday, mine and the rickshaw's.

b. Evaluando de este modo el camino que tomarían los soldados, Xiangzi empezó a maquinar un plan de huida. **Este** era el momento de escapar.

与汉语的情况类似,英语和西班牙语的指示词单独使用用于指时间也是用于判断句型当中,两句中都使用近指词且都指现在,例句(28a)中的近指词 this 指前文中的 today,例句(28b)中的 este 也指的是当下。与指人物和事物不同,指示词单独使用用于指时间的情况相对较少,这与时间表达在三种语言当中"今天""现在""today""now""hoy""now"等时间副词的存在有一定关系。

除了单独使用外,指示词同样可以与"数量词+时间名词"搭配用于指时间,数量词有时可以省略,如下面的例句所示:

(29) a. 还有呢,在**这种时期**,他越着急便越自苦,吃喝越没规则;他以为自己是铁作的,可是敢情他也会病。

b. 祥子知道事情要坏,可是在街面上混了**这几年**了,不能说了不算,不能耍老娘们脾气!

c. 可是,谁有钱买呢? **这年头**不是养骆驼的年头了!

d. 从一换车**那天**,他就打听明白了,像他赁的那辆——弓子软,铜活地道,雨布大帘部,双灯,细脖大铜喇叭——值一百出头……

e. 当时伦敦已有一千五百年的历史,以**那时候**的规模而论,要算是一个大城市。

例句(29a)是"指示词+量词+时间名词"的结构;而例句(29b)则是"指示词+数词+时间名词",其中"几"是不定量数词;例句(29c)(29d)和(29e)是"指示词+时间名词"的组合,这些都是汉语中常用的时间指示表达。从例句(29)中还可以看出,近指词搭配时间名词仍然指向现在和当下,而远指词则指向过去。"那+(量词)+时间词"不表达现在,可以用语料验证。然而,近指词搭配时间名词除了指现在和当下外,有时也可以用于指示将来,如下面的例句所示:

(30) 明年**这个时候**我们一定会有好收成。

例句(30)中,远指词"那+量词+时间词"用于表将来,但这时对动词的语义有一定的要求，一般来说，持续状态动词和动作已结束均不可与“将来”时间搭配(姜美子，2016：77—78)，此外，心理活动动词和表示从过去延续到现在的过程的动词不能用这种表达。我们来看一些例句：

(31) a. 我期盼着那一天能够快快到来。

b. *我期盼过那天能够快快到来。

b. *明年那几个月我会一直住在这里

c. *明年的那天他已经结完婚了。

此外，指示词与时间名词搭配表过去意义时，近指词“这”只能跟“天”“年”结合，不能跟“月”“星期”结合，比如我们一般不说“这月”，而“这周一”一般表达当下意义；而表现在意义时，则只能跟“月”“星期”结合，不能跟“天”“年”结合。徐丹(1988)解释说，因为表现在意义时，汉语有“今天”和“今年”。“这、那”只有在表过去意义时，二者才是近指和远指的对立。

在英语和西班牙语中，指示词也可以与时间名词搭配用于指示时间，我们来看本研究语料中的一些例句：

(32) a. …and every man, turned into a child on **this Easter Saturday morning**, is firing his cowardly gun at whoever has kindled his anger, in an overlapping of vague, absurd springtime ritual shows.

b. I think the poor swallows made a mistake **this time**, just as the hens made a mistake last week when they withdrew into their shelter when the two P.M. sun was eclipsed.

c. Xiangzi had a premonition that something bad was about to happen, but after all **these years** on the street, his word meant something.

d. Now **that spring** is coming, I think about the retarded boy, who from the Calle de San José ascended to heaven.

e. On the slope, the town church tower, crowned with refulgent tiles, was already taking on a monumental aspect, in the elevation of **that pure hour**.

f. ¡Con qué confianza llevan la vejez a la vida, penetradas por **la primavera esta**, que hace florecer de amarillo el cardo en la vibrante dulzura de su hervoroso sol!

g. Cuando, en el descuido de mis pensamientos, las imágenes arbitrarias se colocan donde quieren, o en **esos instantes** en que hay cosas que se ven cual en una visión segunda y a un lado de lo distinto.

h. Nunca olvidaré. Platero，**aquella noche de septiembre.**

i. Durante **todos estos días** no había parado de trabajar para los soldados.

英语例句(32a)(32b)的“指示词＋时间名词”表示现在或者当下的语义，而(32c)虽然使用近指词，则可以理解为离现在较近的过去。(32e)除了指示词和时间名词外，还在两者之间插入了形容词修饰语，远指词同样用于指过去，然而(32d)则较为特殊，这里的远指词的语义因为时间副词 now 的出现则更倾向于指现在。西班牙语的近指词 este 通常用于指向话语发出的当下或者离当下较近的时间距离，无论是过去还是将来，如(32i)todos estos días 指的就是离当下较近的过去。与 este 不同的是，远指词 aquel 则只能用于指向离当下较远的过去，不能用于指向将来(RAE，2009)，如例句中的(32h)aquella noche 只能是过去的那一夜。至于中指词 ese 的用法，首先是相较于近指词 este 和远指词 aquel 其在拉丁美洲不常被用(Eguren，1999：940)；其次是 RAE(2009)提到在远近距离划分标准下，以说话人为参照点无疑是很重要的，但是往往实际交际中，三分化的指示词并不是与时空远近距离标准是完全一一对应的。西班牙语指示词在用于非身势指示指向时间时，其用法还类似于 RAE(2009)提到的隐喻模式，尤其是 ese 和 aquel 用于追溯过去时间时，它们实际上并不是明确表达距离说话者所处时间点的时间距离有多远，而是诉诸说话者和对话者共享的概念范围，即他们所属的隐性的背景时空，指示词的出现让双方好似都身处这一时空当中一般。此外例句(32f)中的 la primavera esta 所示，指示词被置于时间名词之后，其位置的变化可能会引起语义的改变，且时间名词另需定冠词或物主形容词居首。通常情况下，指示词置于名词之前，此时冠词不会再同时出现，当指示词置于名词之后时，该名词一般需要由定冠词或者物主形容词居首，Asenjo(1990)提到此种情况下，aquel 会比 este 和 ese 受到更多的限制。从语义上来说，后置指示词加强了参照的指示语义，也就是说，通过指示定位的功能来明确该实体的识别。

5.5 指 示 程 度

与英语和西班牙不同，汉语的指示词还可以用于指示程度，通常出现形式为“这么”“那么”“这样”或“那样”，如下例所示：

(33) a. ……看她们走**这么慢**；那个能看见的是多么小心谨慎，好像三个人都在骇怕着一个样的命运。

b. 看，她们居然**这样硬朗**，一点也不显弯腰驼背，虽然上了年纪，仍然很有风韵。

c. 要是像今天**这样**涨到池子边上，我们就会大呼小叫，多么神奇与不可思议啊！

d. 有了这点简单的分析，我们再说祥子的地位，就像说——我们希望——一盘机器上的某种钉子**那么准确**了。

e. 再说呢，两块钱是两块钱，这不是天天能遇到的事。危险？难道就**那样巧**？

在例句(33a)(33b)(33d)和(33e)中指示词与“么”及“样”组合之后再附加上形容词“慢”“硬朗”“准确”和“巧”，用于表达后接形容词的程度，而(33c)则是程度指示词“这样”用于修饰动词“涨”，明确了动词的动作范围和幅度。前一种与形容词结合的用法在英语中我们可以找到类似的例子，如“We have all seen the amusement park signs that say ‘You **must be this tall to ride**’.”(我们都见过游乐园写着“你必须有这么高才能乘坐”的告示牌)。指示词在这种情况下的使用通常配有相应的标识，这是情景指示的一种。然而，英语和西班牙语中更多的程度指示是用程度副词 so、such、tanto、tal 等来表达。

5.6　指示其他

除了上述四种指示内容之外，我们在语料中还发现了一些用于指示其他内容的指示词搭配组合。

(34) a. 遇上交际多，饭局多的主儿，平均一月有上十来个饭局，他就可以白落两三块的车饭钱。加上他每月再省出个块儿八角的，也许是三头五块的，一年就能剩起五六十块！**这样**，他的希望就近便多多了。

b. 那经验十足而没什么力气的却另有一种方法：胸向内含，度数很深；腿抬得很高；一走一探头；**这样**，他们就带出跑得很用力的样子，而在事实上一点也不比别人快；他们仗着“作派”去维持自己的尊严。

c. “您瞧……是些白蝴蝶……”。那个人要把手中的铁钩子戳进驮筐中，我没拦他。我又把褡裢打开给他看，他没有什么发现。就**这样**，那自由而纯洁的精神食粮过了关，一毛税也不用缴……

在例句(34a)和(34c)中，“这样”用于指事件，(34a)所指内容是“攒钱的方式”，而(34c)则指向“过关”的方法。例句(34b)中的“这样”则指向前文中明确提到的动作方式“向内含，度数很深；腿抬得很高；一走一探头”。同样，西班牙语中，我们也发现了指示词指示其他内容的例句，如下例所示：

(35) Xiangzi porteaba más rápido que nunca. Era más cuidadoso que nunca con su nueva propiedad. **De este modo**, se sentía digno de su nuevo y flamante rickshaw y de sí mismo.

例句(35)中指示词与名词的搭配组合 este modo 可用于指前文的动作方式。RAE(2009)曾将 de este modo 与副词 así 进行比较，认为两者都可以用于表达情态指示，在本例句中，因为没有配合相应的身势动作，我们仍将其看作语篇指示的一种。

5.7 使用频率与用法小结

杨佑文(2013)将单独使用称为称代功能，搭配使用称为指别功能。表 5 - 4 是我们对汉语指示词的称代功能和指别功能进行的总结。

表 5 - 4 汉语指示词单独和搭配使用小结

指示对象	单独/搭配	搭配组合	表意	例子
指示人物	单用	无	指人	这是我姑姑。 那是我姑姑。
	指人名词	这、那+指人名词	表特定某个人或泛指某类人	这人啊，一般都很自私。
		这、那+些+指人名词(们)	表特定某一类人	这些孩子们，那些老人们
		这、那+位+(指人名词)	表敬称	这位是我爸爸的朋友。 这位叔叔是我爸爸的朋友。
	人称代词	人称代词+这、那+指人名词/指物名词	表领属关系(可分离性)	我这/那朋友，你这/那朋友，他这/那朋友； 你那腿，他那腿
		人称代词+这、那+人	表同位关系	我这人，你这人，他这/那人
	指人专有名词	这、那+(量词)+姓名、名字或外号	区别、话题和定冠词作用	详见 p.95 例句(10)
		这、那+老/小+姓		
		这、那+姓+衔位名词		

续　表

指示对象	单独/搭配	搭配组合	表　意	例　子
指示事物	单用	无	指物(做主语)	这/那是我的书。
	指物名词	这、那+(一)+量词+指物名词	“一”可以省略;不省略时这/那发生音变	这书,这本书,这一本书
指示处所	单用	这、那+后缀(儿) 这、那+方位词(里/边)	指处所	这/那是图书馆。
	人称代词	人称代词+处所指示词	不能省略	来我这儿吧。 去你那里吧。 去他那边吧。
	指人代词	指人代词+处所指示词	不能省略	哲洙这、那儿/里/边有那本书。
	处所词语	处所词语+处所指示词	可以省略	学校这、那儿/里/边
		处所指示词+(量词)+处所名词	指处所	这/那个学校是贵族学校。
		处所指示词+处所名词+方位词	指处所	这座山里
指示时间	单用	句式仅限于“这/那+是”	指时间	这、那是我最难忘的一天。
	时间词	这+(量词)+时间词	表“现在”义(一般来说)	这星期我没有课。 明天这个时候
		那+(量词)+时间词	表“过去”义(一般来说)	那星期我没有课。
指示程度	搭配	这、那么(样)+形容词或副词	表程度	这么冷吗? 那么冷吗?
		这、那么(样)+动词		你这么喜欢她吗? 你那么喜欢她吗?

为了更全面、更准确地考察汉西指示词在句法功能上的差异,我们除了在自建小型平行语料库中进行了相关对比分析,也从西班牙皇家语言学院最新版本大型 21 世纪语料库 CORPES 中随机抽取了 300 条语料,este、ese、aquel 各 100

条(实际取样数超过 300,剔除了上下文语境不完整、无法判断指示词语法功能的语料),并将其与自建小型平行语料库进行了对比验证分析,统计数据如表 5－5 所示。

表 5－5 汉语、西班牙语指示词句法功能情况一览

<table>
<tr><th rowspan="2">自建</th><th colspan="5">句法功能</th><th rowspan="2">合计</th><th rowspan="2">CORPES</th><th colspan="5">句法功能</th><th rowspan="2">合计</th></tr>
<tr><th>主语</th><th>宾语</th><th>定语</th><th>状语</th><th>补语</th><th>主语</th><th>宾语</th><th>定语</th><th>状语</th><th>补语</th></tr>
<tr><td>这</td><td>77</td><td>48</td><td>259</td><td>79</td><td>0</td><td>463</td><td></td><td></td><td></td><td></td><td></td><td></td><td></td></tr>
<tr><td>那</td><td>35</td><td>48</td><td>316</td><td>83</td><td>0</td><td>482</td><td></td><td></td><td></td><td></td><td></td><td></td><td></td></tr>
<tr><td>合计</td><td>112</td><td>96</td><td>575</td><td>162</td><td>0</td><td>945</td><td></td><td></td><td></td><td></td><td></td><td></td><td></td></tr>
<tr><td>频率(%)</td><td>11.85</td><td>10.16</td><td>60.85</td><td>17.14</td><td>0</td><td>100</td><td></td><td></td><td></td><td></td><td></td><td></td><td></td></tr>
<tr><td>este</td><td>28</td><td>8</td><td>88</td><td>0</td><td>3</td><td>127</td><td></td><td>27</td><td>3</td><td>67</td><td>1</td><td>2</td><td>100</td></tr>
<tr><td>ese</td><td>10</td><td>6</td><td>44</td><td>2</td><td>0</td><td>62</td><td></td><td>23</td><td>9</td><td>61</td><td>6</td><td>1</td><td>100</td></tr>
<tr><td>aquel</td><td>1</td><td>2</td><td>26</td><td>1</td><td>0</td><td>30</td><td></td><td>11</td><td>24</td><td>60</td><td>2</td><td>3</td><td>100</td></tr>
<tr><td>合计</td><td>11</td><td>8</td><td>70</td><td>3</td><td>0</td><td>92</td><td></td><td>61</td><td>36</td><td>188</td><td>9</td><td>6</td><td>300</td></tr>
<tr><td>频率(%)</td><td>11.96</td><td>8.70</td><td>76.09</td><td>3.26</td><td>0</td><td>100</td><td></td><td>20.33</td><td>12</td><td>62.67</td><td>3</td><td>2</td><td>100</td></tr>
</table>

根据表 5－5,我们可以看到在自建小型语料库中,“这”可以做主语、宾语、定语和状语,且主要做定语(占比 55.94%),其次是状语(占比 17.06%)。este 除了可以做主语、宾语、定语外,还可以做补语,但不能做状语,且主要做定语(占比 69.29%),其次做主语(占比 22.05%)而不是状语,这与我们上面所提到的汉语、西班牙语指示词句法功能特征基本一样。但在 CORPES 语料库中,我们发现了 este 做状语的情况(占比仅有 1.00%),这说明 CORPES 大型语料库的数据确实更全面,este 其他的句法功能表现与自建语料库中的一样。综上,“这”和 este 的主要句法功能都是定语;其次,“这”做状语稍多些,而 este 做主语稍多些。

此外,在自建小型语料库中,“那”可以做主语、宾语、定语、状语,主要做定语(占比 65.56%),其次是状语(占比 17.22%);ese、aquel 也是可以做主语、宾语、定语、状语,主要做定语(占比 76.09%),但其次是做主语(占比 11.96%),这也与我们上面所提到的汉语、西班牙语指示词句法功能特征基本一样。但在 CORPES

语料库中，ese、aquel 偶尔做补语，占比 2%。综上，“那”和 ese、aquel 的主要句法功能都是定语；其次，“那”做状语多一些，ese、aquel 做主语多一些。

5.8　本章小结

本章基于前人研究，按照指示对象的不同，将西班牙语中的指示词具体分为指示人物、指示事物、指示处所、指示时间、指示程度和指示其他几类，并结合本研究所使用的三语平行语料库对在指示不同对象时指示词的具体句法搭配情况进行了分析和比较。此外，本章还对指示不同对象的汉语、西班牙语指示词在句子中单独和搭配使用的频率进行了自建小型语料库统计和大型语料库验证。结果显示，汉语和西班牙语指示词的主要句法功能是做定语，汉语指示词做状语的使用频率高于西班牙语，而西班牙语指示词做主语的频率高于汉语。

第六章 汉西英指示词的情景指示对比研究

6.1 三语指示词语料库统计

前文对前人研究的回顾中提到,汉语指示词既可以起到指示(deixis)作用,也可以做话语标记(discourse markers)。起指示功能的指示词属于实词范畴,而起话语标记的指示词属于虚词范畴。而和其他语言中的指示词一样,其指示功能又可以分为不同的大类,如布勒(1934)提到的回指(anaphora)和后指(cataphora)。布龙菲尔德(Bloomfield,1935)提到回指类(anaphoric substitute)和依附类(dependent substitute),其中依附类是指起直接指示功能的指示词,从而解释了指示词在语篇之外与话语现场相关联的功能。这一分类在汉语界被刘家荣、文旭(1996)提到的代词指示功能(deixis)和照应功能(anaphora)所应和,前者可以指"语言环境之外"的东西,也可以指"语言环境之内的东西",后者指"语言环境之内"的东西。再如莱昂斯(1977)提出的指示词的新功能,即篇章直指(text deixis),用以表示前文已经提到的命题、事件或者言语行为,这种篇章直指功能介于前人研究中的回指和直指之间,是直指向回指发展过程中的过渡环节。而希默尔曼(Himmelmann,1996)更是在前人研究基础上提出了指示词的情景用(situational use)、话语直指用(discourse deictic use)、示踪用(tracking use)和认同用(recognitional use)四种功能类型。该分类影响了 Tao(1999)、方梅(2002,2016)、陈玉洁(2010)等研究。基于此,方梅(2002:344)对汉语指示词的篇章功能进行了如下的划分:

表 6-1 方梅(2002)对汉语指示词的篇章功能划分

	情境用	语篇用 (即话语直指)	示踪用	认同用
言谈对象首次出现于谈话	+	−	−	+
言谈对象在于语境/现场	+	+	+	−

方梅(2016)基于西方的前人研究将汉语指示词“这/这个”“那/那个”的两个基本功能可归纳为指代(demonstrative pronoun),也可称“替代”——单独用来指称,如“这是新发的工作服”,以及饰名(demostrative adjective),也可称“指别”——在名词前充当限定成分,如“那演员是奥斯卡得主”。两种类别在语法功能上存在显著差异。就指代功能方面而言,双音节形式指称个体性对象的能力远远胜过单音节形式:一是单音节形式在主宾语位置上受到限制,二是在“把/被”结构中,单音节形式不及双音节形式自由。就饰名功能方面而言,单音节构成限定性语的能力不及双音节形式。饰名用法分为限定(指别)与描写(非指别)两类,单音节不宜用于非指别性修饰语。另外,两种类别的指示词的指示范畴扩展也不尽相同:单音节指示词在不具有指别作用的领属关系结构中不能替换为相应的双音节形式,同位性名词短语的“这”也不能被“这个”替代。“这”指当下空间或者当下时间,不能被“这个”替代。“这”指方式表达“这样的”或“这么”意义,不能被“这个”替代。在篇章功能方面,方梅(2016)做了以下总结:首先是情境用法上,单音节是否能被双音节替换取决于说话人是否要传递个体指称意图。其次是语篇用法上,“这”指的是上文的陈述或者上文所述时间,不能被“这个”替换。再次是示踪用法上,单音节和双音节指示词在此功能上没有区别。最后是认同用法上,“那”用作连词不能被“那个”取代;“这”用作建立一个新话题,不用“这个”;双音节形式用作话语标记不用单音节替代。

有关于指示词“这”“那”功能的总结,王道英(2003:33)在其研究中绘制了图 6-1:

而甘时源(2017)则做了类似的总结,并将汉英指示体系对应了起来,除了将直接指示命名为情景指示(situational deixis),将间接指示定义为语篇指示(discourse deixis),将手势和非手势指示更名为身势和非身势指示,将回指和预指命名为前指和下指,将隐性指示的三个内容定义为蕴含性、联想性和概括性之外,她还在王道英(2003)的基础上增加了指示词的虚化连接指示功能(grammaticalized deixis)。其中虚化连接指示可以说是指示词语法化的最后阶段,在连续统中的位置应当为:情景指示(situational deixis)>语篇指示(discourse deixis)>虚化连接指示(grammaticalized deixis)。甘时源(2017:88)对于指示词功能的总结具体如图 6-2 所示:

在接下来的章节中,我们就依据甘时源对于英汉指示词的指示功能分类,来一一举例说明汉、西、英三语指示词的具体用法,探究英汉的指示词功能分类是否同样适用于西班牙语。在本章中,我们首先来对比分析三语中的情景指示案例。

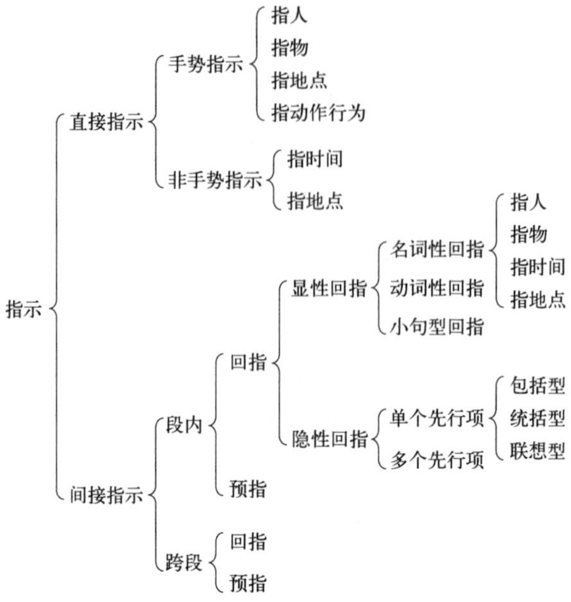

图 6-1 “这”和“那”的指示功能总结(王道英,2003: 33)

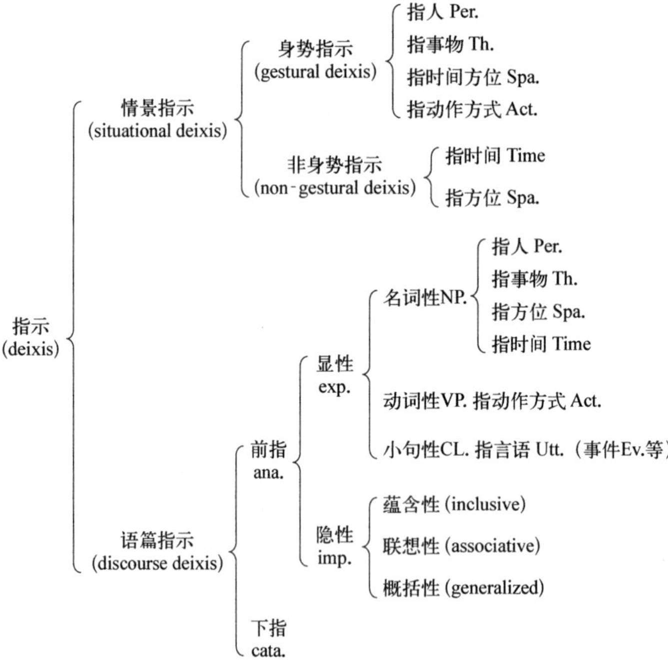

图 6-2 指示词功能分布

本章选用的语料为老舍的《骆驼祥子》1—3 章汉语原版(16 790 字)及其西班牙语译本(10 134 字,Tan Hui & Manuel Lacruz 译)和英语译本(11 627 字,葛浩文 Howard Goldblatt 译),马克·吐温的《王子与贫儿》的 1—6 章英语原版(10 289 字)及其汉语译本(20 274 字,张友松译)和西班牙语译本(10 237 字,Juan Manuel Ibeas & Fabián Chueca 译),以及胡安·拉蒙·希梅内斯的《银儿与我》的西班牙语原版 1—44 章(10 066 字)及其汉语译本(19 663 字,张伟劼译)和英语译本(10 514 字,Stanley Appelbaum 译)。我们利用语料库软件 Antconc 进行了如下的统计:

表 6-2　自建三语平行语料库指示词占比统计

语　言	统计指标	《骆驼祥子》	《王子与贫儿》	《银儿与我》
汉　语	总字数	16 790	20 274	19 663
	指示词数量	236	446	263
	占比	1.4%	2.2%	1.3%
英　语	总字数	11 627	10 289	10 514
	指示词数量	221(149)	199(132)	129(71)
	占比	1.9%(1.2%)	1.9%(1.2%)	1.2%(0.7%)
西班牙语	总字数	10 134	10 237	10 066
	指示词数量	107	71	41
	占比	1.0%	0.7%	0.4%

通过表 6-2 我们可以发现,英语指示词占比情况要明显高于西班牙语,这可能和英语指示词 that 可以作连词和关系代词用于引导从句有关,若将英语中用于引导从句的 that 排除,我们在《骆驼祥子》《王子与贫儿》以及《银儿与我》英语版本中得到的指示词占比分别是 1.2%、1.2%和 0.7%。

下面再来看看具体的单复数、近远指指示词分布情况(见表 6-3)。

表 6-3　自建三语平行语料库单复数、近远指指示词分布统计

语言	近远指	单复数细分	《骆驼祥子》	《王子与贫儿》	《银儿与我》
汉语	近指	单数“这”	126 个	200 个	94 个
		复数“这些”	15 个	20 个	3 个

续 表

语言	近远指	单复数细分	《骆驼祥子》	《王子与贫儿》	《银儿与我》
汉语	远指	单数“那”	91 个	207 个	151 个
		复数“那些”	4 个	19 个	15 个
英语	近指	单数	33 个	48 个	17 个
		复数	17 个	13 个	3 个
	远指	单数	92 个	67 个	48 个
		复数	7 个	4 个	3 个
西班牙语	近指	单数(包含中性代词)	55 (中性 19 个)	22 个 (中性 0 个)	13 个 (中性 1 个)
		复数	28 个	8 个	1 个
	中指	单数	16 个 (中性 3 个)	25 个 (中性 11 个)	10 个 (中性 1 个)
		复数	4 个	2 个	5 个
	远指	单数	1 个 (中性 0 个)	11 个 (中性 1 个)	12 个 (中性 0 个)
		复数	3 个	3 个	0 个

从表 6 - 3 可以看到,在汉语、英语和西班牙语中指示词单数形式的使用占比都高于复数形式,汉语单复数形式的比例大约在 11∶1,英语单复数形式的比例大约在 6.5∶1,西班牙语指示词单复数形式的比例大约在 3∶1。也就是说,汉语相比英语和西班牙语,指示词单数形式和复数形式的数量较为悬殊,但这有可能和我们统计的有限性相关,我们在统计汉语复数时,只认定“这些”和“那些”两种形式,没有将指示词与数量词的结合计入统计,这是在今后的研究中应该予以细化和改进的地方。从三语对比的角度来看,我们发现指示词在西班牙语中的出现率要小于汉语和英语,这可能和西班牙语中其他限定词的使用功能相关,我们将在后面章节的对比分析中尝试进行解释和说明。

结合表 6 - 2 和表 6 - 3,我们可以得出汉语、英语和西班牙语在三篇语料中单复数的占比情况对比(图 6 - 3、图 6 - 4、图 6 - 5):

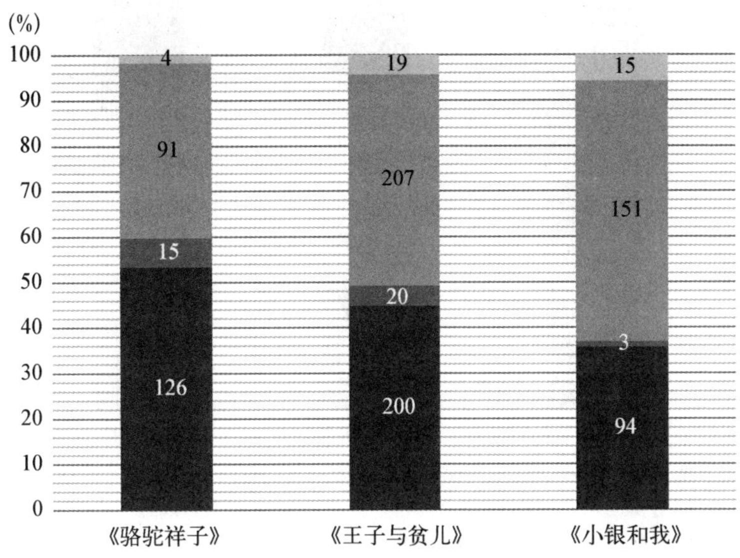

图 6-3　汉语指示词在三篇语料中单复数占比情况对比
(横坐标为作品名称,纵坐标为占比情况)

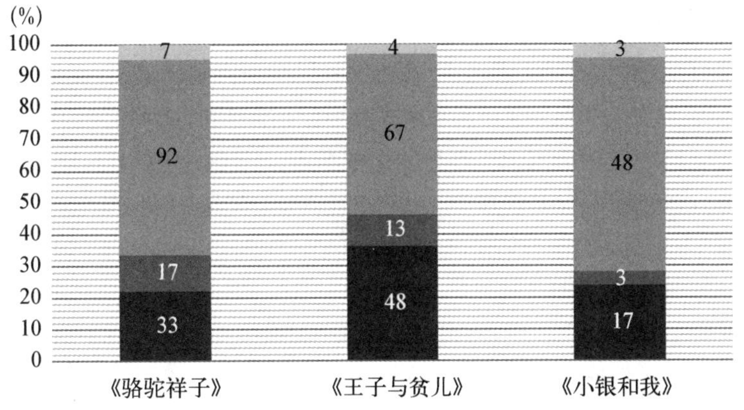

图 6-4　英语指示词在三篇语料中单复数占比情况对比

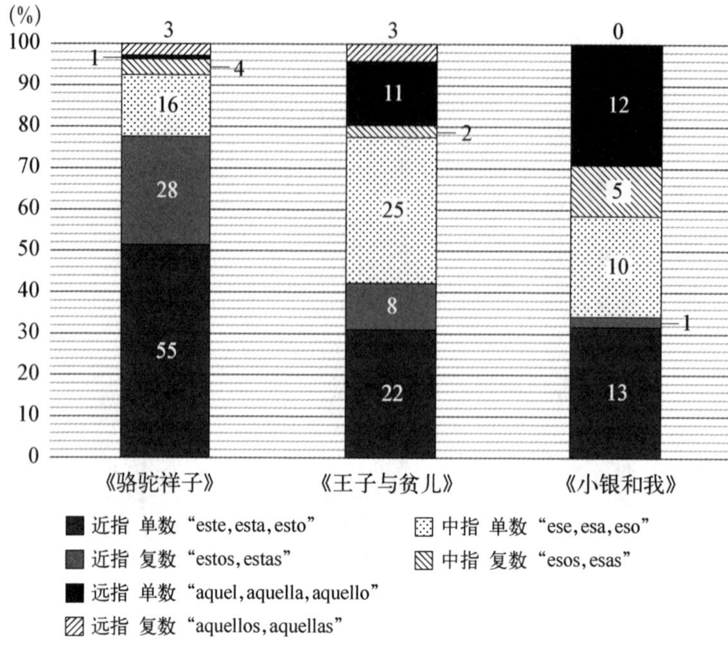

图 6-5　西班牙语指示词在三篇语料中单复数占比情况对比

从图 6-3、图 6-4、图 6-5 中我们可以看出，在三篇语料的同一个语种版本中，指示词单复数形式的比例是非常类似的。但是就远近指比例来看，似乎没有太大规律可循：在汉语中，《骆驼祥子》《王子与贫儿》和《银儿与我》的近远指比例分别约是 3∶2、1∶1、3∶5；在英语中，三篇语料的近远指比例分别约是 1∶2、9∶10、2∶5；在西班牙语中三篇语料的近中远指比例分别约是 20∶5∶1、2.2∶2∶1、1.2∶1.2∶1。可得出的结论是，英语语料中远指指示词均多于近指指示词，西班牙语语料中，远指指示词则均少于近指和中指指示词。

下面就三语语料中的情景指示用法进行具体的对比分析。在指示词功能的连续统以：情景指示(situational deixis)＞语篇指示(discourse deixis)＞虚化链接指示(grammaticalized deixis)的形式呈现，情景指示可以说是指示词最直接也是最简单的用法，说话人通过身势动作或非身势形式指示出语言交际中语篇外部而非语篇上下文的具体事物的参照，这其实是指示词的一种语外功能(刘金凤，2017：48)，用于指称话语情景中外部世界的实体。甘时源(2017：91)将“情景指示”定义为“在实际话语交际环境下，话语发出者借助手势、动作和眼神等感官类肢体语言手段，依据交际发生时实际所处时间和空间位置等情景环境，同时基于‘这’‘那’‘this’‘that’类指示代词的使用，将想要指代的事物和时空位置等信息传递给话语接收者"。情景指示又分为身势指示和非身势指示两种类别,前者是指借助手势、动作和眼神等感官类肢体语言手段来进行实体参照的确定,后者则是借助话语发生场景所处的时间和空间位置来进行参照指示的实现。借助图 6-2 甘时源对于情景指示的分类,我们来一一对比三语语料的情景指示实例。

6.2　情景指示

前文提到,情景指示既可以借助身势、眼神或动作行为等副语言手段,也可以借助交际场景所处的时间、空间等而其本身并无身势、眼神或动作行为等副语言手段。首先我们来看身势指示部分,身势指示的指示包括指人的身势型情景指示、指物的身势型情景指示、指方位的身势型情景指示、指动作方式的身势型情景指示。

6.2.1　指人的身势型情景指示

指人的身势型情景指示是指借助手势、动作和眼神的感官肢体动作明确实际交际场景中的具体人物的参照。在指示词出现的前后,一般会有比较明确的用以描述身势动作的词语,以引出对参照的指示。我们来看看《骆驼祥子》《王子与贫儿》和《银儿与我》中该指示类型的实例:

(1) a. 看着**那**高等的车夫,他计划着怎样杀进他的腰去,好更显出他的铁扇面似的胸,与直硬的背;扭头看看自己的肩,多么宽,多么威严!

b. 杀好了腰,再穿上肥腿的白裤,裤脚用鸡肠子带儿系住,露出**那**对"出号"的大脚!是的,他无疑的可以成为最出色的车夫;傻子似的他自己笑了。

c. "她们吗?啊,殿下,您以为连她们也有仆人吗?"小王子认真地把**这**小叫化儿打量了一会,然后说:"请问你,为什么没有?晚上谁帮她们脱衣裳?早上起来,谁帮她们打扮?"

d. 那个人愣住了,他低下头瞪着眼睛望了望**这**孩子,然后摇摇头,嘟哝着说:"你发疯了,简直和疯人院里的疯子一样!"

e. 大家在一阵狂笑中一齐跪下,以开玩笑的态度向他们作弄的对象致敬。王子一脚猛踢最靠近的**那**个孩子,暴怒地说:"先赏你**这**一脚,且等明天我再给你搭起一个绞架来!"

f. 这话似乎使国王大吃一惊。他那双眼睛不由自主地望望**这**个的脸,又望望那个的脸，然后他就张皇失措地盯住他面前**那**个孩子。

g. 然后他一下跳起来，满脸喜色地转向**那**两个侍从喊道："你们听见了吧！不叫我死：这是皇上的御旨！"

h. 那两位光彩非凡的少女走了之后，汤姆疲倦地转过脸去向着他**那**两个监护人说："请问两位大臣，可否容许我去找个安静地方休息休息？"

i. 小银，你看他们瘫倒在地上，就像太阳下躺在人行道上的那些拖着尾巴的懒狗。……"小银，**这**是阿马罗美满的一家……"

在汉语的实例中，我们可以看到，身势动作的描述词汇既可以出现在含有指示词的名词短语之前，也可以出现在其之后，如(1c)的"把"字句型所示。陆俭明(1999)在分析汉英指示词情景指示指人情况时，认为当话语发出者谈论或询问在交际现场的人时，多用近指词来表达，当话语发出者一边讲话一边介绍或询问不在话语交际现场却在交际场景可见范围内的人时，会选用远指词来表达。这一规律在本研究的语料中并未有明显的体现，如(1g)和(1h)两句的名词短语"那两个侍从"和"那两个监护人"实际是可看作话语的接收者，而(1i)中的指示代词"这"的参照则可以看作没有出现在话语交际现场只存在交际场景可见范围内的人。吕叔湘(1982)则将如(1i)这种"这(量词＋指人名词)是"这种句式的身势情景指示看作特指类别，用于说明或介绍话语事件情景中的人物。

接下来，我们看看英语语料中的指人的身势型情景指示例句：

(2) Climb this bank here, Platero. Come on, we're going to let these poor old ladies pass by…

在三篇文章的英语语料中，我们仅找到了例句(2)，且例句(2)中的动作描述并不属于典型的身势指示动作，但从 climb 和 come on 中，我们依然可以被带入情景中，判断出名词短语 these poor old ladies 的参照。

西班牙语语料中的指人的身势型情景指示例句如下所示：

(3) a. Súbete aquí en el vallado, Platero. Anda, vamos a dejar que pasen **esas** pobres viejas…

西班牙语语料中，指人的身势性情景指示实例也不多。那么汉语中的指人的身势型情景指示在英语和西班牙语中是通过什么表达方式实现的呢？

(4) a. After watching **the** top runners in action, he decided to tighten his belt as far as it would go to show off his hard chest muscles and powerful, straight back.

b. Para parecerse a **un** tirador de primera, antes de lanzarse al oficio, pensó en cómo estrecharse la cintura y así poder adoptar aquellas maneras que le permitieran destacar su busto erguido y su ancho pecho.

例句(4a)和(4b)分别是汉语语料《骆驼祥子》中的实例(1a)在英语版和西班牙语版中的翻译,在汉语中有非常明确的身势动作动词“看着”,然而在英语中指示词被定冠词 the 替代,更有趣的是西班牙语的翻译,直接将“看着”这一动作译成了 para parecerse a un tirador de primera(为了能够看上去像高等的车夫),把原文动词的意图表达了出来,而名词短语前的指示词被不定冠词 un 替代,表达类指语义,即“为了能够看上去像高等车夫中随便的一员”。

(5) a. After fixing his belt, he'd put on a pair of baggy white trousers and tie them at the ankles with a band made of chicken intestines, to call attention to **his** large feet.

b. Con esta cinturilla, se puso un pantalón largo de tela blanca atado por debajo con una delgada cuerda negra hecha con tripa de gallo trenzada. Esto hacía que **sus** pies parecieran más grandes y desmesurados…

例句(5a)和(5b)是例句(1b)的英语和西班牙语翻译,与例句(1a)的翻译不同,在此处,除了汉语使用了远指指示词外,英语和西班牙语都选择用了物主形容词,这和后接名词是表达身体部位有关。汉语中没有选择物主形容词而是使用了指示词,可以看作作者情绪情感的表达,也可以认为是汉语指示词较为典型的表达整体和部分关系的关联性用法。

(6) a. The little prince contemplated **the** little pauper gravely a moment, then said:“And prithee, why not? Who helpeth them undress at night? who attireth them when they rise?”

b. El pequeño príncipe contempló **al** pequeño mendigo con gravedad un momento; luego dijo: -¿Por qué no? ¿Quién las ayuda a desvestirse por la noche? ¿Quién las viste cuando se levantan?

例句(6a)是例句(1c)的英语原版,例句(6b)是其西班牙语翻译,此处英语和西班牙语翻译都是使用了定冠词,而汉语翻译则使用指示词来替代定冠词表达定指功能。

(7) a. The man stared down, stupefied, upon **the** lad, then shook his head and muttered:“Gone stark mad as any Tom o' Bedlam!”

b. El hombre **lo** miró, estupefacto, luego meneó la cabeza y refunfuñó: - ¡Está loco de remate como cualquier fulano del manicomio!

例句(7a)是例句(1d)的英语原版,例句(7b)是其西班牙语翻译。此处英语原版使用的是带定冠词的名词短语 the lad,汉语使用的是含有指示词的名词短语"这孩子",而西班牙语则直接使用了宾格代词 lo 来指代了原有的名词短语。

(8) a. When the illustrious maidens were gone, Tom turned wearily to **his** keepers and said:

"May it please your lordships to grant me leave to go into some corner and rest me!"

b. Cuando salieron las ilustres doncellas, Tom se volvió fatigado a **sus** guardianes y dijo:

– ¿Tendréis vuestras, señorías la bondad de darme licencia para retirarme a un rincón a descansar?

例句(8a)是例句(1h)的英语原版,例句(8b)是其西班牙语翻译。此处英语原版和西班牙语翻译版本都使用了物主形容词来做限定,而汉语则使用了"人称代词+指示词"的结构。前文的句法分析中我们也提到过,汉语的指示词短语结构相对比较灵活,英语和西班牙语中指示词和物主形容词一般不同时出现在核心名词的左侧。

通过上面的分析,我们发现汉语的指人的身势型情景指示词兼有英语和西班牙语定冠词和物主形容词的功能,起到限定作用,有时其功能甚至可以对应到不定冠词,表达类指语义。因汉语中冠词一类的缺失,汉语指人的身势型情景指示词的使用频率要明显高于英语和西班牙语。

6.2.2 指物的身势型情景指示

与指人的身势型情景指示一样,说话者通过手势、眼神或动作方式等副语言特征向听话者传递交际情景中的某一事物的具体参照信息时,我们称为指物的身势型情景指示。我们来看看《骆驼祥子》《王子与贫儿》和《银儿与我》中该指示类型的一些实例:

(9) a. 祥子的脸通红,手哆嗦着,拍出九十六块钱来:"我要**这**辆车!"

b. 在家里拉夏吧,看着就焦心,看着就焦心,瞧**这些**苍蝇!

c. 然后回头看了看门外的牲口,心中似乎是真喜欢那三匹骆驼……祥子是那么诚恳,弄得老头子有点不好意思了。"说真的,小伙子;倒退三十年,**这**值三个大宝。"

d. 远处有个村子,不小的一个村子,村外的柳树像一排高而绿的护兵,低头看着**那些**矮矮的房屋，屋上浮着些炊烟。

e. 老头儿立住，呆呆地看着**那**四匹牲口。

f. 把你的破衣服脱下来，穿上**这些**讲究东西吧，小伙子！

g. 王子怒气冲天地冲出门口的时候，那兵士就狠狠地打了他一个很响的耳光，把他打得一转一转地滚到大路上，一面骂道："赏你**这**个吧，你这叫花崽子！"

h. 清早醒来时，他一看周围**那**种倒霉的情景，他那一场好梦就对他起了照例的作用——使他那环境的肮脏鄙陋更加强一千倍了。

i. 他站在大镜子前面，把身子左右转动，欣赏他**那**一身华贵的衣裳。

j. 大臣们把汤姆引到**那**陈列豪华的最大房间里，请他坐下——这是他不情愿做的事情，因为他身边有些年长的人和职位很高的人。

k. 每当礼拜天，我骑在它身上穿过小镇尽头的街巷时，碰着衣着干净、慢悠悠行路的农夫，他们就会停下脚步，望着它道："**这**可真是钢造的啊……"。

l. 让我好好看看**这**片美丽的河水，我有好多年没看过了……

m. 然后，它抬腿一跃，跨过当门槛用的**那**根松木，欢快地闯进绿意盎然的后院。

n. 你停一下；**那**是什么，小银？你怎么啦？

o. 你瞧，我的额头、肩膀、双手……都满是玫瑰花。这么多的玫瑰花，我拿来做什么用呢？或许，你知道**这些**轻柔的花儿是从哪里来的吧？我可不知道呢。

身势动作是这一类指示词功能实现的必要条件，何兆熊(2000)和吕明臣(2000)都总结说身势指示的实现必须同时具备两个条件：一是话语发出者和话语接收者处于同一个时间和空间维度，二是副语言手段的存在。如上述例句(9b)的"瞧"、(9c)的"看"、(9k)的"望"等。

通过上述汉语语料中的实例，我们可以看出，指物的身势型情景指示除了话语发出者通过手势、眼神或动作方式等副语言手段向话语交际的参与者传递参照信息之外，也可以是通过这些副语言手段向读者传递所指的参照信息。这点杨佑文(2013)和甘时源(2017)的研究都曾有过说明，即读者虽不能直接进入话语交际的场景中，但可以从对话或上下文的叙述语境中来确定指示词的所指参照。如上述例句(9d)(9h)(9i)(9j)和(9m)所示。

此外，在有些情况下，虽然上下文中没有明确的描述性的身势动作词汇，依然可以看作身势型情景指示，此时说话人和听话人处于同一个时间和空间维度，指示词"这"所指往往就是说话人手中或附近的某个实物，而指示词"那"所指往往是离说话者有一定距离的实物，听话人可以很容易判读出其参照，如例句(9a)和(9n)所示。甘时源(2017)提到基于现代汉语语料库和美国当代英语语料库(COCA, Corpus of Contemporary American English)对上下文语境中出现手势或神态描述的"这"和"那"进行检索，发现这类型的"这"的出现率是"那"的两倍。而我们基于本研究的小型语料库也进行了类似的检索研究，发现"这"和"那"在身势或眼神伴随下指示事物的用法出现的概率几乎相同。

那么英语和西班牙语中指物的身势性情景指示是如何表达的呢？我们同样通过语料中的实例来分析说明。

(10) a. Red in the face, his hands trembling uncontrollably, Xiangzi laid down ninety-six yuan. "I want **this** one!"

b. I can't stand watching **these** fine animals suffer, "I tell you!"

c. Finally, he kicked the steel spokes and said, "Hear **that**? Like a bell."

d. The best one is **this** one in my house, which, as you can see, has a curb carved out of a single block of alabastrine marble.

e. And now I'm going to give you a pailful of **this** pure, fresh water, from the same pail that Villegas drained at one draft, poor Villegas whose body was already burnt to a frazzle by cognac and brandy ...

f. But let me look at **this** lovely pool that I haven't seen for so many years ...

g. Climb **this** bank here, Platero. Come on, we're going to let these poor old ladies pass by ...

h. "Wait! What's **that**, Platero? What's the matter?"

i. Doff thy rags, and don **these** splendors, lad!

j. "Take **that**, thou beggar's spawn, for what thou got'st me from his Highness!"

h. Look, Platero, so many roses are falling everywhere: blue, pink, white, colorless roses ... What am I to do with so many roses? Do you perhaps know where **these** soft flowers are coming from ...

从例句(10)中我们可以看到，与汉语相似，英语中用于指物的身势型情景指示用法的 this 和 that 也伴随有表达动作或眼神的动词，例如(10b)中的 watching、

(10c)中的 hear、(10f)中的 look at 等。其中例句(10a)是《骆驼祥子》原文例句(9a)的英语翻译,此处英语的 this 和汉语的“这”分别在动词“laid down”和“拍”的伴随下,用于表达指物的身势指示,虽然这里的“拍”后接的并不直接是“这辆车”,而是“九十六块钱”,但通过上下文语境,我们可以得知这笔钱与祥子所要的车有着紧密联系,就处于祥子的眼下。

例句(11a)(11b)和(11c)分别是《骆驼祥子》原文中例句(9b)(9c)和(9d)的英文翻译,我们可以看到在汉语原文中使用指示词用于表达身势指物的情况,在英语翻译中均采用了定冠词 the 来替代,由于英语定冠词和汉语指示词在表达有定性上有一定的对应性,而英语定冠词的使用频率要远远高于指示词,因此除了(10a)以外,我们在语料中并未发现更多的汉语原文指示词直译为英语指示词的情况。此外,(11d)是《骆驼祥子》原句(9e)的英语翻译,此处英语使用了物主形容词 his, 联系上下文语境我们可以发现,这里的“four camels”(四匹牲口)属于“老头儿”,情景中这位老头儿正在考虑自己的四匹牲口的去处,这时祥子又拉了三匹骆驼进了院子,希望老头儿能再留下自己的三匹,因此这里用英语的物主形容词可以更明确地让读者知道文中的“four camels”是老头原来自己拥有的,而汉语原文中采用了远指词“那”,这里正好和后文的“看着就焦心,看着就焦心”相对应,表达了此时老头儿因为大环境不好喂不起骆驼的心理,即心理距离上与骆驼疏远。

(11) a. I hate keeping them penned up here. Just look at all **the** flies.
b. Then he turned to look at **the** three camels out beyond the gate. Apparently, he liked what he saw ...
c. He saw a village off in the distance, a fairly large one, with a row of tall, green willows standing guard, bending low over **the** squat rooftops from which kitchen smoke curled upward.
d. The old man stopped to stare at **his** four camels.

例句(12)是骆驼祥子英语翻译例句(10c)的汉语原语,我们发现英语翻译中使用了指示代词 that,而汉语原文则是使用了光杆名词,这里英语中的指示代词 that 通过动作 hear 引出,指示出在当时对话发生环境中可以被听到的声音。

(12) 最后还在钢轮条上踢了两脚,“听听声儿吧,铃铛似的!”

例句(10i)和(10j)是《王子与贫儿》英语原版中指示词用于身势指示指物的情况,其汉语翻译是例句(9f)和(9g),这里汉语指示词与英语是一一对应的。

下面我们继续来看《银儿与我》的西班牙语原文以及《骆驼祥子》和《王子与

贫儿》西班牙语译文中指示词用于表达指物的身势型情景指示的例句：

(13) a. Espérate, Platero ... O pace un rato en ese prado tierno, si lo prefieres. Pero déjame ver a mí **este** remanso bello, que no veo hace tantos años ...

b. Mira cómo se me llenan de rosas la frente, los hombros, las manos ... ¿Qué haré yo con tantas rosas? – ¿Sabes tú, quizá, de dónde es **esta** blanda flora ...?

c. ¡Mira **estas** moscas! Y los mosquitos no tardarán en llegar con los calores.

d. – ¡Ah! ¿Te gustaría? Pues así será. Quítate tus andrajos y ponte **estas** galas, muchacho. Es una dicha breve, pero no por ello menos viva.

e. – ¡Toma **eso**, mientras llega la mañana y te levanto una horca!

与汉语和英语相同,西班牙语的指示词同样可以配合相应的表达指向性的动作、眼神等动词作指物的身势型情景指示之用,如(13)中的例句所示,做该用的指示词既可以是指示形容词,如例句(13a)(13b)(13c)和(13d),也可以是指示代词,如例句(13e)。以例句(13c)为例,指示词 estas 前有表达眼神指向的动词 mira(看、瞧),从而确定了指示词修饰的名词 moscas(苍蝇)在情景中的定位,此句是《骆驼祥子》中原文例句(9b)的西班牙语翻译,与英语不同[见例句(11a)],西班牙语译文采用了与汉语相同的指示词 estas moscas,而英语则使用了全称量化词加定冠词 all the flies。同样地,例句(13a)(13b)的汉语译文是例句(9l)(9o),英语译文是例句(10f)(10h),此两句在三语中均使用了指示词用于表达指物的身势型情景指示。

从上述三语的例句中,我们可以发现身势指示通常发生在面对面的谈话当中,伴随相应的副语言手段(何兆熊,2000),如一些手势动作、眼神指引等,且谈话中的说话人和听话人处于同一个时空中,因此听话人可以通过副语言特征明白指示词的具体所指。而另一些如例句(9d)和(9e)这样的文字语篇交际中,读者虽然不能像谈话中的听话者一样与说话者处于相同的交际现场,但可以通过上下文的文字叙述确定指示词所指。另外,如例句(9a)(9g)(9n)的表达,我们可以归结为没有明示的描述性词语的身势用法(杨佑文,2013: 80),虽然在指示词之前没有出现明确的类似“看”“瞧”“指”等副语言动作表达,但是听话者因为和说话者处于相同的时空关系中,很容易可以得出指示词的所指,因此我们也归类为指物的身势型情景指示用法,英语例句的(10g)和(10j)以及西班牙语例句的(13e)也是此类用法的表现。

此外,结合上述三语的例句我们还发现,在身势用法中,在三语的身势型情景指示用法中,近指词和远指词的选择还是与远近距离有着密切的关系,例如(9a)和(9c)的对比,“我要这辆车”既可以表达出“车”与祥子在空间距离上相对较近,也可以表达出祥子对于此“车”迫切的渴望,而(9c)中,“三匹骆驼”是在门外的,与老头子在空间距离上较远,另外正如我们前面分析到,“三匹骆驼”是属于祥子的,暂时没有归属于老头子,这也可以理解为心理距离上远指的一种表达。因此,无论是在情景对话中,还是在语篇中,指示词用于身势指示指物都与时空或心理距离远近有关,通常情况下是以说话者作为参照原点。

6.2.3　指方位的身势型情景指示

借助手势和神态类的描述性词语,指示词还能用于指示方位,以说话者所处的时间维度和空间方位为参照点,帮助听话者确定人或事物所处的时空位置。在本研究使用的《骆驼祥子》《王子与贫儿》和《银儿与我》三语平行语料中,我们仅找到汉语和英语中指示词指方位的身势型情景指示用法的例句,因此我们借助西班牙皇家语言学会 CREA(Corpus de Referencia del Español Actual)中的例句来比较,如下面的(14)所示。

(14) a. 爱德华把汤姆带进王宫里一个豪华的房间,他说**这**是他的私室。

b. 这时候他向四周张望,可是并不认识**那**是什么地方。

c. The Strand had ceased to be a country road then, and regarded itself as a street, but by a strained construction; for, though there was a tolerably compact row of houses on one side of it, there were only some scattering great buildings on the other, **these** being palaces of rich nobles, with ample and beautiful grounds stretching to the river - grounds that are now closely packed with grim acres of brick and stone.

d. Adentrándonos en **este** lugar, nos encontramos con uno de los camiones que regresaba de participar en el rally París-Dakar. (CREA: Al filo de lo imposible: Filmando la aventura, 10/08/86, TVE 1)

在汉语例句(14b)中身势动作“四周张望”明确了指示代词“那”的所指,(14a)中身势指引动作“带进”能够帮助明确指示词“这”所指的到底是哪间房间,可以看作指方位的身势指示,然而从语篇来看,(14a)中的指示代词这也可看作语篇指示用法,用于上指前文中出现的“一个豪华的房间”。同样的,在英语例句(14c)中,动词 cease 可以帮助理解后文 these 所指的到底是什么地方,但也可看作语篇指示,上指前文中出现的 buildings。西班牙语例句(14d)来自皇家语言学会 CREA(Corpus de Referencia del Español Actual)的口语语料库,借助话语发出者所说的动词 adentrar(进入)配合一定的身势动作,如跨步、伸手或眼神等,现场交际中的对话参与者可以明确指示词 este 的具体所指。

在本研究所使用的三语平行语料库中指方位的身势型情景指示词用例较少,尤其是西班牙语,这可能与英语和西班牙语地点副词 here 以及 aquí 的存在相关。正如在前文中所提到的,在西班牙语中,若需要配合手指地图的动作表达方位,可以直接使用地点副词 iremos aquí 或 iremos allí,而无须使用"指示词+名词"这样的冗长方式,除非需要明确或者区别后接名词的内涵,如配合手指地图说"Iremos a esta escuela, no a este hospital."(我们是去这个学校,不是去这个医院)。

6.2.4 指动作方式的身势型情景指示

除了指物、指人和指方位的身势型情景指示用法外,指示词还可以用于表达指动作方式的身势型情景指示用。在此种用法中,指示词借助于一定的人体动作行为来传达相应信息。杨佑文(2013)总结说,指动作方式的身势指示通常是"这样/这么,this way/ like this"和"那样/那么,that way/ like that"等表示性状的指示表达。下面我们通过对《骆驼祥子》《王子与贫儿》以及《银儿与我》三语平行语料库中对于指动作方式的身势型情景指示进行例句分析。

(15) a. 要不然,大家为什么**这样**呆呆地看着他呢?

b. 你们受了我的父王的恩惠,反而**这样**对待我,未免太不懂礼。

c. "你怎么胆敢**这样**虐待一个可怜的孩子!你怎么胆敢**这样**虐待我的父王最低微的老百姓!快打开大门,让他进来!"

d. 对呀,对呀——这很好——定定心,不用**这么**哆嗦,这里没有人来伤害你,这里没有一个人不爱你哩。

e. 就**这样**,那自由而纯洁的精神食粮过了关,一毛税也不用缴……

f. 要是像今天这样涨到池子边上,我们就会大呼小叫,多么神奇与不可思议啊!

g. 你不认识吗,小银?它怎么了?**这样**狂奔猛窜,是从谁那儿逃出来的?

h. 看她们走**这么**慢;那个能看见的是多么小心谨慎,好像三个人都在骇怕着一个样的命运。

i. 可怜这天真的音乐会,竟然离那些坏心眼的人**这样**近!

j. 看,她们居然**这样**硬朗,一点也不显弯腰驼背,虽然上了年纪,仍然很有风韵。

k. 你看她们早地**那么**伸着手，用一种可笑的怪样子挡开她们想象中的危险。

通过上述(15)中三语平行语料库中汉语的例句，我们可以发现：在汉语中表达动作方式的身势指示通常有两种类型，一是“指示词＋样”，二是“指示词＋么”；无论选择哪种表现形式，听话者都是与说话者处于同一时空关系中，通过说话者的动作辅助或示范，理解该动作方式的内涵。如在(15b)中，听话者能够在现场理解“这样对待我”到底是怎样“对待我”；(15j)中，听话者能够现场目睹句中“她们”是如何“硬朗”。即便例句不是直接对话，读者也可以通过说话者伴以的身势了解指示词所指的动作方式具体是怎么样的，如(15h)中，读者虽不在具体的有形交际语境中，但可以通过上下文的文字叙述在语境中确定“这么慢”是怎么样的“慢”。

Tao(1999)对用作指动作方式的身势型情景指示的指示词使用频率进行了统计，发现“这、那”的使用频率类似，而杨佑文(2013)的统计中则发现其小型语料库中仅仅出现了近指词“这”，没有一例远指词“那”的例句。在本研究使用的汉语小型语料库中，用于表达动作方式的身势型情景指示的近指词的使用频率要远远高于远指词，这一点上与杨佑文(2013)的结论类似。

(16) a. The crowd jeered and laughed; but the young prince sprang to the gate with his face flushed, and his eyes flashing with indignation, and cried out:“How dar'st thou use a poor lad like **that**! …”

b. Why else would they be gawking at him **that** way?

在本研究所使用的小型英语语料库中，我们只发现了在《王子与贫儿》英语原版中有两例指示词用于表达动作方式的身势型情景指示用法，其中(16b)是《骆驼祥子》汉语原文例句(15a)的英语翻译，而例句(15c)则是英语原句(16a)的汉语翻译。其他情况下，英语则采用其他方式来表达交际情境中的动作方式，如下面的例句(17)是例句(15b)的英语翻译，此处的英语采用了代词 so 来表达原文中指示词“这样”的内涵。

(17) “I am the prince; and it ill beseemeth you that feed upon the king my father's bounty to use me **so**.”

同样，在西班牙语语料中，我们也仅发现一例使用指示词来表达动作方式的身势指示用法，如例(18)所示，然而值得注意的是，例(18)中的指示词同样可以理解语篇上指，用于回指前文出现的“se sentó”(坐下)的动作方式。

(18) En un momento dado, se sentó y se quedó dormido. Si se hubiese muerto

en ese mismo instante, habría sido incapaz de explicar, en el otro mundo, por qué lo habían encontrado en una postura como **esa.**

在西班牙语中,指动作方式的身势型情景指示更多地使用方式副词 así 来表达,如例句(19b)和(19c)是《骆驼祥子》和《王子与贫儿》中例句(15b)和(15d)的西班牙语翻译,此处的副词 así 也可以使用词组 de este modo(用/以这种方式)来替换。此外,我们也发现了如例句(19a)使用中性代词 lo 来表达的情况,例句(19a)是例句(15a)的西班牙语翻译,但此处的 lo 并不能作为指动作方式的身势型情景指示来看,确切地说,这里的 lo 指代的是前句的整件事件(Tal vez les pareciera un camellero un tanto estrambótico),lo 作语篇指示用。

(19) a. Tal vez les pareciera un camellero un tanto estrambótico; **lo** dedujo por la expresión de sus caras.

b. Soy el príncipe y mal os sienta a vosotros, que vivís de la bondad de mi padre, tratarme **así.**

c. Cierto, cierto. Eso está bien. Tranquilízate, no tiembles **así.**

有关近指词和远指词使用频率的前人研究中,Tao(1999)指出汉语指示词"这/那"在情景指示用法的使用频率类似,而在书面语中"这"的使用频率要高于"那";杨佑文(2013)在其自建小型语料库中发现汉语"这"和英语"this"的身势指示出现频率要高于"那"和"that";甘时源(2017)也对其自建小型语料库进行了统计,发现汉语"这"的身势用法出现频率约是"那"的 3 倍,而英语 this 约是 that 的 6 倍,其中英语语料中只出现了 3 例指事物的身势指示用法,指人、指方位和指动作方式的身势指示均为 0 例。针对本研究的三语平行语料库,我们也做了如下统计:

表 6-4 自建三语平行语料库身势型情景指示用法统计

指示词	身势型情景指示				
	指 人	指 物	指方位	指动作方式	合 计
这	5	12	1	11	29
this、these	1	9	1	1	12
este、esta、esto、estos、estas	1	12	0	0	13(共 54)
ese、esa、eso、esos、esas	1	4	0	1	6

续　表

指 示 词	身势型情景指示				
	指　人	指　物	指方位	指动作方式	合　计
那	9	14	7	1	31
that、those	0	10	1	2	13
aquel、aquella、aquello、aquellos、aquellas	0	2	0	0	2(共 46)
合计	17	63	10	16	106
占比	16.04%	59.43%	9.43%	15.1%	

从表 6-4 中可以看出,汉语和英语中"这"和"那"的使用频率是类似的,分别是 29 例和 31 例,英语的 this 和 that 使用频率也区别不大,分别是 12 例和 13 例,但是在西班牙语中 este 系里的近指词使用频率要远高于 ese 系列的中指词和 aquel 系列的远指词,分别是 13 例、6 例和 2 例。而就不同的指示对象而言,在三语中,出现频率最高的都是指物的身势只是用法,占比高达 59.43%,指方位的则相对较少,只有 9.43%,这与我们前文所说英语和西班牙语指示副词 así、aquí 有关。

6.2.5　非身势型情景指示

情景指示中除了身势型情景指示之外,还存在非身势型情景指示用法,正如其命名所示,非身势型情景指示不伴有身势、眼色、神态等,指示词后接的名词的具体参照无须重现真实交际场景来确定,一般是通过涵盖交际实际发生的时空的更大范围的时间、地点和话语参与者来明确(杨佑文,2013)。非身势型情景指示也可成为象征性指示(symbolic diexis)(何自然,1997),一般分为两大类,即时间指示和空间指示。

6.2.5.1　时间指示

非身势型情景指示中的时间指示是指在话语发生的场景中某一具体的情景的出现帮助确定了时间参照点,若离开该情景,则无法确定指示词所指时间。何自然(1988)提出非身势型时间指示通常以话语发出者说话的时刻为依据,参照点存在于具体的交际情景中,并不在上下文中,若参照点在上下文中则属于语篇指示的上指或下指用法。杨佑文(2013)举例说,若门上贴着"我二十分钟后回来"的纸条,却并没有表明纸条是何时贴上的或该留言是何时写下的,缺乏具体交际情景，那么就无法确定留言人到底何时回来。下面我们来看《骆驼祥子》《王子与贫儿》以及《银儿与我》三语平行语料库中非身势型时间指示用法的具体示例。

(20) a. 更严重一些的，有时候碰了行人，甚至有一次因急于挤过去而把车轴盖碰丢了。设若他是拉着包车，这些错儿绝不能发生；一搁下了事，他心中不痛快，便有点楞头磕脑的。碰坏了车，自然要赔钱；这更使他焦躁，火上加了油；为怕惹出更大的祸，他有时候懊睡一整天。及至睁开眼，一天的工夫已白白过去，他又后悔，自恨。还有呢，在**这**种时期，他越着急便越自苦，吃喝越没规则；他以为自己是铁作的，可是敢情他也会病。

b. 他们一听见风声不好，赶快就想逃命；钱使他们来得快，也跑得快。他们自己可是不会跑，因为腿脚被钱赘的太沉重。他们得雇许多人作他们的腿，箱子得有人抬，老幼男女得有车拉；在**这**个时候，专卖手脚的哥儿们的手与脚就一律贵起来……

c. 祥子知道事情要坏，可是在街面上混了**这**几年了，不能说了不算，不能耍老娘们脾气！

d. **这**些日子，他的血似乎全流到四肢上去；**这**一刻，仿佛全归到心上来；心中发热，四肢反倒冷起来；热望使他浑身发颤！

e. **这**些日子的经验使他知道，这些兵的打仗方法和困在屋中的蜜蜂一样，只会到处乱撞。

f. “可是，谁有钱买呢？**这**年头不是养骆驼的年头了！”

g. “你看，你看，二三十块钱真不好说出口来，可是还真不容易往外拿呢；**这**个年头，没法子！”

h. 可是，在军队里**这**些日子，忽然听到老者这番诚恳而带有感情的话，他不好意思再争论了。

i. 他换了新车。从一换车**那**天，他就打听明白了，像他赁的那辆——弓子软，铜活地道，雨布大帘部，双灯，细脖大铜喇叭——值一百出头。

j. **这**下子那一群反复无常的闲人就连忙摘下帽子来，那真是叫你看了好笑。你要是听见他们大声欢呼“太子万岁！”

k. **这**时候他向四周张望，可是并不认识那是什么地方。他是在伦敦城里——他所知道的就只这一点。

l. “又是一出去就到**这**会儿还不回家，我看还准是一个铜子儿也没带回来！要真是这样的话，我要不把你这一身瘦骨头全给打断，那我就情愿改个姓，不算是约翰·康第了。”

m. **那**天夜幕渐渐降下的时候，王子深入了城内房屋稠密的地区。他已遍体鳞伤，手上在流血，一身破衣服沾满了污泥。

n. 后来他听说那两位小公主将要在**那**天晚上陪他去赴市长的宴会，他心里马上感到轻松愉快，欢喜得跳起来，因为他觉得现在不怕在那无数的陌生人当中没有朋友了。

o. 在**这**个圣礼拜六的早晨，每个人都成了小孩。

p. **这**个清晨多雾而寒冷，却很有益于无花果的生长。

q. 银儿呢，早在我进来之前就大声叫着向我问好了，**这**会儿就想挣断身上的绳子，又急躁又快活。

r. **那**时候，我总将她看作成熟的女人，现在她嫁了人，在我看来还和**那**时候一个样……

s. **那**天下午，它跟在迪安娜身后一路走来。此时我正出门，门卫不知起了什么邪念，抬起猎枪朝它开火。

例句(20)中的“这种时候”“这几年”“这些日子”“这下子”“那天”“那时候”等都是以话语发出的时刻所处的时间为参照点，如例句(20f)中的“这年头”指的是说话者说话时正处的时间点的近些年份。从例句(20)中我们可以发现非身势型时间指示通常由“指示词＋时间名词”或“指示词＋量词＋时间名词”组成，这里的时间名词可以是年、月、日、星期、清晨、下午、晚上等。另外，从例句中我们可以看出，近指词通常指示的是说话者当下的时间或时间段，而远指词通常指以说话者说话点为参照的过去或将来的时间或时间段，如例句(20i)和(20r)中的“那天”和“那时候”都是指过去。

英文中 this 和 that 同样可以后接时间名词用于表达非身势型时间指示，下面我们列举部分英语语料中的实例：

(21) a. Right gladly will they serve the son of him who hath done so generously by them - and the more that that son is himself as poor and as forlorn as any that be sheltered here **this** day, or ever shall be.

b. A great shout went up, at **this**, and one rude fellow said:“Marry, art thou his grace's messenger, beggar?”

c. I will keep this diligently in my remembrance, that **this** day's lesson be not lost upon me, and my people suffer thereby.

d. Out to **this** time of night again, and hast not brought a farthing home,

I warrant me!

e. By **this** time the boy was on his knees, and supplicating with his eyes and uplifted hands as well as with his tongue.

f. **This** very morrow shall he be installed in his princely dignity in due and ancient form.

g. They were all dressed alike, and in the fashion which in **that** day prevailed among serving-men and 'prentices.

h. As night drew to a close **that** day, the prince found himself far down in the close-built portion of the city.

i. At **that** moment the Lady Elizabeth and the Lady Jane Grey were announced.

j. Except **that** today, Platero, Judas is the congressman, or the schoolmarm, or the attorney, or the tax collector, or the mayor, or the midwife, and every man, turned into a child on **this** Easter Saturday morning, is firing his cowardly gun at whoever has kindled his anger, in an overlapping of vague, absurd springtime ritual shows.

k. The springtime was coquettish enough to get up earlier **this** year, but then it had to keep its tender, shivering nudity in March's cloudy bed again.

l. When we passed the Pinete spring **this** morning, Platero drank from it.

m. Platero, I shall never forget **that** September night.

n. On the slope, the town church tower, crowned with refulgent tiles, was already taking on a monumental aspect, in the elevation of **that** pure hour.

o. And it was at **this** moment that he recalled his rickshaw.

p. He had no idea what a camel sold for **these** days, but he'd heard that in the past, before trains came to town, a camel was worth three dabao, or fifty ounces of silver.

q. "Hah! A train? Thirty years ago I owned three trains. Things have changed. Who can afford to feed camels **these** days?"

r. "Who has the money to buy them? **These** are bad times to raise camels."

s. "Look, I'm embarrassed to say it, but I could manage twenty or thirty yuan, and even that's not easy for me. I tell you, **these times**, I've got no choice."

t. But if luck passes them by, and they don't make enough to pay for **that** day's rental, well, so what?

u. Xiangzi traded in his beat-up rickshaw for a new one, and on **that** day he learned that rickshaws with soft springs, solid brass fittings, large rain hoods with flaps, two lamps, and thin-necked horns cost more than a hundred yuan.

从(21)的例句中我们可以发现,与汉语类似,英语中指时间的非身势指示用法通常以指示词 this/that 后接表达时间的名词出现。例(21a)(21d)(21i)(21q)等中的 this day、this time、that moment、these days 也都是以话语发出者所在的时间或时间段为参照,用近指词 this 时通常指向与话语发出时刻较近的时间,如现在或近期等,而用远指词 that 时通常指向与话语发出时刻较远的时间,如过去或将来。值得注意的是,(21f)中在指示词和名词中间还插入了形容词 very,说话人用于强调相应指向的时间点,除副词外,指示词和时间名词中还可以插入其他用于修饰名词的描述性形容词,如(21n)中的 that pure hour,不影响指示结果。

西班牙语较汉语和英语,除了近指词和远指词外,多出了 ese 系列的中指词,我们先来看西班牙语语料中指时间的非身势型情景指示例句:

(22) a. La primavera tuvo la coquetería de levantarse **este** año más temprano.

b. Me parece que **esta** vez se han equivocado las pobres golondrinas, como se equivocaron, la semana pasada, las gallinas, recogiéndose en su cobijo cuando el sol de las dos se eclipsó.

c. Al pasar **esta** mañana por la fuente de Pinete, Platero estuvo bebiendo en ella.

d. ¡Con qué confianza llevan la vejez a la vida, penetradas por la primavera **esta**, que hace florecer de amarillo el cardo en la vibrante dulzura de su hervoroso sol!

e. Nunca olvidaré, Platero, **aquella** noche de septiembre.

f. Fui, tembloroso, a beber al comedor, y en la verde blancura de un relámpago, vi el eucalipto de las Velarde -el árbol del cuco, como le decíamos, que cayó **aquella** noche-, doblado todo sobre el tejado del alpende…

g. **Aquella** tarde llegó detrás de Diana.

h. Guardaré esto muy bien en mi memoria: que la lección de **este** día no se pierda y por ello sufra mi pueblo.

i. En **este** punto anunciaron a lady Isabel y a lady Juana Grey.

j. **Esta** misma mañana será instalado en su dignidad de príncipe en forma cumplida.

k. **Ese** día cuando cerró la noche, el príncipe se encontró metido en la parte más edificada de la ciudad.

l. -¡Mi padre! -exclamó Tom, fuera de guardia en **ese** momento-.

m. Todos vestían igual y a la moda que en **aquellos** tiempos prevalecía entre los criados y los aprendices…

n. Se trataba en realidad de un traje copiado del que usaban las habitantes del Londres de **aquella** época, cuando un largo gabán azul era la vestimenta corriente de los aprendices y de los criados, y se usaban por lo general medias amarillas.

o. El Strand había cesado de ser camino real en **aquel** entonces y se consideraba como calle, aunque de construcción desigual…

p. Durante todos **estos** días no había parado de trabajar para los soldados.

q. A partir de **ese** momento, ya no tendría miedo a nada.

r. Todo le pareció en **esos** momentos odioso, y no solamente los soldados.

s. Durante todas **esas** penosas jornadas había tenido la sensación de que la sangre no le circulaba más que en sus extremidades, pero ahora, por fin, le llegaba al corazón.

西班牙语中指示词用于指时间的非身势型情景指示用法和汉语、英语类似，同样是以说话人说话的时刻作为参照点进行近指、中指和远指。其中 este 系列的近指词通常用于指向话语发出的当下或者离当下较近的时间距离，无论是过去还是将来，如例句(22a)和(22b)中的 este año(今年)和 esta vez(这次) 都是指向当下，而(22c)esta mañana(今天上午)则是指向离当下较近的过去，(22j)esta misma mañana(正是明天)是指向离当下较近的将来。与 este 不同的是，远指词 aquel 则只能用于指向离当下较远的过去，不能用于指向将来(RAE，2009)，如例句(22e)中的 aquella noche 只能是过去的那一夜。至于中指词 ese 的用法，首先是相较于近指词 este 和远指词 aquel 其在拉丁美洲不常被用(Eguren，1999：940)；其次是 RAE(2009)提到在远近距离划分标准下，以说话人为参照点无疑是很重要的，但是往往实际交际中，三分化的指示词并不是与时空远近距离标准是完全一一对应的。西班牙语指示词在用于非身势型情景指示指向时间时，其用法还类似于RAE(2009)提到的隐喻模式，尤其是ese和aquel用于追溯过去时间时，它们实际上并不是明确表达距离说话者所处时间点的时间距离有多远，而是诉诸说话者和对话者共享的概念范围，即他们所属的隐性的背景时空，指示词的出现让双方好似都身处这一时空当中一般。

另外，我们发现与汉语和英语不同，西班牙语指示词可以被后置，如例句(22d)中的la primavera esta所示，其位置的变化可能会引起语义的改变，且时间名词另需定冠词或物主形容词居首。通常情况下，指示词置于名词之前，此时冠词不会再同时出现，当指示词置于名词之后时，该名词一般需要由定冠词或者物主形容词居首，Asenjo(1990)提到此种情况下，aquel会受到比este和ese更多的限制。从语义上来说，后置指示词加强了参照的指示语义，也就是说，通过指示定位的功能来明确该实体的识别。

6.2.5.2　方位指示

指示词的非身势型情景指示除了可以指时间外，还可以用于指方位，又称为空间指示或地点指示。与时间指示的功能类似，非身势型情景指示指方位是指以说话人所处的空间为参照点，在交际场景中指向话语发出时刻说话人和听话人共处的“同一个空间平面”或者“较笼统的空间单位”(杨佑文，2013：85)，听话人可以通过交际场景或者指示背景判断出指示词所指的空间方位。下面我们通过《骆驼祥子》《王子与贫儿》以及《银儿与我》三语平行语料库来具体分析汉语、英语和西班牙语中指示词非身势型情景指示用法的情况：

(23) a. 可是他确知道，假如**这**真是磨石口的话，兵们必是绕不出山去，而想到山下来找个活路。

b. 虽然中间隔着那么多地方，可是他都知道呀；一闭眼，他就有了个地图：**这**里是磨石口——老天爷，**这**必须是磨石口！

c. 那些闪闪发光的一群人一面给他让出路来，一面毕恭毕敬地向他鞠躬致敬，他就派头十足地在**这儿**笑一笑，那儿点点头，表示答礼。

d. 他心里想道：“**这**是古老的圣芳济教堂，父王把它从修道士手中接收过来，改成了一所贫儿和弃儿的收养所，并且改名为基督教堂了。**这**里的人一定会乐于照顾这位对他们有过这么大恩惠的施主的儿子——尤其是因为那个儿子自己也像这里所收容的或是以后将要收容的儿童那样穷苦无依，他们更不能不予以照顾了。”

e. 那落魄的王子、无家可归的继承英国王位的太子仍旧在往前走,越来越深入**这**些迷宫似的肮脏小巷,**那**是一些又穷又苦的人家像密集的蜂窝似的聚居在一起的地方。

f. 他连忙后退,把门关上。他说:"啊,他们和我开玩笑!他们会去报告。啊!我为什么要上**这儿**来送死呢?"

g. "对呀,对呀——这很好——定定心,不用这么哆嗦,**这里**没有人来伤害你,**这里**没有一个人不爱你哩。"

h. 他又用法文问了汤姆一个问题。汤姆因为那么多眼睛盯着他,觉得很窘,所以他站在**那儿**停了一会没有作声……

i. "把他拉走!拉到洗马池**那儿**去,洗马池**那儿**去!狗在哪儿?嗬,来吧,狮子!嗬,獠牙!"

j. 湿润的空气,静谧……**这里**是拉斯巫鲁哈斯峡谷……

k. "摸**这里**。"她把我的手搭上她的手,一起放在她的心门口,稚嫩的胸脯上下起伏,像一股被困住的小小波浪。

l. 燕子们来到**这里**了,银儿,它们几乎是悄无声息地来到了这里。

m. 从**这里**望去,一切尽收眼底:别人家屋顶的平台,一间间院子,被遗忘的人们各忙各的——制椅子的、刷漆的、箍桶的……

n. 到**这**土坎上来,小银;快闪开,我们让那几个可怜的老太婆去……

o. 小银还在发抖,不时地望着我,眼睛带着恐惧,不知什么只有我们俩像哑巴似的站在**那**一动也不动……

从上述例句中我们可以看出,汉语中指示词指方位的非身势指示用法可以是单独出现的指示代词,如例句(23a)(23b) 中的"这",也可以是以"指示词+表示地点位置的名词"的形式构成,如例句(23n)中的"这土坎",或者是"这儿""这里"类的表示地点的表达方式。如例句(23a)(23b) 中的"这",(23c)中的"这儿"以及(23k)(23l)中的"这里"都是指话语发出时刻说话人所处的空间位置。而例句(24i)中的远指词则指向离话语发出时刻说话人所处空间位置有一定距离的地点位置。而例句(23f)中的"这儿",(23g)中的"这里"则可以理解为话语发出时刻说话人和听话人共处的空间。杨佑文(2013: 86)还提到指示词所指的方位可能并不是具体地点位置,而是话语发出时刻说话人所处的某个笼统的空间或空间段,在本研究的语料中我们未找到合适的例句,因此以其专著所引例句展示。例句(24)中的"这世界"即指向笼统的空间段。

(24) 这世界虽说很大,实在也是很小,两个浪人,在这样的天涯海角……

（郁达夫，《过去》）

除却上述例句外，还有一类指示词的指方位的非身势指示用法与语篇指示的回指用法存在交叉重叠之处，如例句(23d)所示，“这里”既可以是情景用法，也可以是语篇回指，上指前文中已经出现的“基督教堂”。

与汉语一样，英语指示词也有指方位的非身势指示用法，如下述例句所示：

(25) a. His spirits sank lower and lower as he moved between the glittering files of bowing courtiers; for he recognized that he was indeed a captive now, and might remain forever shut up in **this** gilded cage, a forlorn and friendless prince, except God in His mercy take pity on him and set him free.

b. "He is mad; but he is my son, and England's heir; and, mad or sane, still shall he reign! And hear ye further, and proclaim it: whoso speaketh of this his distemper worketh against the peace and order of **these** realms, and shall to the gallows! …"

c. Wait, Platero…Or graze a while in **this** tender meadow, if you prefer. But let me look at this lovely pool that I haven't seen for so many years…

d. By and by he found himself at Temple Bar, the farthest from home he had ever traveled in **that** direction.

e. Though he was not given to idle chatter, it was so deathly still he felt a need to say something to his companion. "Let's take a dirt path. **This** road…"

在英语中也存在指示词的指向非具体地点，而是说话人所处的空间范围或空间段，如例句(25d)中的“that direction”是方向性的指示。此外，因为英语中地点副词 here 和 there 的存在，英语中指示词指方位的非身势指示用法只表现为“指示词＋表示地点位置的名词”的形式，如下面例句(26)是(23f)的英文翻译，英语原版使用地点副词 here 的情况，汉语翻译中使用了“这儿”的形式。

(26) "Oh, they mock at me! They will go and tell. Oh! why came I **here** to cast away my life?"

我们在自建的西班牙语语料库中只发现了非常少量的西班牙语指示词的非身势型方位指示用法，如例(27)所示：

(27) a. Y escuchad más aún y proclamadlo: el que hable de esta su destemplanza,

atenta contra la paz y el orden de **estos** reinos y será condenado a galeras.

b. porque se dio cuenta de que era en realidad un cautivo, y de que podía permanecer para siempre encerrado en **esta** dorada jaula, príncipe abandonado y sin amigos, salvo que Dios en su misericordia se apiadara de él y lo dejara libre.

例句(27a)和(27b)是引文原句(25b)和(25a)的翻译,英文和西班牙语都采用了指示词的非身势型指示方位用法。那么其他汉语原文中指示词指方位的非身势用法在西班牙语译文中是如何表现的呢?

(28) a. Tenía muy claro cuál sería su itinerario. Una vez allí, giraría al noroeste y atravesaría Jin-ding-shan y luego Li-wang-fen y llegaría a Ba-da-chu…

《骆驼祥子》的汉语原文例句(23b)的西班牙语译文是(28a),这里我们可以看出翻译的策略并不是直译,译者将原文的指示用法"**这**里是磨石口"译成了"una vez allí(一到那里)",用地点副词替代了整个地点名词,语义上也进行了改动,原文中祥子紧张的心绪似乎在译文中没有被体现。

在结束上述分析后,我们再来对本研究的自建汉语、英语和西班牙语三语平行语料库进行三语指示词的非身势型情景指示用法进行统计,其汇总如表 6-5 所示:

表 6-5 自建三语平行语料库非身势型情景指示用法统计

<table>
<tr><th rowspan="2">指 示 词</th><th colspan="3">非身势型情景指示</th></tr>
<tr><th>指时间</th><th>指方位</th><th>合 计</th></tr>
<tr><td>这</td><td>31</td><td>22</td><td rowspan="3">53
23
14(共 90)</td></tr>
<tr><td>this、these</td><td>19</td><td>4</td></tr>
<tr><td>este、esta、esto、estos、estas</td><td>12</td><td>2</td></tr>
<tr><td>ese、esa、eso、esos、esas</td><td>6</td><td>0</td><td>6</td></tr>
<tr><td>那</td><td>8</td><td>7</td><td rowspan="3">15
12
6(共 33)</td></tr>
<tr><td>that、those</td><td>11</td><td>1</td></tr>
<tr><td>aquel、aquella、aquello、aquellos、aquellas</td><td>6</td><td>0</td></tr>
<tr><td>合计</td><td>93</td><td>36</td><td>129</td></tr>
<tr><td>占比</td><td>72.1%</td><td>27.9%</td><td></td></tr>
</table>

从表 6－5 中我们可以得出以下结论：首先，与杨佑文(2013)、甘时源(2017)的研究结果一致，汉语和英语的近指词的非身势型情景指示用法要高于远指词，其中汉语“这”有 53 例，“那”只有 15 例，英语“this/these”有 23 例，“that/those”只有 12 例，此外，与汉语和英语类似，西班牙语在该用法的表现上也是近指词多于中指词和远指词，其中“este”系列近指词有 14 例，“ese”系列中指词和“aquel”系列远指词分别有 6 例，也就是说三语中近指词的使用频率都高于远指词。杨佑文(2013：87)将这一现象归因于话语发出者更倾向于将指示对象放在离自己较近的位置来谈论，与指示的心理距离有着密不可分的关系。其次，我们发现在汉语、英语和西班牙语中，非身势型情景指示指时间的使用频率要远高于指方位，占比分别为 72.1％和 27.9％，且指方位的非身势型情景指示往往还可以看作语篇指示中的回指用法，我们也将在下一章中具体分析。

6.3　本章小结

本章首先回顾了指示词的功能用法。其次分析了在自建三语平行语料库中近指词、中指词和远指词的分布情况：英语指示词占比情况要明显高于西班牙语，这可能和英语指示词 that 可以作连词和关系代词用于引导从句有关；在汉语、英语和西班牙语中指示词单数形式的使用占比都高于复数形式；指示词在西班牙语中的出现率要小于汉语和英语，这可能和西班牙语其他限定词的使用功能相关；在三篇语料的同一个语种版本中，指示词单复数形式的比例是非常类似的。但是就远近指比例来看，似乎没有太大规律可循。最后，我们针对情景指示功能，对自建三语语料库中的例句进行了详细的阐释，并对翻译策略进行了相应的阐释：在身势型情景指示用法中，汉语和英语中“这”和“那”的使用频率是类似的，英语 this 和 that 的使用频率也区别不大，但是在西班牙语中 este 系列的近指词使用频率要远高于 ese 系列的中指词和 aquel 系列的远指词。另外，身势型情景指示中出现频率最高的都是指物的身势型情景指示用法，指方位的则相对较少，这与我们前文所说英语和西班牙语指示副词 here、así、aquí 有关。而在非身势型情景指示用法中，无论是英语、汉语还是西班牙语，近指词的使用频率都多于远指词，此外，三语的非身势型情景指示指时间的使用频率远高于指方位。

第七章　汉西英指示词语篇指向功能对比研究——上指和下指

指示词除了在直接交际语境中通过身势或非身势手段进行以话语发出者为参照的各种人、事物、动作方式、方位和时间的指向以外，其在语篇中的指向功能也是本研究探讨的重点问题。正如 Halliday 和 Hasan(1978)提到的，当指称形式需要在语篇外寻找某种解释，这种指称关系就是外指(exophoric)，对语篇的衔接不起作用，上一章中的情景指示便属于外指范围，而当指称形式在语篇中起到衔接作用，且其所指可在上下文中寻及，这种指示即为内指(endophoric)，内指即本章要讨论的语篇指示功能。甘时源(2017)将这种分类总结为图 7-1：

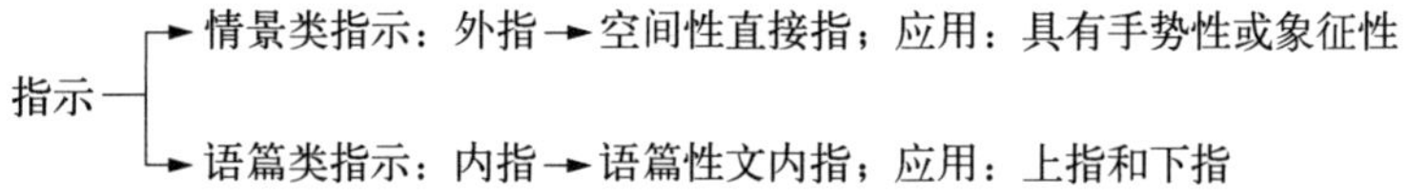

指示 → 情景类指示：外指 → 空间性直接指；应用：具有手势性或象征性

指示 → 语篇类指示：内指 → 语篇性文内指；应用：上指和下指

图 7-1　指示模式(甘时源，2017：53)

我们在前面的章节中曾提到，西班牙的语言学者曾将指示元素分为非透明(暗指)元素(elementos deícticos opacos)和透明(明指)元素(elementos deícticos transparentes)。前者往往需要手势信息来指称对象，后者则是本身就可以明确地指出其所指对象所指的实体。如人称代词“我”(yo)就是明指元素的代表，因为当人称代词“我”出现时，说话人必定是明确的，所以无须其他任何手势信息来指称，但是人称代词“他”(él)则需要相应的手势来明确对象所指信息以此来识别参照，获得指示意义，因此属于暗指元素。Eguren(1999：941)曾提到，判断西班牙语的指示代词 este、ese、aquel 所指时必须借助一定的身势动作或是外在环境条件，而其参照也可随着身势动作和外在环境的改变产生相应的变化，与“纯粹的指示标记”(mostradores puros)如箭头、伸出的手指、眼神望向的方向以及头部摇摆的动作等不同，指示代词只能算一种不完整的指示符号(signos deícticos incompletos)，其内在的语义只能表达非确定的指示这一特征。此外，RAE 定义(2009：2037)认为当指示义是通过被指的事物的实体存在而获得时，这种指示叫作显性指示(deixis ostensiva)或称作眼见指示(deixis ad oculos)或敏感指示

(deixis sensible)。暗指元素中也包含显性指示的用法。在这种情况下,暗指元素通常都是指向语言环境中的表达,而不是指向语言环境外的事物。而在相同语境下或者同一语篇中其所指既可以是回指[anafórico(源自希腊语 ana-"向上"或"向前")],又可以是预指[catafórico(源自希腊语 kata-"向下"或"向后")]。这其实就是本章节所说的语篇指示中的上指和下指,又可以称为前指和后指,涉及的成分主要是先行项(antecedent,西班牙语为 antecedente)和照应语(anaphor, 西班牙语为 anáfora)。上指即指先行项位于照应语之前的指示,而下指则指先行项位于照应语之后的指示,前者的指称对象是"已知"(known)的,而后者的指称对象是"未知"(unknown)的(Halliday & Hasan, 1978)。指示词的下指功能还是更贴近显性指示的用法,指示词的指示义并不需要相关手势来辨别,而是通过后续名词的直接存在就得以体现。Zulaica-Hernández 和 Gutiérrez-Rexach(2009)曾明确西班牙语的指示词被大量用于表达上指和下指。而 Eguren(1999)则提出在西班牙语中,具有上指和下指作用的指示代词与其各自的先行项或后行词之间的距离关系也有所不同,下指的指示代词往往直接后接其后行词,而上指的指示代词与其先行项之间可能并不是线性的毗邻关系。甘时源(2017)基于 Halliday 和 Hasan(1978)的理论提出汉英两种语言中,对于"下指"的界定要始于"上指",因为后者是"无标记项",而前者是"有标记项"(p.125)。

在下面的小节中我们就将分类讨论汉语、英语和西班牙语三语指示词在语篇指示功能中的上指和下指情况,并用语料库进行功能验证。

7.1　三语指示词的上指功能

上指又可以称为前指、回指或者照应,是指"用一个词项指代前文中提到过的单位或意义的语言学单位"(Crystal,1985,转引自胡壮麟,1994: 48)。熊学亮(1999)认为,上指是一种语言中经济原则(the principle of economy)的体现,用以避免词句的重复。前面已经明确,在上指中,指示词所指的表达应该在其之前,称为其先行项(antecedent),用以替换先行项的部分称为前指项或者指代项(anaphor)。在汉语、英语的指示词研究中,学者们提出具有上指功能的指示词的先行项可以表示时间、地点、人称、事物、时间过程和言语行为(杨佑文,2013),当语篇中前指项用先行项替换后,语义保持不变,这是检验是否是上指关系的方法(Quirk et al., 1985; Kent,1999)。此外,前人研究还明确了前指项和先行项之间的语义参照关系,可以分为共指关系(co-referential)(Mitkov, 2002)和非共指关系或称“类和个体关系”(许余龙,2004),前指是指前指项和先行项所指对象同一,后者正如其命名,前指项和先行项是类别和个体的关系。这两种上指种类的分类又被看作直接回指(direct anaphora)和间接回指(indirect anaphora)或是显性上指(explicit anaphora)和隐性上指(implicit anaphora)(Kent, 1999)。我们从本研究中的三语语料中找到如下例句:

(1) a. 可是他们还不如东交民巷的车夫的气儿长,**这些专拉洋买卖的**讲究一气儿由东交民巷拉到玉泉山,颐和园或西山。

b. Tom's remarks, and Tom's performances, were reported by the boys to their elders; and **these**, also, presently began to discuss Tom Canty, and to regard him as a most gifted and extraordinary creature.

c. El aljibe más grande es el del patio del Salto del Lobo, plaza de la ciudadela antigua del Castillo. El mejor es este de mi casa, que, como ves, tiene el brocal esculpido en una pieza sola de mármol alabastrino.

(2) a. Frente al cielo inmenso y puro, de un incendiado añil, mis ojos – ¡tan lejos de mis oídos! – se abren noblemente, recibiendo en su calma **esa placidez** sin nombre.

b. …and that away in the night his starving mother would slip to him stealthily with any miserable scrap or crust she had been able to save for him by going hungry herself, notwithstanding she was often caught in **that sort of treason** and soundly beaten for it by her husband.

c. 银儿长得小小的,全身毛茸茸又滑溜溜,身子软得像是棉花填的,好似没有骨头。只有**那一对乌黑发亮的眼珠**是硬的,好似两只黑玻璃做的甲虫。

在(1a)中,指示词“这”和它的先行项“东交民巷的车夫”有着共参照关系,所指对象保持一致,此处的指示词“这”后接“动词结构+的”构成的名词化短语,不仅回指了前文中出现的“东交民巷的车夫”,也为其增添了新的信息,由于指示词和前指项之间距离很短,读者可以直接判断出用于上指的指示词短语的所指内容。例句(1b)和(1c)的英语和西班牙语指示词用法也与(1a)中的汉语指示词用法类似,无论是 these 还是 este 都是用于直接指示上文中的 their elders 和 el aljibe,这三个例句都呈现了指示词的显性回指功能。不同于例句(1),例句(2)则是三语中隐性上指,(2a)的 placidez(平和)和(2b)中的 that sort of treason 实际是对前文情景的概括,(2c)里的指示词短语“那一对乌黑发亮的眼珠”则是前置词“银儿”

的一部分，是整体和部分的关系，也属于隐性上指功能的一种。在本研究中，我们采用显性上指和隐性上指这一分类来具体对比汉语、英语和西班牙语的指示词的语篇指示功能。

7.1.1　三语指示词的显性上指

正如其命名所示，显性上指是指指示词所替代的先行项是显性的、直接可观的。先行项和前指项之间是共指关系，将前后两个不同的句子从语义上串联起来(桂诗春，2000)。甘时源(2017)认为，表示共指关系的语篇前置词主要包括指示代词、人称代词、反身代词、代词所有格、限定词等，其中限定词即包含指示词。而根据上指先行项的句法功能，显性前指又分为名词性上指、谓词性上指和小句性上指。下面我们通过《骆驼祥子》《王子与贫儿》以及《银儿与我》三语平行语料库中的具体实例来观察。

7.1.1.1　名词性显性上指

名词性显性上指是用指示词替代前文中已经出现过的名词或名词短语的上指情况。我们知道，语言的基本功能即用来指称世界上存在的物体。当我们第一次将一个物体引入语言时，必然离不开名词或名词短语的指称作用。当再次提及该名词和名词短语时，为了避免重复，语言中会使用代词、指示词、冠词等限定词形式来进行回指。在汉语、英语和西班牙语中带有指示词名词性显性上指结构有三语指示词的光杆形式，“三语指示词＋名词”结构，另有汉语“指示词＋量词＋名词”结构。根据名词或名词词组所指称的内容，我们又可以将名词性显性上指分为指人、指物、指时间、指方位等四种情况。

I. 指人的名词性显性上指

当指示词的光杆形式或指示词与量词、名词等结合用于回指前文中出现过的指人名词时，我们将其定义为指示词的显性指人功能，如下面三语平行语料库中的例句所示：

(3) a. 他准知道，兵们又得退却，而且一定是往山中去。这些日子的经验使他知道，**这些兵**的打仗方法和困在屋中的蜜蜂一样，只会到处乱撞。

b. 不过，以他们比较另一些四十上下岁的车夫，他们还似乎没有苦到了家。**这一些**是以前决没想到自己能与洋车发生关系，而到了生和死的界限已经不甚分明，才抄起车把来的。

c. 在永定门外的走南苑……**这**是跑长趟的，不愿拉零座。

d. Xiangzi counted his money one more time. “I want this one. I’ll give you ninety-six yuan!” The shop owner knew **this** was no ordinary customer.

e. Xiangzi was not afraid of hard work or suffering, but he knew what it would take to get a second rickshaw – years. All he'd achieved had come to nothing. He'd have to start over again. The tears came. He didn't just hate **those soldiers** – he hated the whole world.

f. Pensó que esto no sería muy grave si era detenido por los soldados, pero si era capturado por los campesinos, **estos** lo enterrarían vivo…

g. Y el niño se recoge entonces, se aprieta, se sume en sí, para que ni ese latido de la sangre que cambia, con un cristal movido solo, la imagen tan sensible de un calidoscopio, le robe al agua la sorprendida forma primera. -Platero, no sé si entenderás o no lo que te digo, pero **ese niño** tiene en su mano mi alma.

例句(3a)中的"指示词+量词+名词"结构"这些兵"用于上指前文中已经出现过的名词"兵们",而(3b)中的回指项甚至省略了核心名词,仅用"这一些"这样的指数量结构来替代,比较而言,(3a)中的先行项和指示词之间的距离要超过(3b),为了明确指示词的指称义因而补充完整后接的名词成分。汉语中指示词结构用于回指的情况类似于英语和西班牙语中定冠词的用法,即初次提及时为不定指概念,再次提及是为了明确所指对象的确定性。值得注意的是,例句(3c)中近指词"这"指代前文中的"在永定门外的"(车夫),"这"在系表判断句中占据主语位置,后接系动词"是",汉语的光杆形式的句法限制较多,一般只出现在判断句型当中,这一问题我们在前面的章节也有所讨论。而在上述英文和西班牙语的例句中我们可以看到,指示词的光杆形式用于指人的情况相对比较普遍,如(3d)和(3f)所示,this 和 estos 都不需要后接任何名词或名词短语就可以用于指称前文中出现的 Xiangzi 和 los campesinos,还应注意的是,在这两个句子里,前文中出现的指人名词不止一个,且变换频繁。高宁慧(1996)就曾指出当出现两个或两个以上的人称或事物时,倾向于用指示词来替代,而如果前文中只有单一指人名词,则会使用人称代词或零形式来指代。此外,还应明确的是,人称代词的一大功能就是用于指人的回指,而在某些情况下,由于先行项与回指项的距离较远,人称代词不能进行准确地辨识,因此用"指示词+重复名词短语"的结构可以避免指代混淆。甘时源(2017)提到这是强化语篇衔接、连贯和统一性的重要途径。

II. 指物的名词性显性上指

与指人的名词性显性上指类似,当指示词所替代的是前文中已经出现过的事物时,我们将指示词的功能定义为指物的名词性显性上指。杨佑文(2013)的统计显示，无论是汉语还是英语，指示词用于指物的比例都相对较高，且近指词在这一功能的使用频率上约是远指词的两倍。首次出现的事物一般以名词或名词短语的形式出现，当需要回指该事物时，汉语中我们可以使用“指示词＋(数量词)＋名词”来照应，这一用法类似于英语和西班牙语中的定冠词，此外汉语中的回指项还会伴有修饰语成分出现，我们来看一组语料中的例句：

(4) a. “呕，你是拿命换出来的这些牲口！”老者很同情祥子，而且放了心，**这**不是偷出来的。

b. 他们的拉车姿式，讲价时的随机应变，走路的抄近绕远，都足以使他们想起过去的光荣，而用鼻翅儿扇着那些后起之辈。可是**这点光荣**丝毫不能减少将来的黑暗，他们自己也因此在擦着汗的时节常常微叹。

c. 在洋车夫里，个人的委屈与困难是公众的话料，“车口儿”上，小茶馆中，大杂院里，每人报告着形容着或吵嚷着自己的事，而后**这些事**成为大家的财产，像民歌似的由一处传到一处。

例句(4a)中指示词“这”的光杆形式用于回指前文已经出现的指物的名词短语“这些牲口”，而首次出现的“这些牲口”出现在语境对话里，可以理解成是指示词的情景指示词用法。同样的，光杆形式也仅出现在系表结构的判断句中，且指示词与先行项的距离不能过远。赵元任(1979)就提到，宾语位置一般不能出现“这/那”的光杆形式，而需要使用“这个/那个”。例句(4c)则是重复前文中的名词，以“指示词＋量词＋名词”形式出现。例句(4b)的前指项带有修饰成分“过去的光荣”，回指项则以“指示词＋量词＋名词”结构出现，省略了修饰性成分，这是经济原则的体现，也是回指常用的策略之一，此外(4b)中指示词回指的并不是具体事物，而是抽象概念，这也是“这/那”所具备的功能。

(5) a. Finally, he kicked the steel spokes and said, “Hear that? Like a bell. Go ahead, take it out. You can use **this** till you pull it to pieces, and if a single one of **these spokes** buckles, bring it back and fling it in my face! A hundred yuan, my final offer.”

b. …los camellos poseen una piel gris, con algunas manchas rojizas dispersas. **Estos animales** suelen ser considerados como los parias del reino animal, y esta idea le hizo sentir todavía más piedad por ellos… A pesar da su fealdad, Xiangzi sentía aprecio por ellos; al menos, se trataba de criaturas vivientes, y al contemplarlos se creía el hombre más afortunado del mundo, ya que la providencia había tenido la deferencia de regalarle **estos** tesoros vivientes para poder cambiarlos por un rickshaw.

从例句(5a)中我们看到英语指示词回指的两种形式，一是光杆零形式 this，二是指示词后接重复的名词短语 these spokes，前者的光杆形式也可以看作情景指示用法，用于称代场景中的“骆驼”，我们可以看到在指示词前，还出现了代词 it 也用于回指相同的物体。在西班牙语例句(5b)中，名词 camellos，“指示词＋名词”结构 estos animales，主格代词 ellos，宾格代词 los 都是用于指代同样的事物对象，即骆驼。estos animales 这一形式是名词骆驼的上位词且离先行项距离很近，根据前文的语境(并无其他动物名词出现)，我们很容易判断出来它是指前文中的骆驼，如果将这种情况倒置，即先行项为上位词，回指项为下位词则需要通过一定的推导才能判断所指，在英语和西班牙语中一般使用定冠词，且该功能一般归为隐性回指(RAE，2009)。还应提及的是，Givon(1984)用量化的方法证实了当回指项和先行项只间隔一个小句时，可以用指示词来回指，如果距离较远则需重新使用名词，在这一点上，杨佑文(2013)和甘时源(2017)都指出英语较汉语来说，规则性较小，语篇回指的指代形式更为多样。

III. 指时间的名词性显性上指

当指示词用于回指前文中出现过的表示时间的名词或名词短语，我们将其定义为指时间的名词性显性上指功能，这里的时间既可以是某个时间段或时间点，也可以具体到某个行为发生的具体时间(李洁红，2007)。在汉语中，该用法的表达形式通常是零形式的指示词或“指示词＋(数量词)＋时间名词”结构，我们来看一组语料中的例句：

(6) a. 今天买上了新车，就算是生日吧，人的也是车的，好记，而且车既是自己的心血，简直没什么不可以把人与车算在一块的地方……吃完，有好买卖呢就再拉一两个；没有呢，就收车；**这**是生日！

b. 一千天！把一千天堆到一块，他几乎算不过来**这**该有多么远。

c. 当时伦敦已有一千五百年的历史，以**那时候**的规模而论，要算是一个大城市。

在例句(6a)中，光杆形式“这”用于回指祥子买车的“今天”，同样，(6b)中的光杆形式“这”用于回指前文已经出现的时间段“一千天”。我们看到指示词的光杆形式也是置于主语位置，句法限制较多。例句(6c)中的“那时候”也是常见的指时间的回指结构，在这种情况下，回指项所指代的并不是显性时间的名词，也就是说，在前文中我们不能直接找到具体的名词短语，但是可以通过上文中的描述场景或实际动作的发生来推断出暗含的时间，如(6c)的前文并没有显性时间，但是根据上文可以判断“那时候”是指“已有一千五百年历时的伦敦”所在的时间段。有关汉语指示词用于指时间的近远指之分，刘丹青(1999)提出现在一般用近指，而过去和将来则用远指，这一论断被我们的语料中的三个例句(6a)(6b)和(6c)所证实。然而，徐丹(1988)则认为“这”后接时间名词，既可以指现在也可以指过去，“那”则只能指过去。在我们的自建平行语料库中，用于语篇回指时间的“那”的使用频率要超过“这”，前者几乎是后者的两倍，这与甘时源(2017)的统计结果类似。

在英语和西班牙语中，因为一些时间副词的存在，如 now、then、hoy、entonces 等，指示词用于回指时间的使用频率要低于汉语，我们也在语料中发现了少量的例句：

(7) a. Since his parents had died when he was very young, he had forgotten the day of his birth and had not celebrated a birthday since coming to the city. All right, he said to himself, I bought a new rickshaw today, so **this** will count as a birthday, mine and the rickshaw's.

b. En un momento dado, se sentó y se quedó dormido. Si se hubiese muerto en **ese mismo instante**, habría sido incapaz de explicar, en el otro mundo, por qué lo habían encontrado en una postura como esa.

c. ¡Mil días! No podía imaginarse cuánto tiempo representaba **esto.**

英语例句(7a)是(6a)的英文翻译，指示词 this 用于回指前文中的 today，避免重复。在西班牙语例句(7b)中，“指示词＋时间名词”ese mismo instante(那一瞬间)指代前文中的 se sentó(坐下)和 se quedó dormido(睡着)的时间，回指项中选择使用中指词 ese 来指过去。而例句(7c)中使用了中性指示词 esto，因为前文中并不是某个具体的时间，还是表示时间的抽象概念。

IV. 指方位的名词性显性上指

与时间一样，空间方位是谈论物体、动作、时间等的必备条件。当指示词用于替代前文中已经出现的涉及地点方位的名词短语时，我们定义其为指方位的名词性显性上指。在汉语中，指方位的名词性显性上指主要呈现为光杆指示词“这/那”“这里/那里”“这儿/那儿”“这边/那边”以及“这/那＋地点名词”等结构。我们通过三语平行语料库中的例句来进行深入的分析：

(8) a. 到了下午，金丝鸟飞到大房子的屋顶上，在**那里**待了好长一阵。

b. 先到城里再说，他渴想再看见城市，虽然**那里**没有父母亲戚，没有任何财产，可是**那**到底是他的家，全个的城都是他的家。

c. 知道这个短处，他干脆不大到“车口儿”上去；哪里没车，他放在哪里。在**这僻静的地点**，他可以从容地讲价，而且有时候不肯要价，只说声："坐上吧，瞧着给！"

d. All Offal Court was just such another hive as Canty's house. Drunkenness, riot, and brawling were the order, **there**, every night and nearly all night long. Broken heads were as common as hunger in **that place.**

e. Estaba seguro de que una vez que hubiese conseguido escapar, acabaría por llegar a Hai-dian (**ese barrio** tan pintoresco en la zona noroeste de Pekín).

f. Algunos días antes alguien había comentado que el Templo del Cielo Tiantan había sido ocupado por las tropas; él había estado allí recientemente…

例句(8a)中的"那里"是回指地点的最常见形式，用于指代前文中的"大房子的屋顶上"，而(8b)中首次回指使用了"那里"，再次回指则选择使用了光杆形式"那"，用于回指前文中的"城里"，(8c)中是"指示词＋修饰语＋地点名词"的结构，指代前文中"没车的地方"。根据本研究的语料统计，汉语远指词用于指方位的使用频率要远高于近指词。

英语例句(8d)则显示了用于方位回指的两种形式，一种是地点副词 here 和 there，另一种则是"指示词＋地点名词"结构。西班牙语例句也是同样的情况，我们在语料中很难找到用指示词用于回指的情况，只有类似(8e)的例句，ese barrio 在括号中用于回指和补充说明前文的地点 Hai-dian，而常用的地点回指形式都是类似(8f)的使用地点副词 allí、allá、aquí、acá、ahí 等。地点副词使用频率要远远高于"指示词＋地点名词"结构，这也是为什么在统计中在指方位的回指功能中汉语指示词的使用频率要高于英语和西班牙语的原因。

除了上述例句外，我们还发现了一种介于时间、方位回指之间的特殊用法，如下面的例句所示：

(9) 他必须稳稳当当地快到城里，因为他身上没有一个钱，没有一点干粮，不能再多耗时间。**想到这里**，他想骑上骆驼，省些力气可以多挨一会儿饥饿。

例句(9)中的"想到这里"是场景中说话或思维活动到某一阶段某一处时出现的描写性语句，杨佑文(2013)认为其是介于时间和方位之间的回指，通常以"动词＋到＋这里"的形式呈现，且该用法只有汉语指示词具备，英语和西班牙语中都没有。

7.1.1.2　谓词性显性上指

与名词性显性上指类似，指示词的谓词性显性上指是指指示词用于替代和指示前文中已经出现过或提到过的动词词组内的动词或整个动词词组。我们知道谓词部分是完整语句表达的重要组成部分，用于描述任务、实现叙述功能。朱永生和严世清(2001)就曾提到过动词性的替代可以分为实义动词(lexical verb)替代和操作词(operator)替代，英语中的操作词主要是指助动词 do，而汉语中的操作词常见的有“干”“弄”“搞”和“来”等(余维，1997)。涉及指示词用于动作回指时，汉语通常用“这样/那样”和“这么/那么＋动词”等形式来表达，而英语和西班牙语用指示词进行动作方式回指的情形则较少，在本研究的语料中，我们找到如下的例句：

(10) a. 脖子上挂着的那些雪亮的金黄色吊钟花，与它白花花的、泛着青草颜色的口水粘在一起，吞进了它系着肚带的小肚子。银儿啊，谁能像你**这样**享用花朵……还能不吃坏肚子呢？

b. He made up his mind to pull a rickshaw, and **that** is what he did.

c. There were nicer clothes than that in the world, but he knew how hard it had been for someone like him to be dressed **that way**.

d. En un momento dado, se sentó y se quedó dormido. Si se hubiese muerto en ese mismo instante, habría sido incapaz de explicar, en el otro mundo, por qué lo habían encontrado en una postura como **esa**.

e. Para parecerse a un tirador de primera, antes de lanzarse al oficio, pensó en cómo estrecharse la cintura y así poder adoptar **aquellas maneras** que le permitieran destacar su busto erguido y su ancho pecho.

汉语例句(10a)中的“这样”用于回指前文中提到的银儿享用花朵的非常具体的动作方式。在英语和西班牙语例句中，我们都发现了光杆形式和指示词复合形式用于该表达，例句(10b)中的 that 指的是 pull a rickshaw 这一动作方式，例句(10d)则用指示词 esa 指向前文中“坐下和睡着”的姿势，例句(10c)中的 that way 以及近指词词组 this way 是英语中常见的用于回指动作方式的形式，例句(10e)中的 aquellas maneras(那种方式)也是同样的结构，此外在西班牙语中还有前置词词组 de esta/esa/aquellla manera 用于回指前文中出现过的动作方式，如：“Un detenido frustrado o descontento puede negarse a comparecer y **de esa manera** atrasar y afectar negativamente las actuaciones.”(沮丧或不满的被居留者可能会拒绝出庭，这样就会拖延诉讼程序并产生不利影响)，然而在本研究的语料中没有找到类似例句。

汉语中的谓词性上指还会出现“这＋(数量词)＋概括性名词”的情形，然而这种前指项和先行项之间的对应关系必须在语境非常明确的情况下才能实现，如下例所示：

(11) a. 在他赁人家的车的时候，他从早到晚，由东到西，由南到北，像被人家抽着转的陀螺；他没有自己。可是在**这种旋转**之中，他的眼并没有花，心并没有乱，他老想着远远的一辆车，可以使他自由，独立，像自己的手脚的那么一辆车。

b. 不幸，他必须拉洋车；好，在**这个营生**里他也证明出他的能力与聪明。

例句(11a)中的"这种旋转"指向前文中祥子拉车忙碌的方式，同时也是对其动作方式的总结和概括。同样地，(11b)中的"这个营生"指向前文中的"拉洋车"。在这种用法中，谓词性用法和隐性上指中的概括性有重叠交叉的部分。除了上述形式外，杨佑文(2013)还提到一种汉语指示词的谓词性上指的情况，即"这/那＋一＋先行动词"在本研究语料中也未找到，如下例所示：

(12) a. 于是就又找了这个处长。谁知道**这一找**不要紧……(刘震云，《一地鸡毛》)

b. "你——你这个混蛋！"苏小姐用中骂他，声音似乎微颤。鸿渐好像自己耳颊上给她这骂沉重地打一下耳光，自卫地挂上听筒，苏小姐的声音在意识里搅动补助。(钱锺书，《围城》) ①

杨佑文(2013)解释说在这种情况下，"这一找"并不是用于表述具体的行为，而是当再次提及时将其作为时间来评述，此外，这种结构有时还会省略"一"，后接于人称代词之后，如例句(12b)所示。

7.1.1.3　小句性显性上指

指示词及指示词与一些数量名结构的搭配不仅可以用于上指名词性成分和谓词性成分，也可用于替代前文中出现过的小句甚至整个段落，以实现篇章的形式衔接和语义连贯，我们将指示词的这一功能定义为小句性显性上指。在汉语中，"这/那"可以以光杆形式出现用于回指小句，英语的"this/that"也有同样的功能，但在西班牙语中，指示词通常以中性形式出现，即 esto, eso 和 aquello 来回指小句，我们来看三语平行语料库中的以下例句：

(13) a. 脚好了之后，他敢跑了。**这**使他非常地痛快，因为别的没有什么可怕的了。

b. "抄土道走吧？马路上——" "**那**还用说，" 矮子猜到他的意思，"自

① 引自杨佑文(2013：137—138)。

要一上了便道，咱们就算有点底儿了！”

c. This is the very prince, I know him well - and soon will be thy king; it may advantage thee to bear **this** in mind and more dwell upon it than the other.

d. He looked about him, now, but could not recognize the locality. He was within the city of London - **that** was all he knew.

e. Intentó pensar en algo que le mantuviera despierto, como, por ejemplo, en su rickshaw. **Esto** le hizo de nuevo gritar—¡En nombre de qué… !

f. Xiangzi, antes de llevar el sobrenombre de «el Camello», era un tirador relativamente libre: pertenecía a la categoría de los jóvenes, poesía su rickshaw y su propia independencia: era, en definitiva, un tirador de la clase superior. Y, sin embargo, llegar a **esto** no le había resultado nada fácil.

在三语的例句(13)中，指示词都是以光杆形式出现。汉语的光杆形式一般出现在主语位置上，(13a)的“这”是回指小句“脚好了之后，他敢跑了”，小句内容为事件型，而(13b)的“那”回指的是“抄土道走吧？马路上——”这句话，属于言语型回指。在英语和西班牙语中，光杆形式的指示词句法限制较少，既可以出现在主语位置上，如(13d)和(13e)所示，也可以出现在宾语(13c)或补语(13f)位置上。除却光杆形式，指示词还可以与数量词和/或名词搭配用于小句性上指，我们来看一组例句：

(14) a. “殿下，您忘记了她是下等人哩。塔里是专关大人物的。”

“这话有理。我没有想到**这个**。我要考虑怎么处罚她。你父亲对你好不好？”

b. “你看这是怎么回事？”

“呀，殿下您可别叫我回答**这个问题**。我这样下贱的人说出那种话来，未免不大妥当。”

c. “How now, my lord Edward, my prince? Hast been minded to cozen me, the good king thy father, who loveth thee, and kindly useth thee, with a sorry jest?” Poor Tom was listening, as well as his dazed faculties would let him, to the beginning of **this speech**…

d. - Por dos yuanes, voy yo…Un joven con la cabeza rapada, viendo que nadie reaccionaba, soltó **esa repuesta**, como bromeando.

与例句(13)不同,例句(14)则是指示词复合形式用于小句性上指,在汉语中,该结构可以是“指示词+(数)量词”,如(14a)中的“这个”,用以回指前文的言语,也可以是“指示词+(数量词)+名词”,如(14b)中的“这个问题”,同样用于回指前文的言语。英语例句(14c)中的 this speech(这个演讲)和西班牙语例句(14d)中的 esa respuesta(那个回答)都是与(14b)类似的用法。该用法也与指示词的隐性上指中的概括性功能有重叠的部分。

除此之外,汉语指示词还可以以“这么/那么”“这样/那样”的形式出现,如下例所示:

(15) 再说呢,两块钱是两块钱,这不是天天能遇到的事。危险?难道就那样巧?况且,前两天还有人说天坛住满了兵;他亲眼看见的,那里连个兵毛儿也没有。**这么**一想,他把车拉过去了。

在例句(15)中不同于谓词性上指用法“这+一+动词”结构,“这么”指向的是前文的一整句,而非某个具体动作方式,在此处用于充当动词“想”的状语。这种用法是英语和西班牙语的指示词不具备的。

基于本研究的三语平行语料库,我们对三语指示词的显性上指的具体用法进行了数据统计,如表 7-1 所示:

表 7-1　自建三语平行语料库中指示词显性上指用法统计

指示词	名词性上指	谓词性上指	小句性上指	总　计
este 系列	39	0	18	57(77.14%)
ese 系列	9	1	4	14(18.57%)
aquel 系列	3	0	0	3(4.29%)
总计	51(68.92%)	1(1.53%)	22(29.73%)	74
这	84	11	57	152(58.59%)
那	87	9	11	107(41.41%)
总计	171(66.02%)	20(7.72%)	68(26.17%)	259
this、these	40	0	19	59(32.78%)
that、those	57	7	57	121(67.22%)
总计	97(53.89%)	7(3.89%)	76(42.22%)	180

从表7-1中,我们可以看到,在西班牙语中,近指词用于显性上指的频率(77.14%)要高于中指词(18.57%)和远指词(4.29%),而英语的远指词用于显性上指(67.22%)则要高于近指词(32.78%),汉语的近指词和远指词则相对平衡,近指词(58.59%)略高于远指词(41.41%)。就具体所指而言,西班牙语的名词性上指(68.92%)要远多于小句性上指(29.73%)和谓词性上指(1.53%),其中谓词性上指几乎没有,这与西班牙语方式副词 así 的存在有一定关系,汉语中的三种上指分布则与西班牙语类似,名词性占绝大多数(66.02%),小句性(26.17%)和谓词性(7.72%)则相对较少,英语在名词性上指(53.89%)和小句性上指(42.22%)上相对较为平衡,但两者都远超谓词性上指(3.89%),总体来说,在具体所指分布上三语呈现一致性特征。

7.1.2　三语指示词的隐性上指

与显性回指中有显性的所指对象不同,隐性上指(implicit anaphora)中通常没有显而易见的先行项,而需要通过一定的推断来找到隐性的先行项。显性上指中先行项和回指项有着非常明确且直接的关系,而隐性上指中想要确认指示词的具体所指必须经过主观判断和理解且要结合上下文语境来建立照应关系。隐性上指又可称为间接回指(Erkü,1987)。因为隐性上指体现了上下文语义之间的一种衔接关系,用于表达连贯性,因此先行项和回指项之间是一种语义参照关系,而并非如显性上指一般是较为简单的替代关系。根据先行项和回指项之间的关系,我们通常将隐性上指分为三类:蕴含性隐性上指(inclusive implicit anaphora)、联想性隐性上指(associative implicit anaphora)和概括性隐性上指(generalized implicit anaphora)(杨佑文,2013;甘时源,2017)。下面我们将结合本研究的三语语料对三类隐性上指进行具体的分析。

7.1.2.1　蕴含性隐性上指

蕴含性隐性上指通常意味着先行项和回指项之间存在着包含和被包含的关系,杨佑文(2013)将汉语指示词的隐性上指中的这种包含和被包含的关系分为整体与部分以及上下义两种关系。而西班牙皇家语言学会(2009)也定义蕴含性为 parte-todo(部分—整体)关系,在这种参照关系中,先行项被定义为“锚点”(punto de anclado),而与锚点共参照的回指项则被定义为“发起者”(remite)。在西班牙语中,这种关系通常用定冠词来表达,指示词则很少使用。我们来看一组三语蕴含性隐性上指的语料:

(16) a. 在那些巨大的百年老树下,夜还在打着瞌睡。**那宽宽的树叶**——亚当和夏娃曾拿来当作衣服——小心保存着一层用露珠编成的珍珠细纱。

b. 祥子已经跑出二三十步去，可又不肯跑了，他舍不得那几匹骆驼……他得带走**这几匹牲口**，虽然还没想起骆驼能有什么用处……

c. Wherever I halt, Platero, I seem to be halting beneath the pine of La Corona… How strong I always feel when I rest beneath its memory! When I grew up, it was the only thing that didn't cease to be big, the only thing that became bigger all the time. When they cut off **that bough** which the hurricane had broken, I thought a limb of my own had been pulled out…

d. Look, Platero, so many roses are falling everywhere… Do you perhaps know where **these soft flowers** are coming from (I don't know where they come from)…

e. Aún, bajo las grandes higueras centenarias, cuyos troncos grises enlazaban en la sombra fría, como bajo una falda, sus muslos opulentos, dormitaba la noche; y **las anchas hojas** - que se pusieron Adán y Eva-atesoraban un fino tejido de perlillas de rocío que empalidecía su blanda verdura.

f. Con su chaqueta de soldado agujereada y **su cabellera hirsuta**, ¿podría realmente hacerse pasar por un camellero?

在汉语例句(16a)中“百年老树”和“宽宽的树叶”是整体与部分的关系，树叶属于老树的一部分，因此指示词“那”是用作隐性上指，用于确定树叶的参照。而例句(16b)中，指示词后接的名词“牲口”是先行项名词“骆驼”的上义词，因为前后文中也没有其他的“牲口”，所以可以判断这里的牲口即前文的“骆驼”，也就是说，先行项和回指项之间是通过上下义位之间的语义关系来进行衔接语篇的。英语例句(16c)中的 that bough(粗树枝)与(16a)的情形类似，其先行项是 the pine(松树)，也是部分和整体的关系。(16d)中 roses(玫瑰)和 these soft flowers(这些柔软的花朵)则是上下义关系。然而，在西班牙语语料中我们未找到类似例句，如(16e)所示的 las grandes higueras centenarias(百年的大无花果树)与 las anchas hojas(宽宽的树叶)之间的整体和部分关系是通过定冠词来实现的，而(16f)中的 cabellera(头发)与整个人的身体也是部分和整体的关系，则是通过物主形容词实现的。究其原因，我们在第三章曾提到，西班牙语指示词不能用于表达整体和部分的关系，RAE(2009：2071)明确了是否能用于表达部分和整体关系的关联用法(uso asociativo)是西班牙语定冠词和指示词的一大区别。

7.1.2.2　联想性隐性上指

联想性隐性上指是指读者基于自己已经具备的知识或者联系上下文语境中给出的信息推断出语篇里的先行项和回指项之间的隐性的照应关系，在这种情况下，语用和修辞因素就显得尤为重要。与蕴含性隐性上指不同，联想性的隐性上指不再是单纯的部分和整体或是上下义位之间的关系，而是从整体或上义位中提取某个或某些语义元素，比如某些功能义素或性状义素等来进行集成。我们来看一组三语语料库中的例句：

(17) a. 金色的海风轻拂着邻近的松林，随着树梢的起伏摇曳，若即若离地送来阵阵婉啭袅绕的小鸟们的轻声合唱。可怜**这天真的音乐会**，竟然离那些坏心眼的人这样近！

b. Before us are the fields, already green. Facing the immense, clear sky, of a blazing indigo, my eyes – so far from my ears! – open nobly, welcoming in its calm **that indescribable placidity**, that harmonious, divine serenity which dwells in the limitlessness of the horizon…

c. Laid-off policemen and school janitors, peddlers who have squandered their capital, and out-of-work laborers who have nothing more to sell and no prospects for work grit their teeth, swallow their tears, and set out on **this road to oblivion.**

d. Están ya aquí, Platero, las golondrinas, y apenas se las oye, …No se atreven a subir y bajar por la calle Nueva en insistente línea recta con **aquel adornito al fin**, ni a entrar en sus nidos de los pozos.

e. Allá abajo les ha llovido - **aquella nube** fugaz que veló el prado verde con sus hilos de oro y plata, en los que tembló, como en una lira de llanto, el arco iris.

例句(17a)中“这天真的音乐会”这一回指项的确认需要依靠前文中出现的“合唱”这一事件经过联想推断来实现，这里的回指项不仅指向了前指项的参照，还为前指项增添了语义信息，但其核心意义并不改变，我们将其定义为同义转释；英语例句(17b)也是类似的情况，that indescribable placidity 与先行项 clam 的语义内涵都是指“平静”，aquel adornito。英语例句(17c)的指示词短语 this road to oblivion 并没有在前文中出现过，但因前文有 they gradually become resigned to the knowledge that one day they will collapse and die in the street，据此才能推测出应该其所指应该是成为一名拉车的车夫，获得指示词的所指需要通过上下文语境进行推理。西班牙语例句(17d)中 aquel adornito al fin(尾部的小点缀,中文版翻译为"那独具特色的尾巴")是前文中的名词短语 las golondrinas(燕子)的一部分,但是指示词后接的并不是"尾巴"的直接表述,而是"尾巴"的性状义素,读者需要通过自己的知识储备来对指示词的所指进行推断。同样,(17e)中的 aquella nube(那片云)也是通过前文中的 llover(下雨)推断得来。在上述的例句中,回指项和先行项之间都有某种隐性的联系,需要通过一定的推理和联想才能得出,而并非如蕴含性隐性上指一般是直接的包含和被包含关系,当然这种推理和联想并不是读者的任意行为,也需要以上下文语境和读者本身的常识储备为依据,需要通过推理和联想而衔接的上下文也不会破坏语篇的连贯性,因为推理本身是一个特殊的认知添加和再加工的过程(杨忠、张绍杰,2003)。

7.1.2.3 概括性隐性上指

除了上述的蕴含性和联想性隐性上指外,"语篇中的有关人称、事物或地点的名词可用一些泛指上述概念的词语替代,如 person、thing、place、fact 等"(胡壮麟,1994:116),这一类用泛指来替代先行项的用法,我们可以称之为概括性隐性上指。概括性隐性上指无论是在英语还是在汉语中都是非常常见的替代现象(杨佑文,2013)。甘时源(2017)依据前指项指称对象的不同将概括性前指分为事件类、情境类、性状类和动作类这四大类。事件类并不是指示词直接对前文中的事件进行回指,而是对上文出现的事情进行总括和评述,类似于 Asher 和 Lascarides(2006)所提到的事件类前指(event anaphora),汉语中通常以"指示词+(数量词)+概括性名词"的形式出现,英语和西班牙语则是以"指示词+概括性名词"形式出现,我们来看一组三语平行语料库中的例句:

(18) a. 皮轮子上了碎铜烂磁片,放了炮;只好收车。更严重一些的,有时候碰了行人,甚至有一次因急于挤过去而把车轴盖碰丢了。设若他是拉着包车,**这些错儿**绝不能发生。

b. …that he shall cease to speak to any of that lowly birth and life his malady hath conjured out of the unwholesome imaginings of o'erwrought fancy…

c. No prestaba atención a los restos de metales o pedacitos de cristal que podían reventarle los neumáticos, pues su meta era acabar las jornadas como fuera. A menudo también tropezaba con los transeúntes. Una vez tuvo una caída a la salida de un cruce y perdió un embellecedor. Si hubiera trabajado para un particular, **este tipo de cosas** no le habrían sucedido.

在例句(18a)中,“这些错儿”是对前文下划线标注的语句的总结和评述,将前文的语句抽象化为一个名词“错儿”,(18b)中的 that lowly birth and life(低贱的出生和生活)是对前文贫儿对国王说道自己出身卑贱、生活贫苦的概括,(18c)是(18a)的西班牙语翻译,回指项用了 este tipo de cosas(这类事情)来概括,缺少了一些汉语原文的评述的意味。这三个例句中指示词短语的具体所指不需要通过繁复的推理就可以得到正确的辨认。我们在前文中提到小句性显性上指和概括性隐性上指有一些交叉重叠的部分,如例句(18c)似乎也可以理解为小句性显性上指。在这两种上指的细微差别方面,杨佑文(2013)总结说:小句性显性上指的指示词通常是表现为称代功能,即单独出现,且在句中一般充当主语和宾语的角色;而在概括性隐性上指中,指示词通常是表现为指别功能,即与名词搭配使用,不仅是对具体参照的照应,也是对该事件的描述和评论,这一点从(18a)的“这些错儿”就能很好地体现出来。

情境类的概括性隐性上指的回指项通常是对时间发生的场景描写进行一定的概括和总结,如下例所示:

(19) a. 如虹般的七色光芒,像珠宝一样从天顶放出,透过天窗口泻下来。我从天窗口循着阳光飞升,暂离了**那宁和之境**,在天空中畅游了片刻。

b. His spirits sank lower and lower as he moved between the glittering files of bowing courtiers; for he recognized that he was indeed a captive now, and might remain forever shut up in this gilded cage, a forlorn and friendless prince, except God in His mercy take pity on him and set him free. And, turn where he would, he seemed to see floating in the air the severed head and the remembered face of the great Duke of Norfolk, the eyes fixed on him reproachfully. His old dreams had been so pleasant; but **this reality** was so dreary!

c. Lo duro del trabajo no le asustaba a Xiangzi, pero solo pensar en que tenía que empezar de cero y trabajar otra vez años y años para poder hacerse con otro vehículo le hizo llorar. Todo le pareció en esos momentos odioso, y no solamente los soldados. ¿Por qué razón había llegado a **esta situación** tan lamentable?

在上述三语的例句中,“那宁和之境”“this reality”和“esta situación”都是用于指称上文中的描述性场景,这样的概括性指代也使得语言更加精简,避免重复,语篇衔接也更加自然紧密。

当回指项里的指示词指向用于表达事物的性质、特征或状态的前指项时，我们将其定义为指性状的概括性隐性上指，如下面的例句所示：

(20) a. 他想不起别的，只想可怜自己。可是，连自己的事也不大能详细的想了，他的头是那么虚空昏胀，仿佛刚想起自己，就又把自己忘记了，像将要灭的蜡烛，连自己也不能照明白了似的……他永远没尝受过**这种惊疑不定的难过**，与绝对的寂闷。

b. There was no talk in all England but of the new baby, Edward Tudor, Prince of Wales, who lay lapped in silks and satins, unconscious of all **this fuss**, and not knowing that great lords and ladies were tending him and watching over him - and not caring, either.

c. Ya trabajara por cuenta de un particular por meses, o buscara clientes en la calle, lo hacía sin angustiarse por el alquiler: todo el dinero que ganaba se lo quedaba él. Con **esta sensación de placidez**, trataba a los demás con amabilidad.

无论是汉语例句(20a)中的“这种惊疑不定的难过”还是英语(20b)的 this fuss(这种大惊小怪)抑或是西班牙语例句(20c)中的 esta sensación de placidez(这种平和的感觉)，都是对前文所述时间的状态和性质的描述。

最后，在概括性隐性上指中还有一类是指示词用于指代某一时间的行为和过程的，我们称之为动作类的概括性隐性上指。在这种类型的上指中，先行项往往是动词性的，回指项的结构通常是“这么/那么＋名词(或名词化的动词或形容词)”，如下例所示：

(21) a. 那经验十足而没什么力气的却另有一种方法：胸向内含，度数很深；腿抬得很高；一走一探头；这样，他们就带出跑得很用力的样子，而在事实上一点也不比别人快；他们仗着“作派”去维持自己的尊严。祥子当然决不采取**这几种姿态**。

b. for this group of men can deal with their foreign passengers in their own languages: when a British or French soldier says he wants to go to the Summer Palace or the Yonghe Monastery or the Eight Alleys red-light district, they understand. And they will not pass **this skill** on to their rivals.

c. Viéndose en tales circunstancias, lamentó no tener el pequeño chaleco blanco encima de su conjunto de tela azul: ¡le daba **un aspecto tan aseado y elegante**!

例句(21a)中的“这几种姿态”是对上文下划线标注部分具体动作的概括，(21b)中的 this skill 指的是前文与外国人沟通。在西班牙语中，我们没有找到指示词的类似用法，若观察例句(21c)我们发现“不定冠词＋名词＋形容词”具有该功能，名词 aspecto 是对前文着装结果的总结。

我们对三语指示词的隐性上指用法在自建平行语料库中的出现频率进行了统计汇总，如表 7－2 所示：

表 7－2　自建三语平行语料库中指示词隐性上指用法统计

指示词	蕴含性	联想性	概括性	总　计
este 系列	0	0	20	20(66.67%)
ese 系列	0	3	2	6(16.67%)
aquel 系列	0	3	2	4(16.67%)
总计	0(0%)	6(20.00%)	25(80.00%)	30
这	1	7	11	19(33.93%)
那	16	6	15	37(66.07%)
总计	17(30.36%)	13(23.21%)	26(46.43%)	56
this, these	1	4	16	21(53.85%)
that, those	2	3	13	18(46.15%)
总计	3(7.69%)	7(17.95%)	29(74.36%)	39

在表 7－2 中我们可以看出，在英语和西班牙语中，指示词隐性上指的用法都主要集中在概括性隐性上指用法中，其出现频率要远高于蕴含性和联想性隐性上指用法。在汉语中，指示词在蕴含性隐性上指用法中出现的频率则明显高于英语和西班牙语。而在概括性隐性上指的用法中，西班牙语近指词的使用要多于远指词，而汉语的远指词则多于近指词，英语的近远指使用则较为平衡。

7.2　三语指示词的下指功能

除了上指外，下指(cataphora)也是语篇中常用的指代形式，下指又可以称为预指。后指、反指或是逆前指(backwards anaphora)。Crystal(1997：51)将其定义为用指示词对语篇中下文里即将出现的语言单位进行指代的语言现象。在下指中,我们将用于下指语篇中即将出现的语言单位的部分叫作下指项(cataphor),而之后在语篇中出现的被指称的此项我们称之为下行项(postcedent),许余龙(2004)认为"后现语(cataphoric word)"是对其更好的定义。Chen(1984)指出相比上指,下指在语篇中出现的频率要少得多,因为实现下指在句法和语用上有更多的限制(Carden,1982)。通常情况下,下指的下指项和后现语之间的距离必须非常接近甚至需要紧贴在一起,且两者之间的关系也要非常紧密和明确,以便读者能在行文中准确判断出下指项的具体所指。

一些语法学家从句法的角度对下指现象进行了探讨,如c-统领理论(c-command theory)的提出(Reinhart,1983),另一些语法学家则认为句法角度的研究有较多限制,转而从语篇视角对下指现象进行解释,如Kuno(1972)、Carden(1982)等通过自然语料在语篇中分析下指中代词的指称对象。此外,还有Ariel(1990)和Van Hoek(1997)等人从语言认知角度出发对下指进行研究,提出了下指依赖可及性等观点。

在对汉语下指现象的研究中,王宗炎(1994)认为,汉语的人称代词没有下指功能,只具备上指作用。而高原(2003)则认为,汉语语料中可以找到下指的实例。许余龙、贺小聃(2007)则将下指分为语篇下指、局部语篇下指、句内下指和局部语篇回指四种类型。杨佑文(2013)对英语、汉语指示词在语篇中的下指进行了对比分析,认为两种语言在指示词下指方面的使用很类似。根据我们语料中的下指例句,本研究将分五种类型来分析下指现象:小句下指、重复下指、括号内下指、语篇直接下指和类比下指。下面我们将对三语平行语料库中的下指现象进行举例分析。

(22) a. 它就朝我一路小跑过来,跑得**那么欢快**,像是给一阵想象中的铃铛声逗得咯咯直笑……

b. He took it to a remote spot to look it over, his very own rickshaw. He could see his face in the lacquer finish, and was willing to overlook even **those things** that strayed a bit from his ideal.

c. Una vez allí, se regalaría en un puesto de comida ambulante uno de esos fantásticos almuerzos que solían consistir en empanadillas rellenas de cordero asado…

在例句(22)中的三个句子都属于小句下指,从英语和西班牙语中我们可以看到小句性下指通常是先行项里包含指示词后接形容词从句修饰先行项构成,如(22b)中的 those things 和(22c)中的 esos fantásticos almuerzos,这两个带指示词的名词短语都是第一次被在上下文中被引入,在前文中找不到与其相照应的具体参照对象,而由于从句的限定作用,使得先行项的指示词的具体所指的范畴被确定。汉语例句(22a)稍显不同,“那么+形容词”不同于英语和西班牙语中的名词短语,然而小句中的“像是给一阵想象中的铃铛声逗得咯咯直笑”同样是用于确定“欢快”的具体程度,我们同样可以将其理解成小句性下指的一种。值得注意的是,在英语中远指词 that 常作为下指标记后接关系从句来描述或说明先行项的具体内容。

重复下指,顾名思义,是指下文中对指示词修饰的成分进行重复提及,用以确定其具体所指,如下例所示:

(23) a. **那白石**灰耀得我眼盲。石灰,你知道的,可以抹在砖头地上,这样雨水流到水池中才能保持纯净。

b. ¡Cuántos sueños le ha mecido a mi infancia **esa pobre pimienta** que, desde mi balcón, veía yo, llena de gorriones, sobre el tejado de don José!. (Eran dos pimientas que no uní nunca: una, la que veía, copa con viento o sol, desde mi balcón; otra, la que veía en el corral de don José, desde su tronco…)

在本研究的语料中,我们没有找到重复下指在英语中的应用,汉语例句(23a)中的“石灰”和西班牙语例句(23b)中的 pimenta(辣椒)都有下文对应的具体解释,用于确定所指。例句(23b)也可以看作括号内下指的一种,括号内下指和语篇直接下指通常是用标点符号括号或者冒号来引入下行项,与前文已出现的指示词相互照应,如下例所示:

(24) a. 他想起了**这个**:既是拉着骆驼,便须顺着大道走,不能再沿着山坡儿。

b. 而在远处,在高高的田地那头,还回荡着**那时而略显嘶哑的尖利叫声,那断断续续、喘着气的单调叫声**:“疯……子! 疯……子!”

c. Once the little Lady Jane turned to Tom and dismayed him with **this question**: “Hast paid thy duty to the queen's majesty to-day, my lord?”

在本研究的西班牙语语料中,我们并没有找到语篇直接下指用法,但其并非不存在,我们来看一个例子:

(25) Cómo responder a **esta pregunta**: “¿Por qué quieres trabajar con nosotros?”

这是我们通过搜索引擎在某个面试辅导网站上找到的句子,我们可以看到,这里下指的指示词使用的是与英语一样的近指词,后接引号中的句子即为 esta pregunta(这个问题)的具体所指对象。有关近远指词的选择问题上,杨佑文(2013)提到,英语在表示下指即将谈到的事物或言语时,一般只用近指词,而不用远指词,通过对语料的统计,我们发现西班牙语也是类似的情况。然而汉语的使用则相对自由,如(24b)中就使用了远指词来下指相邻的语句。

最后值得提出的是,类比下指是汉语中是用“这/那么、(像……)那样”来指状态、程度等,后接的名词或形容词可以用以进一步补充说明具体的状态和程度。而英语和西班牙语则通常用程度副词 so、such、tan、tal 来取代,我们来看一组例句:

(26) a. 岸边的百合像蓝天**那样清新**。

b. But going so fast that he damaged his rickshaw would be unfair to himself.

c. Platero, avergonzado un poco de verse así, viene a mí lento, mojado aún de su baño, tan limpio que parece una muchacha desnuda.

汉语例句(26)中的“那样”指代“像蓝天那样清新”,用后接形容词补充说明了蓝天的具体性状。而在英语例句(26b)和西班牙语例句(26c)中,则用了程度副词来替代指示词。

7.3　三语指示词上下指功能使用频率统计

基于本研究使用的三语平行语料库,我们对三语指示词的上指和下指功能的使用频率进行了统计,如表 7-3 所示:

表 7-3　自建三语平行语料库中指示词上下指功能使用频率统计

指示词	上指		下指	总计
	显性上指	隐性上指		
este 系列	57(74.03%)	20(25.97%)	0(0%)	77
	77(98.67%)			
ese 系列	14(73.68%)	5(26.32%)	7(26.92%)	26
	19(73.08%)			
aquel 系列	3(37.50%)	5(62.50%)	2(20.00%)	10
	8(80.00%)			

续　表

指示词	上指		下指	总计
	显性上指	隐性上指		
总计	74(71.15%)	30(28.85%)	9(7.96%)	113
	104(92.04%)			
这	152(87.21%)	19(12.79%)	2(1.16%)	173
	171(98.84%)			
那	107(74.31%)	37(25.69%)	36(20.00%)	180
	144(80.00%)			
总计	259(78.77%)	56(21.23%)	38(10.76%)	353
	315(89.24%)			
this	59(73.75%)	21(26.25%)	3(36.14%)	83
	80(96.39%)			
that	121(87.05%)	18(12.95%)	13(8.55%)	152
	139(91.45%)			
总计	180(82.19%)	39(17.81%)	16(6.81%)	235
	219(93.19%)			

如表 7－3 所示，总体来说，三语的上指使用频率都远高于下指：汉语中上指比例是 89.24%，下指比例是 10.76%；西班牙语中上指比例是 92.04%，下指比例是 7.96%；英语中上指比例是 93.19%，下指比例是 6.81%。总体趋势与前人研究类似，但从比例来看，在本研究中汉语的下指使用频率比英语和西班牙语更高，这与杨佑文(2013)的统计结果有出入，而与甘时源(2017)的大型语料验证结果相同。在上指部分，三语的显性上指用法都明显多于隐性上指，汉语、英语和西班牙语的显性上指占总上指比例分别为 78.77%、71.15%和 82.19%，而隐性上指的比例则分别为 21.23%、28.85%和 17.81%。从三语的近远指词的使用来看，汉语的近指词“这”在显性上指的使用上其频率要高于“那”，而“那”在隐性上指中的出现则多于“这”。与汉语不同，英语的远指词在显性上指的使用频率

上要高于近指词，而在隐性上指的使用上，近远指词的使用频率类似。西班牙语则是近指词无论在显性上指还是隐性上指的使用频率都高于中指词和远指词，但在下指中明显少于中指词和远指词，这和 Eguren(1999)的观点不一致。

7.4 本章小结

本章重点研究了在汉语、英语和西班牙语中指示词用于语篇中的上指和下指的具体用法，并进行了深度的分析和比较。基于我们自建的三语平行语料库，我们对指示词上指的显性上指、隐性上指和下指进行了分类对比，其中显性上指可以分为名词性上指、谓词性上指和小句性上指，隐性上指可以分为蕴含性上指、联想性上指和概括性上指，在下指中，我们则将其分为小句下指、重复下指、括号内下指、语篇直接下指和类比下指几类来进行分析，在每种类别下，我们通过语料中的例句对三语指示词使用的相似点和差异进行了比较。最后，我们还对三语中指示词的语篇指示用法进行了使用频率统计。结果显示，三语中指示词的上指用法都远多于下指，而在上指中，三语指示词的显性上指使用频率都高于隐性上指。在上指中，汉语和西班牙语的近指词的使用频率都要高于远指词，但是英语的情况则相反。而在下指中，三语的远指词(包含中指词)的使用频率都高于近指词。

第八章 汉西英指示词虚化连接和语法化问题

语法化是某些词汇从实词走向虚词的过程，一般来说，在语言演变的过程中，使用频率增高会使得某些高频词呈现出语音弱化和语义延伸的现象。然而Givón(1979)及 Heine、Claudi 和 Hünnemeyer(1990)曾提到，语法化并不是一个单一方向行进的过程，从词汇向语法元素发展也并不是完全没有回溯的，语法化是多朝向的自然前进的总和，所以我们常能发现现如今的某些词素可能是过去的句法形式而来，而现如今的某些句法则是过去的语用而来，当然也有可能过去的词素或句法在今天的语言使用中已经不复存在。

褚俊海(2010)提到，实词虚化的发生需要具备一定的语义条件和语义基础，而此种语义基础是跟说话人有关的指别意义。就此，他认为指别代词比较容易发生虚化现象，其虚化的典型模式是指别代词中的概念范畴义变得“越来越漂白”(bleach)，指别义变得“越来越凸显”(salience)的过程(p.159)。有关指示词的语法化问题的研究方面，吴福祥(2005)曾指出四路径：一是指示代词弱化成属格标记，如古汉语中的“之”；二是指示代词弱化成系词，如古汉语中的“是”；三是指示代词弱化成定冠词，如北京话中的“这”，该问题在张伯江、方梅(1996)及方梅(2002)中都有所探讨；四是远指代词弱化成第三人称代词，如古汉语中的“彼”和“伊”。

毕永峨(2007)讨论了一些含有指示词“那”的词串的语音弱化和语义变迁的语法化问题。这里的所谓词串即在语言使用中，“某一特定的词常常与一些其他特定的词以特定的次序一起出现”(p.128)，因此而形成的词串，类似于话语发出者心理词汇库中的固定形式。在其研究中，毕永峨讨论了“那种”和“那边”在台湾的使用情况，指出这两个词串的语法化现象在口语中较多，尚未进入书面语，且主要是使用频率增加而产生主观化的语义而产生。

汪化云(2015)则讨论了充当中心语、处于话语中停顿之前的“那种”所构成的“X 的那种”构式的习语化和词汇化问题，认为“那种”比“这种”趋于词汇化的原因在于其远指意义被淡化且使用频率高从而变成了语义上的赘余成分，当“那种”后接标点，则其处在有“名物化”嫌疑的位置，这是其词汇化的结构条件。此外，汪化云通过语料库的验证提出“X的那种”的语法化是在现代完成的，因为汉语“话题优先”的特质使得“那种”在结构中以定语代宾语，与X互为直接成分，前面的X是定语被突出，后面的那种搭配定语形成构式，完成语法化。

殷志平(2019)对“这/那种”的句法分布进行了三个层次的分析。首先是其修饰的对象不仅可以是名词性成分，也可以是动词性成分，且其语义仍保持指称功能。其次是当“这/那种”后接于名词性或动词性成分之后时，其具有名词化功能，且在语用上体现出互动功能。最后是后置的“这/那种”主语是口语化用法，没有句法和语义功能，这种互动功能主要是由指示词的协调注意焦点功能和“种”的约似性质相结合造成的。

8.1 指示词虚化成冠词

语义虚化是实词虚化的重要标志。从类型学角度出发，指示词虚化成定冠词在语言中有一定的共性。Hopper和Traugott(2003)就提到人类语言在发展的过程中会经历从实义词向语法词、向附着形式、向屈折词缀演变这样一个语法化斜坡。然而，作为没有屈折形式变化的孤立语的汉语在指示词的使用上，所指对象虚化也常有发生(陈平，1987)。吕叔湘(1956)在其著作《中国文法要略》中就曾指出，当“这”和“那”指向在上下文中没有明确出现，但是说话人和听话人共享知识时，“这”和“那”的指称义就弱化了，近指和远指的区别也消失，此时的指示词类似于中性指称词。到了1990年，吕叔湘在《指示代词的二分法和三分法——纪念陈望道先生百年诞辰》一文中还提到不用于指远近的指示词是由近指指示代词或远指指示代词弱化而成，其用法类似于英语中的定冠词the或代词it的中性指示用法。

Dryer(2005)在考察了566种语言后发现，其中56种语言有定冠词且与其指示词形似。Greenberg(1978)以及Diessel(1999)都曾提到目前欧洲语言的定冠词基本都是从具有回指功能的指示词语法化而来，如英语的定冠词the就是从指示词se语法化而来，而西班牙语的定冠词也是拉丁语中的指示词ille语法化而来。Kabatek(2009)提到一方面从语言系统出发，这是拉丁语中格的下降以及语序的固定带来的，另一方面也是出于回指现象使用频率的提升。在语法化过程中，ille逐渐失去它的指示功能，句法自由度也越来越小，最后语音内容也逐渐丧失。Greenberg(1978)将定冠词的语法化过程描述为指示词→定冠词→特定冠词(specific article)→名词标记(noun marker)这样一个过程，结合汉语“这/那”的用法，胡邦岳(2021)在其基础上将指示词的冠词化路径修改成如下图所示：

阶段 0→阶段I→阶段II→阶段III
指示词→定冠词→特定冠词（specific article）→名词标记（noun marker）
情境指示→回指→共享知识、框架内联想→唯一事物→普通名词
[+个体化]-----------------------------------[-个体化]

图 8-1　定冠词的语法化轨迹(改编自胡邦岳 2021：39)

从图 8-1 我们可以看出，指示词语法化成定冠词经历了四个阶段，在阶段 0，指示词仍停留在纯粹的指示功能，之后逐渐开始演化成话语指示功能，再过渡到需要依靠句法结构来实现的特定冠词，最后从具体意义变成类指义或虚指义。Diessel(1999)则指出用于回指的指示词不再指向某个具体的非话题的先行项而逐渐过渡到指向所有种类的所指对象，这样的指示词便不再具有直指功能，最终成为形式上的定指标记，这一过程往往还伴随着语义弱化(phonological reduction)、形态缩减(loss of morphological)，以及语法自主性(gramatical autonomy)的弱化。

然而我们知道在现代汉语中并没有如英语的 the 或西班牙语的 el、la、los、las 等定冠词语类，汉语中的定指往往通过词汇手段、词素手段和位置置换手段，即语序手段等方式实现，这是不是能说明汉语没有定冠词所代表的语法范畴呢？答案是否定的。吕叔湘早在 1985 年就指出汉语中的指示词“这”和“那”如果不在上下文中起到区别参照的作用，就可以认为是弱化的指示词，其功能相当于冠词。除此之外，张伯江、方梅(1996)，方梅(2002)，陈玉洁(2010)等都对汉语中指示词定冠词化的问题进行了较为深入的讨论，有的认为汉语中的定冠词已形成，有的则认为冠词化程度尚未成熟。甘时源(2017)和鹿秀川(2019)在其研究中分别使用了如下的例句来说明汉语指示词的冠词化功能：

(1) a. **这**烟对身体有害。

b. 那是一位姑娘嘹亮的声音，她将尾音拉出长长的音浪，**那**音浪在胡同里家家庭院的上空久久荡漾。(吴冠中，《绿衣姑娘》)

在例句(1a)中，指示词“这”并无指示语义，名词“烟”的具体参照无法通过指示词的使用而实现，这里的“这烟”实际上在表达类指语义，泛指属于名词“烟”这一类的所有成员。而例句(1b)则相对比较特殊，在指示词“那”之前出现了先行项“音浪”，因此可以将(1b)中的指示词看作语篇指示用法，然而若深入分析即可发现这里的“那”是在保证先行项在语篇中的确定性(甘时源，2017：192)，而并非用于指示远近距离的具体参照。在本研究的汉语语料中，我们找到了如下例句，其中指示词的用法类似于英语和西班牙语中的冠词：

(2) 我轻轻地唤它:“银儿?”它就朝我一路小跑过来,跑得那么欢快,像是给一阵想象中的铃铛声逗得咯咯直笑……我给它多少,它就吃多少。它喜欢橙子,橘子,闪着琥珀色光泽的香葡萄,还有**那**渗出晶莹蜜汁的紫色无花果……

在例(2)中,虽然指示词“那”后接的名词并非如例句(1a)的光杆名词,而是带有较长修饰语的名词短语“渗出晶莹蜜汁的紫色无花果”,刘丹青(2002)曾解释过这里的指示词仍然表示类指含义,只是相对“无花果”这一名词大类,我们可以理解成该名词的下位词类。胡邦岳(2021)提出当“这/那”用于普遍共享知识、框架内联想等情景之下时就意味着其向定冠词演化了。如上述例句(1b)就可以看作框架内联想,听话人通过借助上文出现的概念联想到指示词后接名词的所指。

关于汉语指示词“这”和“那”的语法化程度问题,汉语语言学界也有所讨论,Tao(1999)指出近指词“这”体现出的“类定冠词性”语法化程度相较远指词“那”更高;而黄伯荣(1999)则持相反意见,认为“那”的冠词化程度要高于“这”。方梅(2002)则讨论了北京话中音变的指示词“这”(zhèi)和“那”(nèi)的语法化路径与机制,认为“这”类似于定冠词,可以后接名词表达类指、无指等情况,且其在2012年的论文中明确提出“这”的语法化程度要高于“那”。陈平(2016)则明确提出指示词“这”和“那”是汉语中最接近定冠词用法的语法表现手段,但因其保留了直指属性,其语法化程度不够高,且两者相比之下,“那”的语法化程度高于“这”。

在方梅(2002)和陈平(2016)的基础上,刘金凤(2017)总结了汉语中指示词的语法化的历时过程:指示词“这”最早出现在唐代,吕叔湘(1985)认为其来源于“者”,而王力(1980)则认为其来源于“之”;指示词“那”的出现也始于唐代,吕叔湘(1985)和王力(1980)都认为“那”源自上古汉语中用于表达远指的“尔”。在唐代,指示词“这”和“那”主要与量词连用,且很少用作修饰名词,主要出现在佛教禅宗用语中。从晚唐开始,指示词可以用于表达类指或与专有名词搭配,这是“这”“那”虚化路径的开始。到了宋代,指示词开始后接名词,指量名结构逐渐转化为指名结构,且后接的名词短语可以是专有名词、通指、地点、时间、引语甚至情状这些本身就具有指称功能的成分,因此“这”和“那”一定程度上开始语法化成定指标记。元明时期,指示词“这”和“那”开始出现定冠词用法的萌芽,具有了语用有定性的用法特质。到了清代,“这”和“那”的用法虽然依然以回指为主,但其弱化用法的比例在提升,且“那”的弱化表现尤为明显(王娅玮,2014)。民国以后，汉语进入现代汉语阶段，指示词进一步虚化，除了加表达类指的名词之外，还出现了做连词的指示词，如“那么”，起虚化连接作用，以及用作关系小句中的中心词的指示词。

从上述对于指示词历时虚化过程的描述中，我们可以看出，汉语指示词的语法化路径主要经历从近/远指到中性代词再到泛指最后到无指的过程，其特点汇总如下(刘金凤，2017：113)：

A. 失去指示词的直指功能；

B. 伴随着语音弱化、形态缩减以及语法自主性的弱化，指示词可依据语境或回指前文成为定指标记；

C. 定指标记引导听者通过前文提及、话语环境中实体的出现或共享知识等方式识别所指对象等，在这一过程中逐步获得冠词的功能、用法与分布；

D. 可与形容词等连用，表示类指；

E. 能与专有名词连用；

结合上述特点和本语料库例句，我们来具体距离分析汉语指示词“这”“那”的语法化路径。

(3) a. 在这里，二十岁以下的——有的从十一二岁就干这行儿——很少能到二十岁以后改变成漂亮的车夫的，因为在幼年受了伤，很难健壮起来。他们也许拉一辈子洋车，而一辈子连拉车也没出过风头。**那**四十以上的人，有的是已拉了十年八年的车，筋肉的衰损使他们甘居人后，他们渐渐知道早晚是一个跟头会死在马路上。

b. 他从一家的屋脊上看过去，又看见了**那**光明的太阳，可是太阳似乎不像刚才那样可爱。

c. 各处的灯光渐渐闪烁起来，天上也下起雨来了，随即又刮起了风，于是狂风暴雨之夜就开始了。**那**落魄的王子、无家可归的继承英国王位的太子仍旧在往前走，越来越深入这些迷宫似的肮脏小巷，那是一些又穷又苦的人家像密集的蜂窝似的聚居在一起的地方。

d. 这个面貌冷酷的病夫就是**那**威严的亨利八世。

e. 这个消息由大家用耳语传播着——因为宫廷里照例是用耳语传播消息的——**这**个奴仆告诉**那**个奴仆，宫臣告诉贵妇，顺着所有的长廊一直传播过去，**这**层楼传到**那**层楼，**这**个花厅传到**那**个花厅：“王子发疯了，王子发疯了！”

f. 它们给花儿讲自己在非洲看到的奇观，还有两次海上的旅行，诉说它们躺在水面上，抬起一只翅膀作帆，或是搭在海轮的缆绳上前行；还有**那**一次次的日落，**那**一天天的黎明，**那**一个个有星星陪伴的夜晚……

刘丹青(2002)曾提到说“这”的虚化程度高于“那”，“那”尚未虚化到冠词阶段。然而，当我们看上面的例(3a)时，我们发现，名词短语“那四十以上的人”可以看作类指语义，泛指所有满足“四十以上的人”的成员，因为在上下文中并没有找到“四十以上的人”的具体参照对象。与方梅(2002)、刘丹青(2002)分析的“这”的语法化过程类似，这里的“那”不单是个类指标记，其话题功能尤为突出。再看例句(3b)(3c)和(3d)，都是远指词“那”与专有名词的组合形式，我们知道专有名词本身就具有指称义，在具体语境中其作用类似于只指一个实例的人称代词，在这种情况下再用指示词来修饰，使得该专有名词在语境中被突出(林祥楣，1984；祝东平，2018)，这是指示词向冠词语转变路径中的一个过程。

除此之外，我们还发现了类似例(3e)的近指词和远指词并列使用的例句。吕叔湘先生早在1980年的《现代汉语八百词》中就曾提到近指词和远指词的对举使用，这种并列的对举用于表示“众多人或事物”或是“不确定的某人或某物”。我们看(3e)中，三次“这”和“那”的对举使用，都是用于表达消息传播的范围广，“所有奴仆”都在进行传播，传到了“所有楼层”和“所有花厅”，这里的对举是表达类指含义。

我们在本研究使用的语料中没有找到汉语指示词用于无指的情况，因此借用张伯江、方梅(1996)的例句用于分析，他们提到在现代的北京口语中指示词会出现在领属结构当中，后接于人称代词，在这种情况下，指示词可以看作无指成分的标志，且在这种情况下“这”和“那”通常都伴随着语音的弱化，从 zhè 和 nà 变为 zhèi 和 nèi 如下例所示：

(4) 你**那**孙子装得可够匀实的。

本研究的语料中也未出现指示词直接后接形容词的例句，多为“这么”或“那么”后接形容词表达程度意义，然而在张伯江、方梅(1996)的《汉语功能语法研究》中则也提出了指示词单独出现后接形容词从而指示义虚化为形状程度的用法，且认为这种用法是“这/那＋叫(＋一个)＋形容词”这一口语句式的简化形式，而并非来源于“这么/那么＋形容词”，如下例所示：

(5) 明明吵嘴哭了，大妈一进来，又装没事人。都不知道你什么时候擦的泪，**那**熟练**那**专业。

如上述例句(5)中，“那熟练那专业”的实际意义是“那叫一个熟练那叫一个专业”，是口语中常用语强调程度的感叹形式。

除了上述情况外，我们在例句(3f)中发现了远指词“那”与带有重叠量词的名词短语相结合的形式，表现为“指示词＋一 CC①＋(形容词)＋的＋名词”的结构，如“那一次次的日落”“那一天天的黎明”和“那一个个有星星陪伴的夜晚”等。我们知道，量词的最重要特征就是具有单位性和个体性，可以被数词或数词词组修饰(郭锐，2018)，然而当量词重叠时，数量词搭配的度量功能消失，开始表达全集或全量语义(郭艳瑜，2013)。结合量词重叠的全程语义，我们也可以将(3f)中的指示词看作语义虚化的冠词性用法。

在本研究的汉语语料中，我们还发现一类指示词的冠词化用法，在这种用法中，指示词“这/那”后接于指人的名词、人称代词或地点名词之后，用来表达限定的语义，在此种情况下，指示词也不发挥回指功能，这种用法类似于英语中的定冠词，我们看如下的例句：

(6) a. 汤姆还抚弄着大腿旁边挂着的那把镶着宝石的短刀；又仔细察看**屋子里那些贵重和精致的装饰品**……

b. **他那温和的态度**改变了，眼睛里射出很凶的闪电似的光来。

例句(6a)中的“屋子里那些贵重和精致的装饰品”和(6b)中的“他那温和的态度”都不用于回指前文中已经出现过的名词短语，而是对所指名词的限定，因此也是指示词的冠词化用法。

与汉语相比，现代英语和现代西班牙语因为有定冠词的存在，指示词用于表达定冠词义的情况较少。Diessel(1999)曾指出指示词通常都被看作语法标记(如定指标记、系词、称代标记、焦点标记、语句衔接标记等)。从 Diessel 的这个定义中，我们就能看到指示词语法化的一些路径。在语法化理论中，语法化的实现是在某些具体的语言场景中发生的从词汇向语法成分演变的过程，然而在任何语言中都没有证据表明指示词来源于某个词或其他的非定指的源头(Diessel，1999：44)。然而定冠词的历时发展不能独立于语境存在，即从它所处的句法结构来看，Lyons(1999)认为定冠词的语义属性是[＋definite]，而指示词的语义属性则是[＋definite][＋/－proximal]，也就是说指示词发展成定冠词后已经失去了远近指示的特质，Giusti(2001)也假设指示词和定冠词最大的区别在于指示义[＋deictic]存在还是缺失。

就英语中的指示词是如何语法化成定冠词而言，Catasso(2011)列举了古英语(Old English)中的指示词(见表 8－1 和表 8－2)。

---

① Classifier，量词。

表 8-1 古英语中的指示词"the""that""those"(Catasso, 2011: 19)

<table>
<tr><th></th><th>masculine</th><th>neuter</th><th>feminine</th><th>plural</th></tr>
<tr><td>nominative</td><td>se</td><td rowspan="2">þæt</td><td>sēo</td><td rowspan="2">þā</td></tr>
<tr><td>accusative</td><td>þone</td><td>þā</td></tr>
<tr><td>genitive</td><td colspan="2">þæs</td><td rowspan="2">þǣre</td><td>þāra, þǣra</td></tr>
<tr><td>dative</td><td colspan="2">þām</td><td>þām</td></tr>
<tr><td>instrumental</td><td colspan="2">þȳ, þon</td><td colspan="2"></td></tr>
</table>

表 8-2 古英语中的指示词 "this""these"(Catasso, 2011: 19)

<table>
<tr><th></th><th>masculine</th><th>neuter</th><th>feminine</th><th>plural</th></tr>
<tr><td>nominative</td><td>þes</td><td rowspan="2">þis</td><td>þēos</td><td rowspan="2">þās</td></tr>
<tr><td>accusative</td><td>þisne</td><td>þās</td></tr>
<tr><td>genitive</td><td colspan="2">þisses</td><td rowspan="2">þisse, þisre</td><td>þisra</td></tr>
<tr><td>dative</td><td colspan="2">þissum</td><td>þissum</td></tr>
<tr><td>instrumental</td><td colspan="2">þȳs</td><td colspan="2"></td></tr>
</table>

从表 8-1 和表 8-2 中我们可以看到古英语的指示词带有格，包含了主格、宾格、属格、与格、工具格，在形态上也分为阴阳中性及单复数的区别。到 10—13 世纪，格在形态上的变化逐渐开始从北往南消失，O'Neil(1978)认为这可能与斯堪的纳维亚半岛居民移民至此定居有关。到了中古英语阶段，定冠词 the 开始被使用得逐渐频繁起来，指示词也逐渐演变成 this - these 以及 that - those 的形式，从这一时期开始，指示词格的属性开始消失。此外，在古英语中指示词的关系词功能到了中古时期也发生了变化，that 开始称为关系从句的标记。语言学界普遍的观点认为，英语指示词格形态上的消失是由语音变化引发的，如词尾元音降为非重度元音，意味着形式的缩减，还包括词尾鼻辅音的取消等。指示词形态形式的消失是从综合语向分析语发展的一部分。

Giusti(2002)从句法角度出发，指出指示词和定冠词的本质区别在于后者不可以单独作为句子成分出现，而需要后接名词或形容词，这种指示词与定冠词的句法区别不仅出现在英语中，德语、西班牙语都呈现类似性质。

Hopper 和 Traugott(2003)则提出英语指示词的语法化过程涉及很多具体语义内容的丧失。Greenberg(1978,1990)认为原始指示义弱化成单纯的语法标记通常要经历三个阶段。首先,他将定冠词有据可查的起源,即指示词阶段认为是初始的 0 阶段。之后,指示词失去指称性,其最常见的特征是一个人指向靠近第三人称而非第一人称或第二人称的位置,从而获得回指义,指向某个在语境或语篇中已经出现过的对象,这是 1 阶段。2 阶段则指定指义的丧失,此时冠词携带特定或非特定的具体所指引入名词短语,也可以称为是非类指冠词。最后,在 3 阶段冠词变为名词标记,其特征是在名词短语中的强制性位置,甚至常常被并入名词短语。由此过程,我们可以看到指示词向定冠词语法化过程中的语义漂白,即词汇性消失的特征,同时,Greenberg 认为这也会让其产生句法上的削弱。

就西班牙语而言,它属于罗曼语族,罗曼语族和拉丁语最明显的区别之一就是定冠词的有无(Catasso, 2011)。我们前面提到过,罗曼语族中的定冠词是从拉丁语的远指代词 ille 演变而来,除了发展成定冠词外,ille 同时也是远指指示词的基础来源,如现代西班牙语中的定冠词 el、la、los、las 对应通俗拉丁语中的 ille 和 illa。在传统拉丁语中的指示词发展到通俗拉丁语后常被当作冠词使用,这也意味着其功能的逐步转变。语义上从具体的时空方位所指向回指转变,开始可以后接抽象名词或不可分割的物主名词等表达,指示词逐渐从“指向”跨越出来。

Faingold(1993)曾提到,指示词的语法化路径还和语篇因素有关：4—6 世纪的文本显示,拉丁语指示词通常用于指示在语篇中较为突出的事物名词;8 世纪开始,指示词的所指对象开始变为语篇中说话人和听话人可及的名词;从 12 世纪开始,也就是从现代罗曼语开始使用起,指示词的这一功能开始被定冠词所取代,使用定冠词即可判断出被说话人和听话人可及的名词是什么,无论它们在语篇中的地位是否突出。Faingold(1993)认为有三种核心标准可以用于判断罗曼语族的定冠词是拉丁语指示词语法化的结果：首先是统计学标准,无论是从共时还是从历时上看,定冠词在文本中的出现和使用都呈现增长趋势。其次是结构标准,例如语音的弱化,以西班牙语为例,从拉丁语的 illa 到西班牙语中的 la,定冠词丧失了指示词的重音,再比如位置的迁移,在拉丁语中指示词有前置后置的变化,如 illa aqua(the water)和 epistolam ipsam(the letter),到了西班牙语中,定冠词都是置于名词之前 el agua 和 la carta。最后是功能标准,即指示词在名词短语中的地位问题,也就是说指示词后接的名词是否是前文中出现过的名词或是可及的名词,在现代西班牙语中,定冠词的回指功能使用频率要超越指示词。

此外,有关西班牙语指示词虚化的问题,Álvarez(2012)讨论了口语中的一些语料的特殊情况，在天气预报节目中节目主持人会在和观众打完招呼后说出“esa ola de calor sigue sobre la península”[那股热浪仍然盘踞在(伊比利亚)半岛上]这样的句子，而这里的指示词 esa 并没有情景或语篇的上文，不用于指明参照或回指，因此失去了指示义。观众在听到这句话时会直接理解成“la ola de calor sigue sobre la península”，即定冠词和指示词在这里的使用并无区别。这种对于中指指示词的使用，Álvarez 将其定义为 mero presentador o actualizador vacío del sustantivo(名词的纯呈现或空限定功能)，在电视或电台新闻报道中频繁出现。这一现象的产生无疑与几个世纪前从拉丁语指示词演变成罗曼语中的定冠词有关。从指示词 ille 演变成定冠词 el 经历了“desdemostrativización”(去指示义化)和“articulización”(衔接化)的过程。此外，拉丁语中的身份代词(pronombres de identidad)ipse 和 ipsa 逐渐演化成如今的指示词 ese 和 esa。因此中指词 ese 系列词汇变成了三分化指示词系统 este、ese 和 aquel 中标记最少的，从某种意义上来说，它是三者中指示义最弱的，由此出现了前面提到的其对名词的空限定功能。在罗曼语族的某些语言中，甚至中指词已经消失，只有二元对立的指示词，如意大利语中的 quello(那)和 questo(这)。另外，Álvarez(2012)提到中指词 ese 用在类似下面的句子中：“se ha formado en la A－6 **ese** embotellamiento que es habitual los domingos por la tarde.”(在 A－6 高速路上发生了交通堵塞，这是周日下午常出现的情况)。在先行名词短语 ese embotellamiento(中指词＋交通堵塞)中的中指词并不具有特定的指示含义，因为无论这场交通堵塞多么被人们熟知，这种无语篇且听话者不在场的指示也是无法实现的，这里中指词的功能也与定冠词无异。

8.2 指示词虚化成关系词在从句中的使用

语言学界普遍认为用于引导关系从句的关系词或关系从句标记是从指示词演化而来(Lehmann, 1988；Diessel, 1999)，这是因为关系从句的功能就是用于指出或确定指称物的参照。刘金凤(2017)就曾在这种假设下分析了汉语指示词“者”从指示词向关系词语法化演变的路径。Hopper 和 Traugott(1993)则总结了关系从句标记的四种来源，它们分别是人称代词、关系代词、指示词以及零标记。我们知道在现代英语中关系从句的标记仍然与远指词 that 同形，这是因为关系代词 that 是从指示词 that 的回指用法中演变而来的(Diessel，1999)。我们来看本研究语料中的一个例句：

(7) His face was ruddy, always, highlighted by a large red scar **that** ran from his cheekbone to his right ear – he'd been bitten by a donkey while napping under a tree as a youngster.

例句(7)中的 that 在从句中是主语,回指前文中的 scar,若将该从句进行拆分,即可变为:"His face was ruddy, always, highlighted by a large red scar. The large red scar ran from his cheekbone to his right ear…"可以看出,这里的 that 用作关系词的来源即为它作为指示词的回指功能,在语法化演变的过程中,两个独立的句子变成了复合句,且两句之间的边界消失,that 失去了指代功能,变为只起连接作用,化身为定语从句的语篇标记。

相较英语而言,汉语和西班牙语的指示词似乎并不能直接做关系从句的标记。首先,汉语的关系从句大多呈现出内嵌式的特点,而非并行排列,这种内嵌式特点主要通过结构助词"的"的出现来体现,即结构助词"将一个缩短了的小句与紧接的中心词词组连接起来"(邓云华,2015: 369)。借助"的"字结构的定语小句与指示词的关联不大,但是在汉语中有一类通过指示词"那"进行两个命题的连接的句子,一般用于表达因果关系(吕叔湘,1985),我们来看本研究语料中的句子:

(8) 他举起双手,大声喊道:"您就是国王陛下? **那**我的确是完蛋了!"

在例(8)中,我们可将"您就是国王陛下"和"我的确是完蛋了"看作两个不同的命题,远指词"那"作为连接词用于连接前后两个命题,从句法结构上来看,两个独立的命题若没有"那"的连接仍可正确存在,而"那"的出现从语义上使得两个命题间成为因果关系。从上述例句分析中我们可以看到,汉语和英语的远指词都可以用作句子的连接词,而用于虚化连接的功能在西班牙语中是不存在的,西班牙语的定语从句标记由专门的连接词 que 实现。此外,在英语和西班牙语中,定语从句还分为限定性和非限定性,西班牙语又称为限定性和解释性,前指是依靠从句从语义上限定先行项的所指范围,而后者则是对先行项进行补充性质的描写和说明。限定性从句的从句不可以省略,否则影响先行项的语义;而解释性从句则可以省略,不影响先行项的语义确定。

除了定语从句之外,英语的远指词 that 还可以作为宾语从句的标记出现(Hopper & Traugott, 1993; Diessel, 1999),如下例所示:

(9) As soon as his legs were healthy, he went out again. He was a happy man, knowing **that** there was nothing more to be afraid of.

在例句(9)中指示词 that 已失去指示义,虚化为纯粹的从句标记。甘时源

(2017：187)分析了在宾语从句中的 that 实现语法化的路径：首先，that 作为语篇指示代词是用于下指下文中作为主句宾语的句子，这是指示语和其指称对象之间是有界限的；其次，主句与从句两个独立的句子开始靠拢，界限消失；最后，前后两句通过 that 连接起来，整句结构被简化，Hopper 和 Traugott(1993)将最后这个阶段称为 that 语法化的“专门化”阶段，现代英语中，作为宾语从句标记的远指词 that 甚至可以省略。西班牙语和英语类似，也有用于连接宾语从句的连接词，但并不是指示词，而是代词 que，而汉语则没有相应的宾语从句标记。

8.3 指示词的其他虚化情况

除却上述情况外，在汉语、英语和西班牙语中还有一些特殊的指示词虚化现象，我们在本节中进行逐一分析。首先，在三语的指示词可通过对举形式表达不定指或泛指含义，我们来看语料中的一组例句：

(10) a. 这个消息由大家用耳语传播着——因为宫廷里照例是用耳语传播消息的——**这**个奴仆告诉**那**个奴仆，宫臣告诉贵妇，顺着所有的长廊一直传播过去，**这**层楼传到**那**层楼，**这**个花厅传到**那**个花厅：“王子发疯了，王子发疯了！”

b. Tom Canty, left alone in the prince's cabinet, made good use of his opportunity. He turned himself this way and that before the great mirror, admiring his finery…

c. Tom Canty, solo en el gabinete del príncipe, hizo buen uso de la ocasión. Volviáse de este y del otro lado ante el gran espejo, admirando sus galas.

在上述汉语和英语例句(10a)和(10b)中，近指词和远指词通过对举的形式出现，无论是在语篇内还是语篇外都无法找到指示词的具体所指，但是读者通过对上下文的理解以及基于自己的基本常识或认知理解可以为指示词激活一些指称参考，这里的指示词不再是用于指示具体对象，而是不定指用法，抑或可以理解为类指用法。西班牙语例句(10c)与英语和汉语的例句稍有不同，没有使用近远指的对指，但近指词 este 与代词 otro(其他)的列举也用于表达相同的语义。

汉语的指示词还可以后接于人称代词或名词之后组成“修饰语＋指示词＋名词中心词”的结构表达领属关系。这里的指示词用法类似用于表达所属关系的助词“的”，可以看作属格标记。这种用法是汉语指示词特有的，英语和西班牙语中则没有，因为我们在前面的章节讨论过英语和西班牙语名词短语结构中核心词左边的限定词位置无法实现指示词和物主词的共现。汉语指示词在这一结构中功能也类似于英语和西班牙语的冠词，所以在前文中我们也将其看作冠词化用法的一种。我们来看一组语料中的汉语例句：

(11) a. 阿妮娅·拉曼特卡**那**鲜活而炽热的青春，简直是无穷无尽的欢乐源泉。

b. “你们都听着！我**这**儿子是疯了；可是并不是永久的发疯。这是由于念书太用功，还有点管制得太严的缘故。”

无论是例句(11a)中的远指词“那”，还是(11b)中的近指词“这”，都可以用助词“的”替代，表达中心名词“青春”属于“阿妮娅·拉曼特卡”以及“儿子”属于“我”。因此，这里的指示词虚化成了所属关系的标记。

最后，值得一提的是，汉语指示词还可承担同位共指的功能。同位共指是指“当两个词、短语或分句放在并列位置使用且拥有同样的指称(实体)”(甘时源，2017：198)，这一功能通常由人称代词或反身代词来实现。汉语中的指示词后接于人称代词或专有名词并同时前置于另一名词，呈现“人称代词/专有名词(NP1)＋指示词＋NP2”的结构用于表达共指关系。一般来说，这一结构中用于共指的 NP1 和“指示词＋NP2”之间的语义关系极其紧密。我们来看一组语料中的例句：

(12) a. “赏你这个吧，你**这**叫化崽子！你让太子殿下给我过不去，我这是还你的礼！”

b. “嗬，你们**这些**畜生、奴才、靠太子殿下的父王施恩养活的家伙，怎么这么无礼？你们这些贱骨头快跪下，一齐跪下，拜见太子殿下的威仪和他这套王家的破烂衣裳吧！”

我们可以看到在例句(12)中，指示词和后接的名词与前置的人称代词“你”和“你们”有着共同的指称。沈家煊(2008)提出，在这种用法中，近指词“这”的使用频率要远高于远指词“那”，因为“这”承载的主题信息要比“那”显示出更强的连贯性。此外，我们还发现，当指示词用于共指时，在指示词之前通常会出现语音上的停顿，而因为 NP1 的语义范畴较 NP2 相比更加具体，因此 NP1 不能被省略。指示词的同位共指功能可以看作指示词语篇上指功能语法化的结果。

8.4　本章小结

通过上述对汉语、英语和西班牙语指示词的语法化路径和虚化结果的讨论，我们可以将三语指示词语法化的对比情况总结如表 8－3 所示。

表 8-3　汉语、英语和西班牙语语法化情况对比

语法化用法	汉　语	英　语	西班牙语
非定指标记	+	+	+
先行项	−	+	+
定冠词(义)	+	−	−
定语从句标记词	+	+	−
宾语从句标记	−	+	−
属格标记	+	−	−
泛指词	+	−	−
同位共指词	+	−	−

从表 8-3 我们可以看出，相较于英语和西班牙语，汉语指示词的虚化结果更多，除了因为小句句法形式限制而不能用于作先行项和宾语从句标记之外，其他的语法化功能汉语指示词都可以承担。这是因为在英语和西班牙语中，已经存在由指示词词汇化而来的定冠词系统，定冠词相较汉语中指示词语法化程度更高，如定冠词义、属格标记、泛指词等功能都只由定冠词来承担，指示词一般只用于明确指称对象，表达指示义。而汉语的指示词一定程度上承担了定冠词的一些功能，但又没有定冠词使用的语法规范那般稳定。而英语指示词相较另外两种语言，可以作为关系从句的标记出现，这是由其在语篇中的指示用法演化而来。

第九章　西班牙语母语者习得汉语“这/那”指示词的调查①

9.1　调查背景

前面的章节详细阐述了汉语、西班牙语指示词在词类构成、形态变化、近远指程度划分、使用频率等方面的显著差异。为了探明西班牙语母语者在习得汉语“这/那”指示词时是否会受到诸如汉西指示词差异等因素的影响，本章对西班牙语母语者习得汉语“这/那”指示词的情况进行了调查。我们与从事汉语教学的学者合作收集了一手语料，采访了部分被试者和中文教师，分析了西班牙语区的主流中文教材，最终发现了偏误类型和偏误成因。

9.2　调查设计

考虑到真实性和针对性问题，本调查结合了自然收集语料分析和问卷测试题（调查）统计分析两种模式，收集、分析完自然语料后，我们根据汉语与西班牙语的差异，预测可能的偏误类型，并将其与已发现的偏误类型结合起来，编写了一份初级调查问卷和一份中高级调查问卷。初级问卷针对 HSK 1—2 级汉语学习者，中高级问卷针对 HSK 3—6 级汉语学习者，同时，我们邀请部分中高级被试者填写了初级问卷。初级问卷含有学生国籍、汉语水平、完形填空、笔译题。中高级问卷除了含有这些题型之外，还多出一个阅读理解类题目。

我们以汉语、西班牙语指示词系统分类图为指导，参考西班牙语区汉语教材的教学顺序，分析收集到的自然语料，对于初级学习者，我们主要考查情景指示用法和虚化连接指示用法，对于中高级学习者，我们主要考查语篇指示和虚化连接指示用法。我们的题目设计语料主要来源于西班牙语区使用的汉语教材、HSK 考试真题、全国西班牙语专业四级真题、《现代西班牙语》第三册、《西班牙语实用语法新编》、自然收集语料中的“这/那”类指示词偏误以及预测的指示词

---

① 本章节部分内容已发表，详见：Ziwei, W., Xiuchuan, L., & Zhi, G. (2024). La adquisición de los demostrativos chinos “zhe” y “na” por los hispanohablantes. *Sinología hispánica*, (18), 49–70.

偏误。其中,少部分题目语料为我们自行编写。完形填空题目和笔译题目主要考查学习者能否正确使用“这/那”及其衍生词进行指代,阅读理解类题目主要考查学习者能否正确理解“这/那”及其衍生词在语篇中的语义。

初级问卷的完形填空含有 9 个选择题,西班牙语翻汉语笔译题含有 2 个句子。第 1 题体现“这”的语篇下指功能;第 2 题体现汉语、西班牙语指示词差异用法,este、aquel 回指同一语篇中两个不同的名词,而汉语使用其他词进行回指;第 3、4 题体现“这”“那”的身势指示近指、远指人的功能;第 5 题体现“这”身势指示近指时向方位功能;第 6 题体现“这么”情景指示指程度的功能;第 7 题体现“那”的虚化连接指示功能;第 8 题体现“这”非身势指示指时间的功能;第 9 题体现“那”语篇回指不在场事物的功能;第 10 题体现汉语、西班牙语指示词差异,中性代词 lo 可对应汉语指示词“这/那”;第 11 题体现汉语、西班牙语差异,esa gente,由于 gente 是集合名词“人”,所以使用单数,但汉语中需要使用“些/群+人”表达复数概念。

中高级问卷的第一个完形填空有 9 个选择题,第二个完形填空有 5 个选择题,阅读理解有 5 个选择题,西班牙语翻汉语笔译题共 5 个。体现“这”身势指示指时向方位和非身势指示指时向方位功能的是第 9、18 题;体现“这”语篇显性回指事物功能的是第 6、7、13、22 题;体现“那”语篇显性回指方位的是第 4、15、24 题;体现“这”语篇显性回指时间的是第 16 题;体现“这”语篇显性回指动作方式的是第 3 题;体现“这/那”语篇显性回指言语、事件的是第 10、21 题;体现“这”语篇蕴含性回指功能的是第 14 题;体现“这”语篇联想性回指功能的是第 2、19 题;体现“这”语篇概括性回指功能的是第 5、12 题;体现“这”语篇下指功能的是第 17 题;体现“那”虚化连接指示功能的是第 1、8 题;第 23 题考查指示程度副词“那么”的用法;体现中性代词 lo 可对应汉语指示词“这/那”的是 20 题;体现人称代词与“这/那”语篇显性回指人功能差异的是第 11 题。问卷具体内容如下所示:

针对西班牙语母语者的有关“这/那”使用的调查

Encuesta sobre “这” y “那”

您好,很高兴您愿意帮助我们完成西班牙语母语者“这”“那”类指示词的偏误分析研究,我们向您承诺,您的个人信息只会用于本项研究,我们会对其加以严格的保密。为了表达我们的感谢,我们为您准备了一份小礼物。完成这份问卷调查将会花费您 20～30 分钟的时间,非常感谢您的支持!

(Estimados:

Nos alegra que esté dispuesto a ayudarnos a completar el análisis de errores en el uso de “esto” y “aquello”. Protegeremos su información personal y le prometemos que solo servirá para nuestra investigación. Además, le daremos un regalito para expresar el agradecimiento. Le costará 20～30 minutos completar esta encuesta. ¡Muchas gracias por su apoyo!)

姓名(Nombre):

性别(Género):

国籍(Nacionalidad):

现居住地(Lugar de residencia actual):

您学习中文多长时间了?(¿Cuántos años lleva estudiando chino?)

A. 不到一年(menos de un año)

B. 一年至三年(entre un año y tres años)

C. 三年以上(más de tres años)

D. 我是华裔,能流利说中文(Soy descendiente chino y puedo hablar chino con fluidez)

您的汉语水平考试等级(若参加过)?(¿Si ha participado en HSK, en qué nivel del chino está?)

A. HSK1　B. HSK2　C. HSK3　D. HSK4　E. HSK5　F. HSK6

初级(HSK1,HSK2):

wán xíng tián kòng
一、完形填空(Lea el texto y elija las opciones que considere correctas)

shì fā shēng zài hé sài yǔ xiǎo míng zhī jiān de yí gè gù shì　shì zhì lì liú
1. ____是发生在何塞与小明之间的一个故事,2. ____是智利留
xué shēng　shì zhōng guó de xué shēng
学生,3. ____是中国的学生(Es un cuento que pasa a José y Xiaoming, José es un estudiante internacional proveniente de Chile, y Xiaoming es un estudiante de China.):

zhōu rì　hé sài lái dào le xiǎo míng jiā　xiǎo míng shuō　hé sài　shì wǒ de mā
周日,何塞来到了小明家。小明说:“何塞,4. ____是我的妈
mā　shā fā　páng biān de　nǚ hái shì wǒ mèi mèi xiǎo lì
妈,沙发(**sofá**)旁边的5. ____女孩是我妹妹小丽。”(Un domingo, José fue a la casa de Xiaoming. Xiaoming dijo:“José, esta es mi madre, allá, la chica al lado del sofá es mi hermana menor, Xiaoli.”)

hé sài kàn zhe xiǎo míng fáng jiān mén shàng de fú zì wèn xiǎo míng nǐ kàn
何塞看着小明房间门上的"福"字问:"小明,你看

zhè ge zì shì shuí xiě de wǒ yě xiǎng xiě chū piào liàng de zì xiǎo míng
6. ____,这个字是谁写的?我也想写出7. ____漂亮的字。"小明

xiào zhe shuō wǒ lái jiāo nǐ ba xiǎo míng duì mā mā shuō mā mā nǐ kàn jiàn wǒ
笑着说:"8. ____我来教你吧。"小明对妈妈说:"妈妈,你看见我

xīng qī mǎi de liǎng zhī hēi sè máo bǐ le ma
9. ____星期买的10. ____两支黑色毛笔了吗?"[José miró el caracter chino "福"(suerte/felicidad) en la puerta de la habitación de Xiaoming y preguntó: "Xiaoming, mira aquí, ¿quién escribió este caracter? Quiero escribir un caracter tan bonito también." Xiaoming sonrió y dijo: "Entonces, te enseño." Xiaoming le preguntó a su madre: "Mamá, ¿has visto los dos pinceles negros de tinta que compré esta semana?"]

èr shí fēn zhōng hòu hé sài jiù xué huì le xiě fú zì
二十分钟后,何塞就学会了写"福"字。

(Veinte minutos después, José aprendió a escribir el caracter"福".)

1. A. 它	B. /	C. 这	D. 那
2. A. 那个,这个	B. 那,这	C. 他,他	D. 何塞,小明
3. A. 这	B. /	C. 他	D. 它
4. A. 她	B. 那个	C. 它	D. 这个
5. A. 那儿	B. 它	C. 那里	D. 这儿
6. A. 那个	B. /	C. 那么	D. 这么
7. A. 这	B. 那	C. 它	D. 那个
8. A. /	B. 那个	C. 这个	D. 那
9. A. 这	B. 那	C. /	D. 那个

jiāng jù zi fān yì chéng hàn yǔ
二、将句子翻译成汉语(Traduzca las siguientes oraciones al chino)

10. Lo que has dicho me sorprende mucho.

参考答案：这/那件事是你说的使我感到非常惊讶。(必须用“这”或“那”)

11. Mira, allá, ¿quién es esa persona?

参考答案：快看，那些人是谁？

中高级(HSK3\4\5\6)：

一、完形填空(Lea el texto y elija las opciones que considere correctas)

第一篇文章(Texto 1)

做客

小明和智利留学生何塞是好同学，好朋友。

周五放学后，小明对何塞说：“我想邀请你周日来我家做客，你有时间吗”何塞说：“好呀”小明笑着回应：“1. ____我们周日见啦！”

晚上，何塞在校园里跑步，一边跑一边想着“2. ____是我第一次去小明家，我带什么礼物去好呢？”他 3. ____，竟走了神，跑到了学校超市 4. ____，有一些同学正在喝酒，看到 5. ____，他想到“为什么不带一瓶红酒呢？ 6. ____可是我们智利的特产！”

周日，何塞带着一瓶智利红酒来到了小明家，何塞和小明的家人聊得很开心，不一会儿，饭桌上就摆满了菜肴，何塞说：“阿姨，你做的饭真好吃。”小明妈妈高兴地回答说：“真的吗？ 如果你真 7. ____觉得，8. ____就多吃点儿。特别是这道菜，它可是我们 9. ____的特色菜。”

1. A. 这	B. 那	C. 因此	D. 那时
2. A. /	B. 那	C. 这	D. 那么
3. A. 这一想	B. 想一想	C. 想它	D. 想那个
4. A. 哪里	B. 哪边	C. 哪儿	D. 那边
5. A. /	B. 这个场景	C. 那	D. 这个
6. A. /	B. 这	C. 这样	D. 这时
7. A. 这个	B. 这么	C. 那个	D. 那么
8. A. 那	B. 那个	C. 这	D. 这个
9. A. 那儿	B. 这儿	C. 哪儿	D. 这个

第二篇文章(Texto 2)

身体是革命的本钱

小红的妈妈经常对小红说：“身体是革命的本钱。”**(El cuerpo es el capital de la revolución.)**但小红从不相信 10. ____，经常熬夜(**velarse muchas veces**)。一天，小红正在与同学聊天，突然 11. ____觉得头晕眼花，然后就晕倒了(**se desmayó**)。小

红醒来的时候，她已经躺在了医院里，看到妈妈就在身边，她哭着说："妈妈，经历过 12. ____后，我以后再也不熬夜了。"妈妈回答她说："妈妈听你 13. ____说，为你感到高兴，因为 14. ____意味着你终于长大了，知道身体健康的重要性了。你之前每天晚睡晚起，不是在害自己吗?"

10. A. 这个　B. 那个　C. 这句话　D. 那句话

11. A. 这个女孩　B. 那个女孩　C. 它　D. 她

12. A. 这件事　B. 那件事　C. 这个　D. 那个

13. A. 这个　B. 这么　C. 那个　D. 那么

14. A. 这　B. 那　C. 这个　D. 那个

二、阅读理解(Lea el texto y haga los ejercicios que se dan al final)

饭馆儿"四个点儿"

在我的家乡，有一个专卖小吃的饭馆儿，名字叫"四个点儿"，老板的解释是：环境好点儿、菜好吃点儿、您常来点儿、我高兴点儿。

每天都有很多人在***15. 那里***排队，有些人还会因为排不上，只好带着遗憾离开。这家饭馆儿有个很奇怪的规定，一天的营业时间只是从上午 10 点到下午 2 点，只有短短的 4 小时，其他时间都不开放，而且不能预订。***16.Pero durante las cuatro horas***，每个月小店的收入也不下 5 万元。

谈起开店的秘密，***店主人是 17.*** ____***说的***：现在做的菜，味道其实和刚开业的时候一模一样，什么也没有改变，改变的只是经营的方式。刚开始的营业时间是 12 个小时，从早上 8 点到晚上 8 点，可是生意却不太好，一来是因为知道***18. 这个地方***的人很少，二来是因为菜的种类很多，反而显得没特点。所以我决定删掉几个种类，只做几种有特点的小吃。然后在经营时间上做了调整，一天只营业 4 小时。人们都有好奇心理，越是不容易买到的东西就越想买。果然，***19.*** ________使饭馆儿的生意越来越好。很多人不得不早早去那里排队，生怕错过了吃到美味的机会。

15. "每天都有很多人在**那里**排队。"句中的"**那里**"指的是?（¿A qué se refiere "那里"en esta frase?）

A. 我的家乡　B. 环境

C. 饭馆儿"四个点儿"　D. 老板

16. "**Pero durante las cuatro horas**"对应的汉语句子是什么?（Elija la traducción correcta de esta frase.）

A. 但就是在 4 小时　B. 但就是在那个 4 小时里

C. 在 4 小时然而　D. 但就是这 4 小时

17. 选出你认为最正确的选项(Elija la opción que considere correcta.)

A. 那个　　B. 那样　　C. 这个　　D. 这样

18. 从下列选项中，选出最合适的一个短语，代替句子“一来是因为知道**这个地方**的人”中的“**这个地方**”(De las siguientes opciones, elija la expresión más apropiada en lugar de “这个地方”.)

A. 地方　　B. 这家饭馆　　C. 饭馆　　D. 那个

19. 选出最合适的一个短语填补横线内容。(Elija la frase más apropiada para rellenar la línea blanca.)

A. 这两种办法　　B. 这种办法　　C. 那两种办法　　D. 那些办法

三、将句子翻译成汉语(Traduzca las siguientes oraciones al chino)

20. *Lo* que has dicho me sorprende mucho.

参考答案：这/那件事是你说的使我感到非常惊讶。(必须用“这”或“那”)

21. Se emborracha y *ello* le perjudica. (西班牙语实用语法新编修订本)

参考答案：他喝醉了，这对他很有害。(必须用“这”或“那”)

22. Elena dice que en España solía escalar montañas. Cree que es un buen ejercicio para el cuerpo y espíritu.

参考答案：埃莱娜说她在西班牙经常爬山，她觉得这/爬山是一项有益身心的运动。(可选择用“这”)

23. José no es tan feliz como antes.

参考答案：何塞没有以前那么幸福了。

24. Beijing es la capital (首都) de China, y he estado allí.

参考答案：北京是中国的首都，我去过(那儿)。

从2022年初到2023年初，我们共收集到1.7万字自然语料，包括46篇作文，约15 000字，以及22分钟的口语材料，约2 000字。从2022年中开始，我们以汉语、西班牙语指示词系统分类图为指导，结合自然收集语料中的偏误类型和预测的偏误类型来编写测试题目，2023年初结束，问卷设计结束。我们使用“问卷星”网站生成问卷进行发放，从2023年初到2023年中共收到39份有效问卷。在问卷分析环节，还对部分学生和教师进行了后续访谈。

参与问卷填写和语料分享的西班牙语母语者是在中国的留学生，正在孔子学院学习汉语的学生以及自学汉语的学习者，共计近百人。他们大部分是来自智利圣托马斯大学孔子学院、秘鲁天主教大学孔子学院、上海交通大学、上海财经大学预科班、安徽大学、北京语言大学的学生，少部分是中国高校的西班牙语外籍教师和西班牙马德里自治大学东亚学院的学生。参与初级问卷填写的对象是汉语水平为 HSK 1—2 级的西班牙语母语者,参与中高级问卷填写的对象是汉语水平为 HSK 3—6 级的西班牙语母语者。受研究的客观条件所限,这些调研对象的寻找采用了“方便样本”法和“滚雪球样本”法。

9.3 统计结果

我们共收到问卷 40 份,其中初级问卷 17 份,9 份由初级汉语学习者填写,8 份由中高级汉语学习者填写;中高级问卷 23 份,22 份由中高级汉语学习者填写,1 份为初级汉语学习者误填,在结果统计时,已经剔除该误填问卷。具体见表 9-1。

表 9-1　被试者相关信息

母　语	中文水平	初级问卷参与人数	中高级问卷参与人数
西班牙语	初级	9	1
西班牙语	中级	6	9
西班牙语	高级	2	13

根据该项研究中划分的汉西“这”“那”“este”“ese”“aquel”等指示词指示类型分类图,我们分别统计了初级问卷和中高级问卷指示词不同指示功能的偏误率,偏误率计算公式为:相关错误选项数/相关总作答数×100%。统计结果如图 9-1、图 9-2、表 9-2 所示:

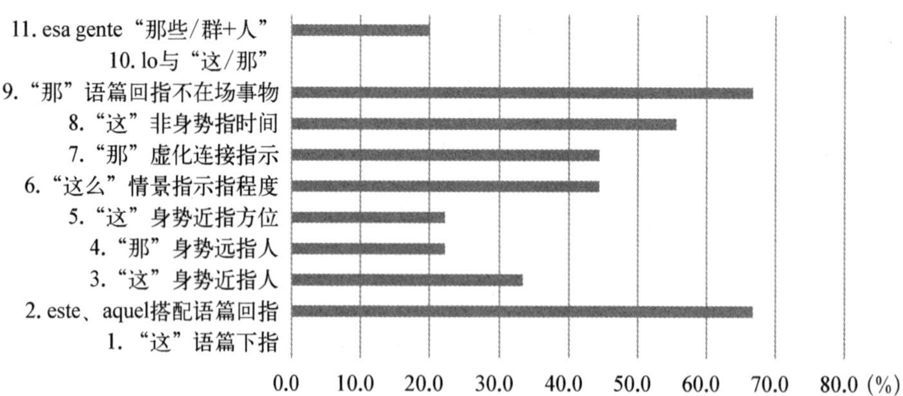

图 9-1　初级被试者在“这/那”指示功能上的偏误率

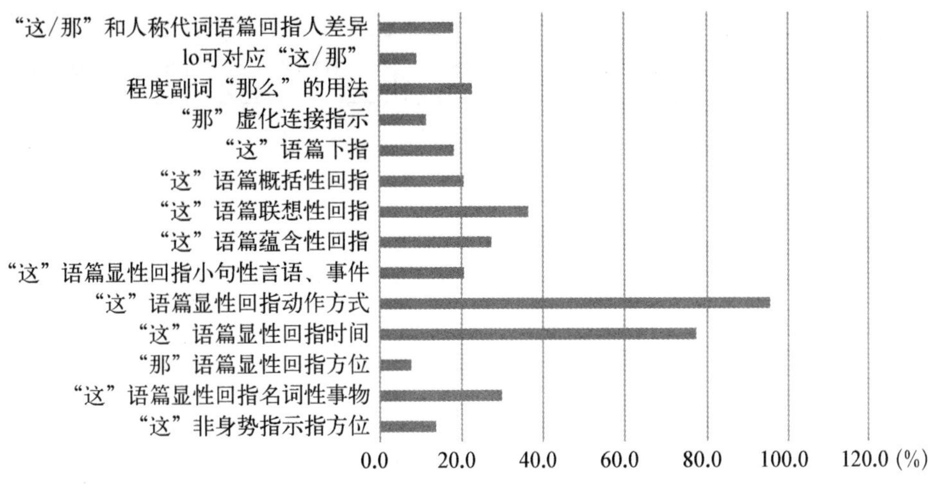

图 9-2　中高级被试者在“这/那”指示功能上的偏误率

图 9-1 统计了初级问卷中，初级被试者在各个题目和对应的考查点上的偏误率，方便我们辨析初级汉语学习者对哪些指示功能用法的掌握情况有待提高。我们可以看到，偏误率由高到低，且超过 30.0%的有考查“那”语篇回指不在场事物的第 9 题；考查 este、aquel 搭配语篇回指在汉语中对应形式的第 2 题；考查“这”非身势指示指时间的第 8 题；考查“那”虚化连接指示的第 7 题；考查“这么”情景指示指程度的第 6 题；考查“这”身势近指人的第 3 题。这些题目中的“这”“那”使用情况，具体偏误类型和偏误成因分析，我们将结合表 9-2 和 9-3，在 9.4 节中进行详细阐述。

表 9-2　7 名 HSK1、2 名 HSK2、4 名 HSK3、2 名 HSK4、2 名 HSK5 被试者在“这/那”指示功能上的偏误率表现

	HSK1	HSK2	HSK3	HSK4	HSK5
第 1 题：“这”语篇下指	0	0	25.0%（“它”）	0	0
第 2 题：este、aquel 搭配语篇回指	71.5%（28.6%“他，他”；28.6%“那，这”；14.3%“那个，这个”）	50.0%（“他，他”）	75.0%（50.0%“那个，这个”；25.0%“他，他”）	50.0%（“他，他”）	0
第 3 题：“这”身势指示近指人	28.6%（“他”）	50.0%（“他”）	75.0%（“他”）	0	0

续 表

	HSK1	HSK2	HSK3	HSK4	HSK5
第 4 题:“那”身势指示远指人	14.3%(“她”)	50.0%(“她”)	50.0%(“她”)	50.0%(“这个”)	0
第 5 题:“这”身势指示近指方位	14.3%(“那里”)	50.0%(“那儿”)	75.0%(“那儿”)	0	50.0%(“那儿”)
第 6 题:“这么”情景指示指程度	42.3%(“那个”)	50.0%(“那个”)	25.0%(“那个”)	100.0%(50.0%“那个”;50.0%“那么”)	50.0%(“那么”)
第 7 题:“那”虚化连接指示	42.9%(14.3%“这”;28.6%“那个”)	50.0%(“这”)	75.0%(50.0%“这”;25.0%“那个”)	0	0
第 8 题:“这”非身势指示指时间	57.2%(28.6%“那个”;28.6%“那”)	50.0%(“那”)	25.0%(“那个”)	0	0
第 9 题:“那”语篇回指不在场事物	71.4(“这”)	50.0%(“这”)	75.0%(50.0%“这”;25.0%“那个”)	0	0
第 10 题:lo 与“这/那”	0	50.0%(语序不当“你这个说我很惊讶”)	25.0%(理解错误“说你让我很惊讶”)	0	0
第 11 题:esa gente“那些/群+人”	14.3%(“那个人”)	100.00%(50.0%“那个人”;50.0%“这些人”)	25.0%(“那个人”)	0	0

表 9-2 统计了初级问卷中,初级和中级被试者,即 HSK1、HSK2、HSK3、HSK4 和 HSK5 级被试者在各个题目及对应考查点上的详细偏误率和具体错误选项的偏误率,方便我们看到一些诸如混淆人称代词和指示代词,远近指误用类等偏误类型,为第 9.4 节考查“这”“那”使用情况、归纳偏误类型、分析偏误成因提供数据上的支撑。其中,中高级被试者在初级问卷一些考查点上的偏误率仍然较高可能也受到被试者数量较少的限制。我们统计中高级被试者相关数据如图 9-2 和表 9-3 所示,主要为了观察初级学习者所犯的偏误类型,中高级学习者是否会再犯。

表 9-3　3 名 HSK3、6 名 HSK4、10 名 HSK5、3 名 HSK6 被试者在“这/那”指示功能上的偏误率表现

	HSK3	HSK4	HSK5	HSK6	总　计
“这”非身势指示指方位	**13.6%**				
第 9 题：“这”非身势指示指方位	0	33.4%（16.7%“这个”；16.7%“那儿”）	20.0%（“那儿”）	0	18.1%（13.6%“那儿”；4.5%“这个”）
第 18 题：“这”情景非身势指示指方位	0	0	10.0%（“饭馆”）	33.3%（“饭馆”）	9.1%（“饭馆”）
“这”语篇显性回指名词性事物	**29.9%**				
第 6 题：“这”语篇显性回指事物	100.0%（66.7%“/”；33.3%“这样”）	66.7%（33.3%“/”；16.7%“这样”；16.7%“这时”）	20.0%（10.0%“这样”；10.0%“/”）	66.7%（“/”）	50.0%（31.8%“/”；13.7%“这样”；4.5%“这时”）
第 7 题：“这”语篇显性回指事物	66.6%（33.3%“那个”；33.3%“那么”）	16.7%（“那么”）	20.0%（“那么”）	0	22.7%（4.5%“那个”；18.2%“那么”）
第 13 题：“这”语篇显性回指事物	66.6%（33.3%“那个”；33.3%“这个”）	33.4%（16.7%“那么”；16.7%“这个”）	10.0%（“那么”）	33.3%（“那么”）	27.2%（9.1%“这个”；4.5%“那个”；13.6%“那么”）
第 22 题：“这”语篇显性回指事物	33.3%（“Elena 说在西班牙她爬山。她觉得是对身体有很好的锻炼。”）	20.0%（“爱琳娜说在西班牙的时候，她经常爬山。她觉得对身体健康，做运动很好。”）	10.0%（“艾丽娜说她在西班牙有时候去爬山。她相信锻炼身体对身体和灵魂有好处。”）	33.3%（“爱丽娜说在西班牙经常爬山。为了身体健康，她觉得这样是锻炼。”）	19.1%（13.6%“Elena 说在西班牙她爬山。她觉得是对身体有很好的锻炼。”“爱琳娜说在西班牙的时候，她经常爬山。她觉得对身体健康，做运动很好。”“艾丽娜说她在西班

续　表

	HSK3	HSK4	HSK5	HSK6	总　计
					牙有时候去爬山。她相信锻炼身体对身体和灵魂有好处。";4.5%"爱丽娜说在西班牙经常爬山。为了身体健康,她觉得这样是锻炼。")
"那"语篇显性回指方位	**7.6%**				
第 4 题:"那"语篇显性回指方位	33.3%("哪里")	16.7%("哪里")	0	0	9.1%("哪里")
第 15 题:"那"语篇显性回指方位	33.3%("我的家乡")	16.7%("我的家乡")	10.0%("我的家乡")	0	13.6%("我的家乡")
第 24 题:"那"语篇显性回指方位	0	0	0	0	0
"这"语篇显性回指时间	**77.3%**				
第 16 题:"这"语篇显性回指时间	33.3%("但就是在那个 4 小时里")	83.4%(16.7%"但就是在 4 小时";66.7%"但就是在那个 4 小时里")	90.0%(20.0%"但就是在 4 小时";60.0%"但就是在那个 4 小时里";10.0%"在 4 小时然而")	66.6%(33.3%"但就是在那个 4 小时里";33.3%"在 4 小时然而")	77.3%(13.6%"但就是在 4 小时";54.6%"但就是在那个 4 小时里";9.1%"在 4 小时然而")
"这"语篇显性回指动作方式	**95.5%**				
第 3 题:"这"语篇显性回指动作方式	100.0%(66.7%"想一想";33.3%"想那个")	83.3%("想一想")	100.0%(80.0%"想一想";20.0%"想那个")	100.0%("想一想")	95.4%(81.8%"想一想";13.6%"想那个")

续　表

	HSK3	HSK4	HSK5	HSK6	总　计
“这”语篇显性回指小句性言语、事件	**20.5%**				
第10题：“这”语篇显性回指言语	0	16.7%（“那句话”）	20.0%（10.0%“这个”；10.0%“那个”）	33.3%（“那句话”）	18.1%（9.1%“那句话”；4.5%“这个”；4.5%“那个”）
第21题：“这/那”语篇显性回指事件	33.3%（理解错误：“他醉酒，不过没有受伤。”）	50.0%（理解错误：“他一喝醉，她损伤他。”“他喝醉了并伤害了他。”“他喝醉……”）	10.0%（漏用：“她/他喝醉，所以让他收到不好的效果。因为不清楚是男女。”）	0	22.7%（18.2%理解错误：“他醉酒，不过没有受伤。”“他一喝醉，她损伤他。”“他喝醉了并伤害了他。”“他喝醉……”；4.5%，漏用：“她/他喝醉，所以让他收到不好的效果。因为不清楚是男女。”）
“这”语篇蕴含性回指	**27.3%**				
第14题：“这”语篇蕴含性回指	33.3%（“这个”）	33.4%（16.7%“那个”；16.7%“那”）	30.0%（10.0%“那”；20.0%“这个”）	0	27.2%（13.6%“这个”；4.5%“那个”；9.1%“那”）
“这”语篇联想性回指	**36.4%**				
第2题：“这”语篇联想性回指	0	16.7%（“那”）	0	0	4.5%（“那”）
第19题：“这”语篇联想性回指	33.3%（“这种办法”）	66.7%（50.0%“这种办法”；16.7%“那些办法”）	70.0%（60.0%“这种办法”；10.0%“那两种办法”）	100.0%（66.7%“这种办法”；33.3%“那两种办法”）	68.2%（54.6%“这种办法”；9.1%“那两种办法”；4.5%“那些办法”）
“这”语篇概括性回指	**20.5%**				
第5题：“这”语篇概括性回指	33.3%（“这个”）	33.3%（“这个”）	30.0%（20.0%“这个”；10.0%“那”）	0	27.2%（22.7%“这个”；4.5%“那”）

续　表

	HSK3	HSK4	HSK5	HSK6	总　计
第 12 题："这"语篇概括性回指	66.7%（"那件事"）	16.7%（"那件事"）	0	0	13.6%（"那件事"）
"这"语篇下指	**18.2%**				
第 17 题："这"语篇下指	66.7%（"那样"）	16.7%（"这个"）	10.0%（"那样"）	0	18.1%（13.6%"那样"；4.5%"这个"）
"那"虚化连接指示	**11.4%**				
第 1 题："那"虚化连接指示	33.3%（"因此"）	33.3%（"这"）	10.0%（"因此"）	0	18.2%（9.1%"因此"；9.1%"这"）
第 8 题："那"虚化连接指示	0	16.7%（"这个"）	0	0	4.5%（"这个"）
程度副词"那么"的用法	**22.7%**				
第 23 题：程度副词"那么"的用法	33.3%（理解错误："以前的 Jose 比现在的不那么开心。"）	50.0%（漏用："何赛现在比以前不太高兴。""jose 没有之前的高兴。""JOSE 没有之前的高兴。"）	10.0%（漏用："José 现在比以前不高兴。"）	0	22.7%（18.2%漏用"那么"："何塞现在比以前不太高兴。""jose 没有之前的高兴。""JOSE 没有之间的高兴。""José 现在比以前不高兴"。4.5%理解错误："以前的 Jose 比现在的不那么开心。"）
lo 可对应"这/那"	**9.1%**				
第 20 题：lo 可对应"这/那"	0	0	10.0%（语序不当："你说这样，让我惊讶。"）	33.3%（理解错误："说'你'我吃惊了。"）	9.1%（4.5%语序不当："你说这样，让我吃惊"。4.5%理解错误："说'你'我吃惊了。"）

续　表

	HSK3	HSK4	HSK5	HSK6	总　计
"这/那"和人称代词语篇回指人差异	**18.2%**				
第11题:"这/那"和人称代词语篇回指人差异	33.3%("那个女孩")	0	20.0%(10.0%"这个女孩";10.0%"那个女孩")	33.3%("那个女孩")	18.1%(13.6%"那个女孩";4.5%"这个女孩")

表9-3统计了HSK3—6级被试者在各个对应题目的偏误率和题目中具体错误选项的偏误率,并再次呈现了中高级被试者在"这""那"不同指示功能上的偏误率,为我们发现一些具体的偏误类型、归纳偏误类型、分析偏误成因提供了数据上的支撑。

9.4　西班牙语母语者使用"这/那"类指示词情况

9.4.1　情景指示使用情况

考虑到"这/那"的情景指示用法一般较为简单,我们主要考查了初级学习者对情景指示用法的掌握情况,对中高级学习者,我们只设置了两个题目考查"这"的情景非身势指示指方位的用法。

根据表9-2,我们可以判断出大部分初级学习者能正确使用"这/那"进行情景指示,部分学生对"这么"情景指示指程度(偏误率44.4%)的掌握情况不是很好。虽然"这"非身势指示指时间的偏误率较高,达到55.6%,但接受采访的初级被试者表示他们错选了"那""那个"。此外,我们发现部分初级学习者易受母语影响,易混淆指示代词和指示副词,人称代词和指示代词,混淆"这""那"系列词的远近指用法。

初级问卷中考查"这么"情景指示指程度的第6题"小明,你看这儿,这个字是谁写的?我也想写出<u>**这么**</u>漂亮的字。"4位被试者选择了"那个",部分接受采访的被试者表示,他们受母语影响,在答题时想到的是ese caracter/eso,所以混淆了远近指,混淆了指示代词和指示副词。根据表9-3中第6题偏误率的统计情况,我们可以看到中级被试者仍然会犯混淆指示代词和指示副词的错误,高级被试者仍然会犯混淆远近指的错误。

初级问卷中考查“这”身势指示近指人用法的第 3 题，“那”身势指示远指人用法的第 4 题“何塞，3. **这**是我的妈妈，沙发旁边的 4. **那个**女孩是我的妹妹。”初级被试者的偏误率分别为 33.3%和 22.2%，被试者分别错选了“他”和“她”。接受采访的部分被试者表示，他们想到的是西班牙语会省掉人称代词 ella，他们需要把人称代词补充出来，所以就错选了人称代词，很明显他们受到了母语负迁移和目的语泛化的影响。根据表 9-2 中第 3 题偏误率的统计情况，我们可以看到部分 HSK3 级的被试者仍然会犯混淆人称代词和指示代词的错误。

根据表 9-3，我们可以判断出大部分中高级学习者对“这”情景非身势指示方位的用法掌握得较好。根据表 9-3，从 8 位 HSK3、4、5 级学习者对初级问卷的填写情况来看，HSK4—5 级学习者对情景指示用法的情况掌握得比较好。

总体来看，中高级被试者对“这/那”情景指示的用法掌握得较好，初级被试者相比之下稍差一些。此外，被试者在使用“这/那”进行情景指示时，汉语水平越低的学习者越容易犯远近指混淆，人称代词和指示代词混淆的错误，且倾向于选择使用远指“那”并且部分中高级汉语学习者仍然会犯此类偏误。

9.4.2 语篇指示使用情况

我们主要考查中高级学习者的语篇使用情况，参考初级汉语教材，我们只在初级问卷中设置了两个题目考查简单的语篇回指用法，分别是第 2 题和第 9 题。

初级问卷中的第 2 题“这是发生在何塞与小明之间的一个故事，何塞是智利留学生，小明是中国的学生。”偏误率较高，达到 66.7%，有被试者选择“他，他”，因为对汉语人称代词的用法不够清晰，同时，受到母语负迁移和目的语泛化的影响，以为只需要用人称代词将西班牙语中省略的主语指示出来即可；也有被试者选择“那，这”，与我们预测的偏误相符，因为西班牙语会搭配使用 aquel、este 分别回指同一语篇中较远和较近的两个名词或短语。根据表 9-2，部分 HSK3 级被试者仍然会受到母语负迁移的影响，选择“那个，这个”且部分 HSK3，4 级被试者依然会混淆指示代词和人称代词，选择“他，他”。

初级问卷中的第 9 题“妈妈，你看见我这个星期买的**那**两支黑色毛笔了吗？”考察“那”语篇回指不在场事物的用法，偏误率较高为 66.7%，被试者选择了“这”，混淆了远近指，以为“这个星期”买的东西属于近指。根据表 9-2，部分 HSK3 级被试者仍然会混淆远近指，选择“这”。

自然收集到的中介语语料显示，中高级西班牙语母语者在语篇中主要使用“这/那”的显性名词回指、显性小句回指、隐性概括性回指功能，较少使用语篇下指以及其他类语篇回指(具体包括显性动词性、隐性蕴含性、隐性联想性回指)。通过分析自然收集到的中介语语料和对智利孔子学院教师的采访,我们发现,非常多的中高级母语者在输出书面语篇和口头语篇时,喜欢一直使用“这”回指同一个事物。我们在中介语语料中发现的语篇回指远近指误用问题,尤其是经常把西班牙语中的 ese 系列词简单对应为汉语中的远指“那”系列词的偏误问题,在问卷中得到了验证,我们会在第 9.5 节对此展开详细分析。

我们在中高级问卷中比较全面地考查了西班牙语母语者的“这/那”语篇指示使用情况。我们发现,中高级西班牙语母语者在这些用法上有较多的偏误:“这”语篇显性回指名词性事物(偏误率为 29.9%)、“这”语篇显性回指时间(偏误率为 77.3%)、“这”语篇显性回指动作方式(偏误率为 95.5%)、“这”语篇蕴含性回指(偏误率为 27.3%)、“这”语篇联想性回指(偏误率为 36.4%)。此外,在语篇回指人时,部分中高级西班牙语母语者会混淆“这/那”和人称代词,偏误率为 18.2%,考查这一点的题目是“小红的妈妈经常对小红说:‘身体是革命的本钱。’但小红从不相信这句话,经常熬夜。一天,小红正在与同学聊天,突然<u>**她**</u>觉得头晕眼花,然后就晕倒了。小红醒来的时候,她已经躺在了医院里”。部分被试者选择了“那个女孩”因为想到的是西班牙语用 esa chica;也有被试者选择了“这个女孩”因为想到的是西班牙语用 esta chica,他们将母语负迁移到了目的语中,不清楚汉语人称代词和指示词“这/那”指代人的区别。

考查“这”语篇显性回指时间的题目是阅读理解第 16 题,选择“Pero durante las cuatro horas”对应的汉语句子,正确选项是“但就是这 4 小时”,该题的偏误率为 66.67%。部分被试者受母语影响,认为 las cuatro horas 表达的和 esas cuatro horas 一样,而 esa 对应的是远指,所以就选择了“但就是在那个 4 小时里”;也有被试者选择的是“但就是在 4 小时”,不知道西班牙语的定冠词可以对应汉语的指示词“这/那”。

根据问卷中的语篇回指偏误情况和对相关学生的采访,我们发现当学习者需要语篇回指言语、事件时,他们首先想到的是西班牙语中性指示词 esto、eso、aquello,并一般将其对应成汉语的“这、这个、那、那个”。部分学习者表示,他们虽学习过“这+(量词)+(数词)+名词”这一词组,但主要用来做情景指示,比如“这本书是我的”。他们并不知道可以用其来语篇回指言语、事件、动作,所以有时无法做到正确使用“这/那”的这一功能,因此他们倾向于使用学过的“这样、这么、那样、那么、这个、那个”。例如考查“这”语篇显性回指动作方式的题目“他<u>**这一想**</u>,竟走了神”,偏误率高达 95.5%,大部分被试者选成了“想一想”,一位被试者选成了“想那个”,接受采访的被试者表示,他们从未见过“这一想”的搭配,所以就选择了和西班牙语副动词 pensando 对应的动词“想一想”,选择“想那个”的学生表示他当时认为需要用“那个”回指想的内容,因为脑海里闪过的西班牙语是“Se distrajo pensando eso.”。eso 对应“那个”。再例如考查“这”语篇概括性回指功能的题目“有一些同学正在喝酒,看到**这个场景**,他想到……”,部分被试者选择“这个”;也有被试者选择“那”,因为想到的是西班牙语 eso/esa escena。再例如,考查“这”语篇显性回指小句性言语的题目“小红的妈妈经常对小红说:‘身体是革命的本钱。’但小红从不相信**这句话**,经常熬夜。”部分被试者选择了“这个”;部分被试者选择了“那个”;也有被试者选择了“那句话”,因为想到的是西班牙语 eso/esa frase,对应成了汉语的远指,不知道西班牙语的 ese 系列可以对应汉语的近指“这”系列词。

此外,部分被试者认为在语篇中单独使用“这/那”进行语篇名词性回指很奇怪,因为他们没见过这种用法,例如,考查“这”语篇显性回指名词性事物功能的题目“为什么不带一瓶红酒呢?这可是我们智利的特产!”,部分被试者选择“这样”;部分被试者选择“这时”;也有被试者选择“/”,因为他们脑海里想到的是西班牙语“¿Por qué no llevo una botella de vino rojo? Es producto típico de Chile.”(西班牙语句省略了主语 El vino rojo 或 este)他们认为前面已经出现过“红酒”,那么就不需要再次重提,他们将西班牙语的指示思维迁移到了汉语中。但是大部分的学习者知道可以单独用“这/那”语篇回指句子,因为教材词汇表注释了“这,este、esto”“那,ese、aquel、eso、aquello”并且西班牙语经常使用中性指示词 esto、eso、aquello 指示句子,例如考查语篇蕴含性回指的题目“妈妈听你这么说,为你感到高兴,因为**这**意味着你终于长大了,知道身体健康的重要性了。”部分被试者选择“这个”“那个”,认为单独使用“这/那”比较奇怪;也有被试者选择了“那”因为想到的是西班牙语 eso,所以用了远指“那”将母语负迁移到了目的语,更重要的是,未注意到西班牙语的 eso 指示距离没有汉语的“那”那么远,eso 可以对应于汉语的近指词“这”。

我们在教材中没有找“这/那”语篇回指用法的讲解,接受采访的三位教师表示一般是在讲解其他语言点的时候,如量词、比较句等,会使用到“这/那”她们认为“这/那”不是教学重点、难点,不会专门讲解“这/那”的用法。因此我们认为,教师和教材在这方面的疏忽以及学生对该知识点的未知、遗忘导致了相关偏误的产生。

根据表 9-2,初级水平的学生对“这”的简单语篇下指用法掌握得很好(“**这**

是发生在何塞与小明之间的一个故事”,偏误率为 0);大部分的中高级学生能掌握好“这”较有难度的语篇下指用法(谈起开店的秘密,店主人是**这样**说的：偏误率为 18.2%,少部分 HSK3、5 级学生用成了“那样”,少部分 HSK4 级学生用成了“这个”)。我们会在 9.5 节分析具体偏误成因。

总体来看,在语篇回指用法中,中高级学习者在“这/那”语篇显性回指名词性事物、语篇显性回指时间、语篇显性回指动作方式、语篇蕴含性回指、语篇联想性回指的用法上易犯远近指误用、人称代词和指示代词混淆、指示代词和指示副词混淆等偏误。此外,中高级学习者对“这/那”单独使用,“这个/那个”和词组“这/那+(数词)+(量词)+名词”的语篇回指功能的异同之处不够熟悉。

9.4.3 虚化连接指示使用情况

我们将情景指示和语篇指示作为考查的重点,只在初级问卷和中高级问卷中各设置了一个题目,来考查“那”的简单虚化连接指示功能。通过分析问卷结果和学生采访,我们发现相比于情景指示用法,初级学习者对指示词的简单虚化连接功能不熟悉,对汉西指示词在虚化连接用法上的对应关系掌握不够。初级学习者在“那”的虚化连接指示功能上的偏误率为 44.4%.中高级学习者对“那”的简单虚化连接指示功能掌握得较好,偏误率为 11.4%。

接受我们采访的三位教师在回答“你认为这、那对应西班牙语中的哪些词”的问题时,都未提到:“那”在行使虚化连接指示功能时,可对应西班牙语的 entonces。她们认为“这/那”对应 este、ese、aquel 系类词,el、la、los、las 定冠词和 tan(to)指示词。

接受采访的初级学习者表示之所以没有做对初级问卷中的“**那**我来教你吧”这道题,选择“**这/那个**我来教你吧”是因为脑海中首先想到的是西班牙语 Te enseño esto/este caracter/eso/ese caracter. 认为是在回指“福”字,并不知道“那”可以单独使用,连接一个句子,表达提议。根据表 9-3,部分 HSK3 级被试者也错选了“这”“那个”。

接受采访的中高级学习者表示选择“**因此**我们周日见啦!”,是因为他们脑海中首先想到的是 Entonces/Por lo tanto, nos vemos el domingo. 并且认为 Entonces/Por lo tanto 对应汉语的“因此”。

总的来看,HSK1、2、3 级学习者对“那”的简单虚化连接指示功能还不够熟悉,HSK4、5、6 级学习者对此用法掌握得较好。我们可以看到,一方面是汉语、西班牙语指示思维和用法的差异,另一方面是教师和教材的原因,部分学生不知道行使虚化连接指示功能的汉西指示词正确的对应关系,最终,导致部分学生没能正确掌握“这/那”的虚化连接指示用法。

综上,我们可以发现以下规律:

1. 初级学习者主要输入和输出“这/那”简单情景指示和简单虚化连接指示用法,中高级学习者主要输入和输出语篇回指、语篇下指和简单虚化连接指示用法,中高级学习者对“这/那”这三种用法的掌握情况比初级学习者好。

2. 在情景指示用法中,初级学习者易混淆远近指,且倾向于使用远指词“那”,易混淆指示代词和人称代词,指示代词和指示副词;部分中高级学习者仍然会犯上述初级学习者常犯偏误;汉语水平越低,越易受母语和目的语泛化影响,越易犯上述偏误。

3. 在 este、aquel 搭配语篇回指和“那”语篇回指不在场事物的用法中,初级学习者也是易受母语和目的语泛化影响,混淆远近指,指示代词和人称代词;部分中级学习者仍然会再犯这些偏误。在语篇回指用法中,中高级学习者对“这/那”语篇显性回指名词性事物、语篇显性回指时间、语篇显性回指动作方式、语篇蕴含性回指、语篇联想性回指的用法掌握得不是很好,易犯语篇回指远近指误用、人称代词和“这/那”混淆、指示代词和指示副词混淆等偏误,对“这/那”单独使用,“这个/那个”和词组“这/那+(数词)+(量词)+名词”的语篇回指功能的异同之处不够熟悉。

4. 在虚化连接指示用法中,HSK1、2、3 级学习者对“那”的简单虚化连接指示用法掌握得不是很好,HSK4、5、6 级学习者对此用法掌握得较好。汉语水平较低的学习者,输入的汉语语料不够多,易受母语、教材、教师教学的影响,从而产生偏误。

9.5 偏误类型

通过分析 1.7 万字自然语料,39 份有效问卷和教师采访,我们发现西班牙语母语者在使用指示词时主要有以下七类偏误:该用名词,却用了指示词;该用零形式或人称代词,却用了指示词;该用指示词,却用了零形式;混淆“这”与“那”;该用指示副词,却用了指示代词;句法位置不当;搭配不当。

9.5.1 该用名词,却用了指示词

在自然收集到的语料中,我们发现在语篇显性名词性回指和显性小句性回指中,部分学习者在该使用名词回指时却使用了指示词,造成言语表达不自然,逻辑不通顺。举例如下:

I. 显性名词性回指：指人

(1) 何塞是西班牙语的老师，胡安娜是医生；**那很害羞，这很高兴**。

(“José es profesor de español, Juana es médica; **aquel** es muy tímido, **esta** es muy alegre.”)

例句(1)为被试者将括号内的西班牙语句翻译为汉语的结果，被试者直接将西班牙语指示词 aquel、esta 翻译成了汉语指示词“这”“那”，并未考虑到汉语的表达习惯。正确语句应该为“何塞是西班牙语的老师，胡安娜是医生。前者性格内向，后者性格活泼”，即应该用名词而不是指示词来回指人。

(2) Natalia Lafourcade 是一位墨西哥的歌手，词曲作者和活动家。她被认为是拉丁美洲的音乐偶像，其歌词的特征是将她的人生故事和她的根源带入当代民间音乐。她是一位艺术家，她的职业生涯建立在探索过去和遗产的基础上，将定义拉丁美洲音乐遗产的声音带入当代音乐。

她的时尚代表了**她**的音乐和理想，表达了**她**的根源和作为艺术家的灵感。**这位歌手**通过传统服饰探索墨西哥身份的元素，经常在其原始背景下使用它，而在其他时候则受其他风格或趋势的影响，将其带入当前外观。因其音乐对维护拉丁美洲身份的贡献而受到认可，并被公认为当代文化记忆的守护者。**这位歌手的音乐和演说**为以前由男性主导的音乐流派开辟了一个女性代表的空间。凭借翻译古典音乐的能力，她带领年轻的观众发现了拉丁美洲音乐的丰富性。

在(2)语篇中，被试者在介绍一位墨西哥女歌手，需要多次对其进行回指，但在语句“她的时尚代表了她的音乐和理想，表达了她的根源和作为艺术家的灵感。这位歌手通过传统服饰探索墨西哥身份的元素，经常在其原始背景下使用它”中，先使用人称代词“她”三次对歌手进行回指，紧接着使用指示词“这位歌手”进行回指，并不符合汉语的回指习惯，语篇读起来拗口，应该继续使用人称代词“她”或者直接重复该歌手的名字“Natalia”。接下来，西班牙语母语者使用“其”回指歌手，紧接着又使用“这位歌手”回指歌手，但按照汉语的表达习惯，这里最好使用歌手的名字“Natalia”进行回指。被试者在一个长语篇中需要多次对人进行回指时，不知该如何交替使用不同的回指方法。

II. 显性名词性回指：地点

(3) 中国有很多城市，但我最喜欢武汉。因为很多外国人不知道**那个城市**，所以他们都觉得武汉不重要，但他们觉得这个因为不知道**那个城市的历史**。**那个城市**不仅是一个很大的城市，而且武汉发生了很多大事。

语篇(3)可以改为“中国有很多城市,但我最喜欢武汉。很多外国人不知道**这座城市**,所以他们觉得武汉不重要,他们之所以会这样认为,也正是因为不了解**这座城市的历史**。**武汉**不仅是一座大城市,而且在那儿发生了很多历史大事。”被试者应该正确交替使用指示词和名词来回指“武汉”,从而输出语句通顺的语篇。

III. 显性小句性回指:言语

(4) ——好的,有问题可以问我。

——我会记得**那个**。

在语篇(4)中,“我会记得那个”可以改为“我记住你的话了/你说的这句话了”,被试者没有使用名词进行回指,在使用指示词构成名词结构进行回指时,使用了远指词,并且错误搭配了名词词组。

9.5.2　该用零形式或人称代词,却用了指示词

我们发现部分被试者在该用零形式或人称代词语篇显性回指事物时,却使用了指示词,出现“一‘这’到底”或“一‘那’到底”现象,造成语篇逻辑不通顺,读起来拗口。

(5) 我最喜欢《三体》,刘慈欣的小说,因为我觉得**这本书**不仅很有意思,而且**这本书**说明物理,那个专业很难,但感谢**这本小说**,我也觉得物理很有意思。

(6) 我最喜欢的文学作品是 Bram Stoker 恐怖小说《德古拉》。《德古拉》是1897 出版的第一次吸血鬼的小说,给人介绍文学的第一位吸血鬼,德古拉伯爵。**这部小说是书信体的**,讲述的故事都包括一系列信件、日记、报纸文章和船舶日志。**这部小说讲述了德古拉试图从特兰西瓦尼亚迁往英国**,以便找到能变成的新吸血鬼,以及德古拉和 Van Helsing 教授领导的一小群人之间的战斗。

在语篇(5)中,被试者三次使用指示词“这”来回指小说“三体”,实际上,不应该三次都使用“这”,应适当使用零形式或者人称代词。按照汉语的逻辑,此语篇应改为:我最喜欢《三体》,刘慈欣的小说,因为**这本书**不仅很有意思,而且**讲述**的是物理/**它讲述**的是物理,物理这个专业很难,但**这本小说**让我觉得物理很有意思,感谢《三体》。

语篇(3)和(5)由同一位被试者撰写,他是智利圣托马斯大学孔子学院的一位学生,当我们将这两个语篇展现给接受采访的智利孔子学院的教师时,她表示自己曾是他的汉语教师,这位学生确实经常在作文中“一‘这’到底”,或“一‘那’

到底”,很多学生经常犯这样的错误,在一个语篇中从头到尾一直使用“这”“那”“我”“他”等。

语篇(6)两次回指小说《德古拉》,都使用了“这”,被试者在应该使用零形式或人称代词时,使用了指示代词。按照汉语的逻辑,此语篇应改为:**这部小说是书信体的**,讲述的故事包括信件、日记、报纸文章和船舶日志,**主要/它主要**讲述了德古拉试图从特兰西瓦尼亚迁往英国,以便找到能变成的新吸血鬼,以及德古拉和 Van Helsing 教授领导的一小群人之间的战斗。

9.5.3　该用指示词,却用了零形式

我们发现部分被试者在该用指示词语篇显性回指事物和地点时,却使用了零形式,造成语篇表意错误,表达出泛指的意味。举例如下(括号里的西班牙语是被试者为方便自己写作汉语而先行写出的):

I. 显性名词性回指:事物

(7) 玛丽亚说跟李芳她会去,在西班牙常去爬山。**她觉得好的运动**,又锻炼身体又锻炼意志。(Maliya dice que ella irá, en España ella solía escalar montañas. **Ella cree que es un buen ejercicio** para el cuerpo y espíritu.)

(8) 王玲告诉没有经验爬山,**问如果山好爬**。(Wang Ling dice que no tiene experiencia escalando, **pregunta si esa es una montaña fácil de escalar.**)

(9) 尽管这格言流传了很长时间,但现在已经没有之前那么严重“疯狂”的含义了。相反,主要是用来嘲笑别人的行为或说话。比如说,你和朋友谈论哈利·波特的电影和书,你的朋友找了不同的理由来说服你电影比书好。在这情况你可以说“梳娃娃”来表达你朋友的观点一点逻辑都没有,书比不上电影。在政治中人们也常用这个格言。比如,一个政客出现在电视上谈论人们知道的不确定或不真实的事情,或者他们知道不会实现的承诺。**虽然格言失去了原来的严重意义**,但如今老一辈的人还使用。

(7)句应改为“玛丽亚和李芳说,她在西班牙经常爬山,**她觉得那/这是一项有益的运动**,既锻炼身体又锻炼意志。”“好的运动”是对前面动词词组“爬山”的评价,其主语是“爬山”,此处该使用指示词回指“爬山”,被试者却使用了零形式。

在(8)句中,“问如果山好爬”对应西班牙语“pregunta si esa es una montaña fácil de escalar”,使用了远指指示代词“esa”,意为“那座山”。“问如果山好爬”中的“山”实为回指前面谈到过的一座“山”,但被试者只是在西班牙语中使用了指示词,而在输出汉语时,使用了零形式,原偏误句应改为“**问那座山是否好爬**。”

语篇(9)具有一定长度,“格言”一词需要多次被回指,最后一次回指该用指示词,被试者却用了零形式,使得语句“虽然格言失去了原来的严重意义”表达的是泛指语义,该句可改为“**虽然这句格言失去了原来的那种庄重意义**”。

II. 显性名词性回指:地点

(10) 王玲跟她说他们一起去潭柘寺和戒台寺,**听说风景又安静,又漂亮**。(**Wang Ling le dice que vayan a los templos, ha escuchado que el paisaje allí es muy bonito y tranquilo.**)

在语句(10)中,西班牙语母语者同样在西班牙语句“ha escuchado que el paisaje allí es muy bonito y tranquilo.”中使用指示词“allí”来回指“潭柘寺和戒台寺”,但在对应的汉语语句中,使用了零形式,没有使用指示词“那里/那儿”,应改为“**听说那儿风景优美、宁静**”。

9.5.4 混淆“这”与“那”

我们发现部分被试者在使用指示词进行语篇显性回指时,会在该用“这”时,用“那”;在该用“那”时,用“这”,造成语篇逻辑不通顺。

部分被试者在语篇显性回指事物和语篇下指需要使用近指指示词“这”时,使用了远指指示词“那”。举例如下:

(11) 我最喜欢《三体》,刘慈欣的小说,因为我觉得这本书不仅很有意思,而且这本书说明物理,**那个专业很难**,但感谢这本小说,我也觉得物理很有意思。

(12) 中国有很多城市,但我最喜欢武汉。因为很多外国人不知道**那个城市**,所以他们都觉得武汉不重要,但他们觉得这个因为不知道**那个城市的历史**。**那个城市**不仅是一个很大的城市,而且武汉中发生了很多大事。

语篇(11)中的“那个专业很难”应改为“**这个专业很难**”。“指示词+专业”近指零距离的名词“物理”,所以不能用远指指示词“那”,只能用近指指示词“这”。

语篇(12)是上文中的(3)语篇,其中被试者以第一人称讲述自己最喜欢的城市“武汉”,在第一次需要回指“武汉”时,“指示词+城市”距离名词“武汉”很近,且该语篇的时态为一般现在时,又表达较近的心理距离,所以使用近指指示词“这”组成短语“这座城市”要优于使用远指指示词“那”,同理,接下来距离近的两个句子再次分别回指“武汉”时,也应使用近指指示词“这”。但不可以一直使用指示词,应当使用其他的回指办法,上文对此已有叙述。

在中高级问卷中,部分 HSK3,5 级被试者在第 17 题“谈起开店的秘密,店主人是**这样**说的：现在做的菜……”中选择了“那样”，本该用近指词“这样”而用了远指词“那样”，与我们的预测相符。

部分被试者在语篇显性回指地点和事物需要使用远指指示词“那”时，使用了近指指示词“这”。举例如下：

(13) 我最锻炼的运动是跑步。对我来说锻炼很容易，**因为离我家有一个公园，我可以去跑步这儿**。(El deporte que más práctico es salir a correr. Es fácil para mi **ya que vivo cerca de un parque donde puedo practicarlo.**)

在语篇(13)中，被试者在以第一人称向他人介绍自己经常做的运动，离说话人家很近的一个“公园”对于听话人来说是第一次听到的场所，此外，“公园”对于说话人和听话人来说都是一个地理距离和心理距离都较远且不在说话现场的一个地点，所以不应该使用近指词“这儿”而是应该使用远指词“那儿”。所以，原句应改为“因为离我家很近的地方有一个公园，**我可以去那儿跑步**”。

初级问卷中的第 9 题“妈妈，你看见我这个星期买的**那**两支黑色毛笔了吗？”，部分被试者选择了“这”，在该使用“那”进行远指时，使用了近指词“这”。

9.5.5　该用指示副词，却用了指示代词

部分被试者在该用指示副词进行语篇显性小句回指和情景指示程度时，却使用了指示代词，致使语句不通畅，语义扭曲。举例如下：

I. 显性小句性回指：言语

(14) 中国有很多城市，但我最喜欢武汉。因为很多外国人不知道那个城市，所以他们都觉得武汉不重要，**但他们觉得这个**因为不知道那个城市的历史。那个城市不仅是一个很大的城市，而且武汉中发生了很多大事。

(15) 和我关系最好的老师是我的写作课和交流课的老师。她是一个善良，温柔，但又严格的女人。我最喜欢她的课，因为她想出了不同的教学方法，真让我感受到学习的氛围。**同学们也对她有这种感觉**，所以我们经常邀请她出去吃饭，甚至给她一些教师节或圣诞节的礼物。

语篇(14)中被试者想要用指示词在“但”引导的转折句中回指小句“他们都觉得武汉不重要”，该转折句应该为“**但他们之所以这样认为**，是因为他们不知道这座城市的历史。”被试者本该用指示副词，却使用了指示代词，导致语句不通顺。

在语篇(15)中，被试者想要用指示词回指小句“她是一个善良，温柔，但又严格的女人。我最喜欢她的课，因为她想出了不同的教学方法，真让我感受到学习的氛围。”来表达同学们和其有同样的观点，相应的句子本该为“**我的同学们也这么认为**”，但在原句“同学们也对她有这种感觉”中，被试者使用“指示词＋感觉”，

将指示副词误用为指示代词,表达出的是一种奇怪的含义。

II. 情景指示:程度

在初级问卷的第 6 题“小明,你看这儿,这个字是谁写的,我也想写出**这么**漂亮的字。”中,本该使用“这么”情景指示程度,部分被试者却选择了“那个”。

III. 显性小句性回指:言语

在中高级问卷的第 7 题“小明妈妈高兴地回答说:‘真的吗?如果你**这么**觉得,那就多吃点儿。’”中,本该使用“这么”回指上文小明的言语,部分被试者却选择了“这个”“那个”。

9.5.6 句法位置不当

部分被试者无法正确将指示词放在合适的位置,尤其是指示副词,如指示地点的副词“这儿”“那儿”。举例如下:

(16) 我最锻炼的运动是跑步。对我来说锻炼很容易,因为离我家有一个公园,我可以**去跑步这儿**。(El deporte que más práctico es salir a correr. Es fácil para mi ya que vivo cerca de un parque donde puedo practicarlo.)

在语篇(16)中,被试者需要对地点“公园”进行远指,但原句不仅使用了近指词“这儿”,同时也将指示词放错了句法位置,应改为“因为离我家很近的地方有一个公园,我可以去那儿跑步。”

9.5.7 搭配不当

部分被试者无法正确使用由指示词组成的固定搭配,如“在这种情况下”“从那儿以后”等,无法正确使用指示词去组成相应的短语进行回指。

I. 语篇隐性回指:事件

(17) 比如说,你和朋友谈论哈利·波特的电影和书,你的朋友找了不同的理由来说服你电影比书好。**在这情况**你可以说“梳娃娃”来表达你朋友的观点一点逻辑都没有,书比不上电影。

(18) 我觉得我有很多爱好。小的时候我喜欢做运动,我做了 5 年多的艺术体操。**从那儿**我喜欢做别的运动例如篮球、排球和游泳。另外我也喜欢跳舞。我也喜欢唱歌可是我不会。

II. 语篇显性回指:地点

(19) ——你喜欢中国的首都北京吗?

——我听说了北京的事,但我不参观那个。

——北京的什么事?还是你想说你听说过北京?但没去过北京?

——是的,我没去过。然后我可能以后会做火锅。

在语篇(17)中,“在这情况”应改为“在这种情况下”。在语篇(18)中,“从那儿”应改为“从那儿以后”或“从那儿(时候)开始”。在语篇(19)中,原句“我听说了北京的事,但我不参观那个”可改为“我听说过北京,但我没去过那儿/那座城市”而不是仅仅使用指示词“那个”进行回指。

III. 语篇隐性回指:事件

在中高级问卷第5题“有一些同学正在喝酒,看到**这个场景**,他想到……”,部分被试者选择“这个”“那”,没能正确组成名词词组进行回指。

IV. 语篇显性回指:言语

在中高级问卷第10题“小红的妈妈经常对小红说:‘身体是革命的本钱。’但小红从不相信**这句话**,经常熬夜。”部分被试者选择了“这个”“那个”,没能正确组成名词词组进行回指。

9.6 偏误原因分析

9.6.1 母语负迁移

通过分析现有语料中的“这/那”类指示词偏误类型,我们发现西班牙语母语者在使用“这/那”类指示词进行语篇回指时,会受到西班牙语忌讳重复思维,西班牙语特有的aquel、este搭配使用,西班牙语指示词、冠词、中性代词皆有回指用法,并列、转折复合句中共同主语省略,西班牙语回指物体、言语和事件时eso使用频率比esto、aquello高的影响,形成指示词冗余、误用、漏用、句法位置不当等偏误,接下来我们将举例进行解释说明。

前面章节中已提到,西班牙语忌讳重复,因而经常使用具有回指功能的词汇或同义词来进行语篇回指。一般首先使用诸如冠词、代词、指示词等进行回指,当不能再继续使用这些词汇进行回指,但又不能省略或不想省略被回指对象时,西班牙语母语者会试图使用被回指对象的同义词。但相对来说,汉语没有那么忌讳重复。我们分析语料和教师采访发现,当需要在同一个语篇中多次指示同一个事物时,很多西班牙语母语者会频繁使用指示词,一“这”到底,或者一“那”到底,造成语篇读起来不够通顺。例句如下:

(20) 我最喜欢《三体》,刘慈欣的小说,因为我觉得**这本书**不仅很有意思,而且**这本书**说明物理,那个专业很难,但感谢**这本小说**,我也觉得物理很有意思。(Me gusta mucho Tres cuerpos, novela de Liu Cixin, no sólo porque **es un libro** muy interesante, además **habla** de física, esa especialidad es muy

difícil，pero gracias a **esta novela**，también pienso que la física es interesante.)

(21) 我最喜欢一个中国电影《一代宗师》，因为**这个电影**讲一个很有名武术的师傅，而且**这个电影**也讲一个中国历史的大事，抗日战争。其实在智利，中国的电影不很有名，但我找了**这个电影**因为主角很有名，他是李小龙的老师。(Me gusta mucho una película china，The grandmaster，porque **habla** de un famoso maestro de artes marciales，además **habla** de una parte de la historia china，la Guerra de Resistencia contra Japón. A decir verdad，en Chile las películas chinas no son famosas，pero busqué **esta película** porque el protagonista es myy famoso，él fue el maestro de Bruce Lee.)

(22) 中国有很多城市，但我最喜欢武汉。因为很多外国人不知道**那个城市**，所以他们都觉得武汉不重要，但他们觉得这个因为不知道**那个城市**的历史。**那个城市**不仅是一个很大的城市，而且武汉发生了很多大事。

分析被试者提供的西班牙语语篇，我们可以看到在(20)和(21)语篇中，虽然每个语篇里都三次回指同一个物体，但是只在最后一次回指时，使用了西班牙语指示词 esta＋名词，其余时候，都在省略所指。在(20)(21)和(22)三个汉语语篇中，当“三体”“一代宗师”“武汉”需要再次、多次被提及时，汉语学习者受母语影响并不想重复这三个词，于是一直在使用指示词进行回指“这本书”“这本小说”“这个电影”“那个城市”。这符合西班牙语母语者回指同一事物的逻辑，但并不符合汉语回指事物的逻辑，我们在一个语篇中，当需要较近距离地多次回指同一事物时，我们会将指示词、代词、零形式、该名词或该名词的同义词交叉起来使用。

(20)和(21)偏误语句的形成也受到了目的语知识矫枉过正的影响。(20)和(21)汉语语句中三次回指里的前两次回指都各在一个并列复合句中“因为我觉得**这本书**不仅很有意思，而且**这本书**说明物理”和“因为**这个电影**讲一个很有名武术的师傅，而且**这个电影**也讲一个中国历史的大事，抗日战争”。它们分别对应的西班牙语句也是并列复合句“no sólo porque **es un libro** muy interesante，además **habla** de física.”和“porque **habla** de un famoso maestro de artes marciales，además **habla** de una parte de la historia china，la Guerra de Resistencia contra Japón.”在这两个西班牙语并列复合句中，每个句子的第二个并列成分都与第一个并列成分的主语一致，所以第二个并列成分的主语直接被省略掉了。而一些老师在教西班牙语母语者汉语时，会强调把西班牙语中省略的主语指出来，这导致西班牙语母语者在不足够熟悉汉语表达习惯的情况下，会不分情况，将在汉语中可以省略的主语也指出来，比如我们刚才所说的并列复合句，在汉语和西班牙语当中如果两个并列成分共用一个主语，那么第二个并列成分可以省略主语，但西班牙语母语者对目的语知识进行了负迁移，没有省略主语，而是又重复了一遍第一个并列成分中的主语。所以说其偏误语篇是母语负迁移和目的语知识矫枉过正共同作用的结果。

另外，aquel、este 搭配使用来去回指同一语篇中较远和较近的两个词或短语，是西班牙语区别于汉语特有的用法，因此，我们在初级问卷中设置了相关偏误，发现这一差异会让部分被试者在该使用名词的时候，使用指示词，也会让部分被试者错误理解指示词所指所代。在初级问卷第 2 题“这是发生在何塞与小明之间的一个故事，何塞是智利留学生，小明是中国的学生”中，有被试者选择了“那，这”，部分采访者在接受采访时表示确实是受西班牙语这一用法的影响。同时，我们也在中高级问卷中设置了相关偏误，在阅读理解第 15 题“‘每天都有很多人在**那里**排队。’句中的‘那里’指的是‘？’”中，有部分被试者错选了“我的家乡”而不是正确选项“饭馆儿‘四个点儿’”。接受采访的被试者表示，他们受 aquel、este 搭配使用的影响，看到前文先出现“我的家乡”后出现“饭馆儿‘四个点儿’”，就以为“那里”回指的应该是较远的“我的家乡”。这也说明了上文提到的偏误句“何塞是西班牙语的老师，胡安娜是医生；**那很害羞，这很高兴**”(José es profesor de español, Juana es médica; **aquel** es muy tímido, **esta** es muy alegre)确实是母语负迁移造成的。

第三章提到，西班牙语的冠词和代词与指示词一样具有回指功能，我们分析语料时发现这一差异会让部分被试者在该使用指示词时，使用零形式，具体例句如下：

(23) 玛丽亚说跟李芳她会去，在西班牙常去爬山。**她觉得好的运动**，又锻炼身体又锻炼意志。(Maliya dice que ella irá, en España ella solía escalar montañas. **Ella cree que es un buen ejercicio** para el cuerpo y espíritu.)

在语句(23)中，“她觉得好的运动”对应西班牙语句“Ella cree que es un buen ejercicio.”西班牙语不定冠词“un”组成的词组“un buen ejercicio”即“一项好的运动”，回指的是 “escalar montañas”，即“爬山”，西班牙语母语者在输出汉语时，看到自己先行写好的西班牙语并没有用到指示词，虽然他知道在这里需要回指“爬山”，但因此也就没有使用汉语指示词，以为自己已经进行了回指。我们根据这一偏误设计了一道西班牙语翻汉语笔译题——中高级问卷第 22 题“Elena dice que en España solía escalar montañas. Cree que es un buen ejercicio para el cuerpo y espíritu.”以考查学生是否会把西班牙语的冠词对应成汉语的“这/那”。根据表 9-3,我们可以看到大部分被试者知道这一对应关系,只有一小部分被试者在该用指示代词的时候,使用了零形式、指示副词。但这还是验证了我们的观点:受母语负迁移的影响,不知晓或不清楚西班牙语冠词和汉语指示词的对应关系,会导致偏误的形成。

(24) 尽管这格言流传了很长时间,但现在已经没有之前那么严重“疯狂”的含义了。相反,主要是用来嘲笑别人的行为或说话。比如说,你和朋友谈论哈利·波特的电影和书,你的朋友找了不同的理由来说服你电影比书好。在这情况你可以说“梳娃娃”来表达你朋友的观点一点逻辑都没有,书比不上电影。在政治中人们也常用这个格言。比如,一个政客出现在电视上谈论人们知道的不确定或不真实的事情,或者他们知道不会实现的承诺。**虽然格言失去了原来的严重意义**,但如今老一辈的人还使用。

在语篇(24)中,原句“虽然格言失去了原来的严重意义”对应的西班牙语句为“aunque el dicho ha perdido su sentido serio”。其中“el dicho”指代的是上文一直在介绍的“格言”被试者受西班牙语定冠词可以回指思维的影响,输出汉语时,忘记使用指示词。

(25) 中国有很多城市,但我最喜欢武汉。因为很多外国人不知道那个城市,所以他们都觉得武汉不重要,**但他们觉得这个**因为不知道那个城市的历史。那个城市不仅是一个很大的城市,而且武汉发生了很多大事。

在语篇(25)中,原句“但他们觉得这个”对应西班牙语句“Pero lo creen/Pero creen esto”,其中 lo 为宾格代词,esto 为中性指示词,它们都可回指小句“Wuhan no es importante”即“武汉不重要”。该被试者表示:教材和教师对 esto 的释义为“这个”,所以他没有想到要用指示副词“这样”而是选用了指示代词“这个”。我们可以看到他在输出汉语时,首先想到的是西班牙语,然后再将其翻译成汉语,翻译汉语的依据则是教材和教师讲解的知识。我们在问卷中设置了混淆指示代词和指示副词的偏误,它们是初级问卷中的第 6 题和中高级问卷中的第 7、13、17 题,在这些题目中,都应该使用指示副词,然而部分被试者错选了指示代词,采访者表示有时是他们误以为需要回指前文的某个名词或句子,有时是受到母语负迁移的影响,想到了 eso。比如第 7 题“如果你真这么觉得,那就多吃点”,有一位被试者错选为“如果你真那个觉得,那就多吃点”,并在接受采访时,表示他当时想到的是西班牙语“Si de verdad, lo crees eso, …”,所以选择了指示代词“那个”。

在介绍西班牙语中性指示代词时,我们已提到过:比起 esto 和 aquello,西班牙语母语者在回指小句和名词时,即指代概念、观念、事件和没有生命的物体,特别是当说话人不想说明或不确定所指物体的名字时,会更多地使用 eso。我们根据西班牙语的这一特点,在问卷中设置了相关的偏误,这些偏误分布在中高级问卷中的第 5、9、10、12、13、14、16、17、19 共九道题目中,在这些题目中,大多需要使用“这”系列词近指,少部分需要“那”系列词远指,根据表 9 - 3,我们可以看到在这九道题目中,总是有被试者混淆远近指。我们分析问卷和被试者采访发现,由于西班牙语母语者在用中性词语篇回指时,更多地使用 eso,表示较近的远指,实际上它是可以根据语境,对应汉语的近指“这”和远指“那”,但是西班牙语区的汉语教材将“那”释义为 ese,aquel 系列词,这就导致他们会在本应该使用“这”系列词的时候,使用“那”系列词,比如第 12 题“妈妈,经历过**这件事**后,我以后再也不熬夜了”,部分被试者想到的是 eso,所以错选了“那件事”。

9.6.2　目的语知识矫枉过正

在介绍母语负迁移是如何造成偏误时,我们已经结合偏误句,详细介绍了目的语知识矫枉过正是如何导致偏误形成的,比如,教师在教学过程中会讲到“汉语的主语一般不能省略,所以要将西班牙语中省略的主语指示出来”,导致在不该用指示词的时候使用指示词,如在语篇中一“这”到底或一“那”到底;教材和教师对“这”的释义为 este 系列词,“那”的释义为 ese 系列词,使得部分被试者遇到西班牙语使用 este 系列词时,便用“这”,遇到西班牙语使用 ese 系列词时,便用“那”,造成了远近指混淆、指示代词和指示副词混淆等偏误。在此我们就不多重复,而是只对这一点做强调:通过采访被试者和分析对应的西班牙语语篇,我们发现,大部分的汉语学习者,尤其是初级和中级的汉语学习者,他们在输出汉语时,先是非常容易受到母语的影响,即母语负迁移,接下来又会受到教材和教师的影响,从而又受到目的语知识矫枉过正的影响,也就是说,一个偏误的形成往往不是单方面的因素造成的,而是多方面的因素共同作用形成的。

9.6.3　教师的教学策略

我们采访了三位在海外西班牙语区孔子学院教学的教师,其中智利孔子学院和秘鲁孔子学院的教师是一位语料提供者和问卷填写部分被试者的老师。通过采访,我们了解了真实的“这/那”教学现状,最后,我们深度采访了有五年教学经验的智利孔子学院教师，并与其一起探讨了问卷中的偏误和“这／那”的教学方法。接受采访的教师的信息如下表所示：

表 9－4　采访教师相关信息

大学专业	教学所在地	教学对象国家和汉语水平	国际汉语教学年限
本科汉语国际教育	智利圣托马斯孔子学院	智利；HSK1—HSK6	5 年
本科西班牙语、硕士西班牙及拉美研究	西班牙马德里孔子学院	西班牙；HSK1—HSK5	3 年
本科西班牙语、硕士汉语国际教育	秘鲁天主教大学孔子学院（利马）	秘鲁；HSK2、HSK3	不足 1 年

三位教师表示在接受国际汉语教师培训时，并没有有关“这／那”教学的培训。“这／那”对于她们来说不是教学的重难点，她们认为学生掌握这个知识点的难度不太大，所以不会将其当作一个单独的语法点去练习。

问及学生对“这／那”的使用频率，智利孔子学院的教师先是表示“初级班，‘这／那’使用频率高，介绍家人、朋友、房间里的布局。中高级班，相对来说，频率就没那么高了”。而后表示“我们在写作的时候，肯定离不开对‘这／那’的使用”。西班牙孔子学院的教师表示“学生使用‘这／那’的频率还是较高的，但基础薄弱的初级学生有时会分不清‘这’和‘那’，偶尔会混淆”。秘鲁孔子学院的教师表示学生使用“这／那”的频率较高，因为他们汉语表达能力有限，比较喜欢用“这／那”来指代他们想问询的东西，比如说“老师，那个词／那句话什么意思？”。

我们发现，相对来说，两位本科是西班牙语专业背景的教师更加清楚汉西指示词的对应关系，并会告诉学生她们理解的对应关系，方便学生做汉语、西班牙语对比，分清具体用法：“这”对应“este, esta／esto”，“那”对应“ese, esa／eso, aquella／aquello”。在结合上下文语境的情况下，还对应“el／la／los／las＋名词”这一定冠词修饰名词组合所表示的意义。汉语国际教育专业背景的老师对汉西指示词的对应关系理解相对简单一些：这，este；那，ese、aquel。

正在秘鲁天主教大学孔子学院教初级汉语学习者的志愿者教师表示“初级学生刚学习汉语的时候，非常喜欢直接将西班牙语翻译成汉语”。“我确实会把‘这’解释成 este，把‘那’解释成 ese、aquel。”“你发的这个语序问题很常见，他们受西班牙语语序影响很大，经常会出现语序错误。”同时，参加我们初级问卷填写的两位被试者A学生表示自己确实受到了教师和教材把“这”释义为 este，把“那”释义为 ese、aquel 的影响；B学生在问卷中使用“这/那”的正确率很高，她在采访中表示因为自己经常阅读一些汉语小说，看了很多含有“这/那”的句子，所以不太会受到教材和教师对汉语、西班牙语指示词单一对应关系解释的影响。此外，其他接受采访的初中高级被试者表示自己选择汉语指示词的时候会受到母语的影响，西班牙语用 ese，所以他们选了“那”“那个”。他们并没有说西班牙语用 ese，所以他们选了“这”“这个”。由此可见，他们确实受到了教师传授的单一汉语、西班牙语指示词对应关系和下文所论述的教材词汇注释不当即“这”对应 este，“那”对应 ese、aquel 的影响。

我们还采访了一位指示词偏误较多的中级被试者和一位指示词使用得非常好的高级被试者：前者在智利圣托马斯大学孔子学院学习汉语；后者正在中国的上海交通大学攻读计算机专业研究生，每天与中国人用汉语交流，曾在西班牙马德里孔子学院学习过汉语。前者表示自己受到了教材注释的影响，认为“这”对应 este，“那”对应 ese、aquel。后者表示，自己不受教材影响，自己和中国人用汉语交流的时间有两年了，现在，他输出汉语的时候不是经过西班牙语翻译到汉语，而是直接输出汉语。

谈及教学方法，本科西班牙语专业背景的两位教师会使用翻译法和比较法教学，一般会在讲解过程中将汉语翻译成西班牙语，学生理解即可或是让学生将带“este/ese/aquel”的西班牙语句译成汉语。比如关于“这么/那么”等指称性质、方式和程度的用法学习上，在教学时会直接翻译成“tan/tanto”，“这么或那么＋形容词”则相当于西班牙语中的“Que＋adj”，表强调语气。本科汉语国际教育专业背景的教师提到，教学中她主要讲：这些，那些，这＋量词＋名词，这样，那样，这么，那么。她会使用情景教学法讲解“这/那”的用法，比如指着第一排的书包问“这是谁的书包?”指着最后一排问“那是谁的本子?”并提到“这/那”的有关用法，一般都是杂糅在其他更重要的语言点里的，比如量词、表所属关系的句子等。

当我们将问卷中的一些典型偏误分别展示给有3年教学经验的教师和有5年教学经验的教师时，前者表示，“这里面很多问题是我在教学中学生没有出现过的，也不是教学重点”。后者先是表示，这些偏误她很少看到，但随着交流的深入，她告诉我们：“你说的这个学生，我教过，他确实会在作文和口语中一直重复使用‘这’或‘那’，其实初级班会不停地重复‘我’和‘这’，我们会解释有的可以省略。昨晚你去哪儿了，学生会说，我去胡安了。还有，‘我现在去你’省略‘那儿’。母语中有这样的习惯。我们会讲到‘去＋人称’不可以用。因为操练得不够,'这儿、那儿'掌握得不好。学生语篇回指用得不好,不停地在用人称代词和指示代词,非常多的人犯这样的错误。我们确实没有关注到语篇回指,发现自己对语篇回指的关注不是很够。教材的教师用书和课堂上对存现句、兼语句等的关注比较多,对'这/那'的关注确实不够。"我们可以看到,给我们提供语料并参与我们问卷填写的这位被试者的教师表示确实因为自己和教材对"这/那"的关注不够,尤其是它的语篇用法,所以学生对"这/那"的语篇回指用法掌握得不好。

我们可以看到,虽然学生对"这/那"的使用频率较高,但大部分教师不重视"这/那"系列词的教学,对汉语、西班牙语指示词对应关系的理解不够全面和深入,比如部分汉语教师一开始就传输给学生"'这'对应 este,'那'对应 ese、aquel"这一不准确的对应关系。这可能会让学生无法正确理解汉语、西班牙语指示思维差异和汉语、西班牙语指示词具体的对应关系。此外,大部分教师对"这/那"系列词用法的讲解一般只停留在简单的情景指示上,忽略了其重要的语篇指示功能,这在一定程度上会影响学生使用"这/那"正确输出连贯语篇的能力。但是如果学生经常操练汉语,慢慢地内化汉语语言点,知晓汉语表达习惯,最终,"拥有"汉语思维,那么学生的指示词偏误会减少很多。

9.6.4 教材影响

我们分析了三位采访教师和部分被试者使用的西班牙语区教材:《HSK 标准教程》、《新实用汉语课本》西班牙语版、《当代中文》西班牙语版。据有 5 年教学经验的智利孔子学院教师所言,这三部教材是西班牙语区主流的汉语教材。我们发现这些教材对"这/那"类指示词的讲解,不够恰当,不够充分。

总的来看,教材只是在词汇部分对其一带而过,基本上没有在语法点中对"这/那"系列词进行专门讲解,也没有设置相关的练习题目帮助学生进行操练。其中,《HSK 标准教程 3》在注释中讲解了连词"那"的用法;《新实用汉语课本 1》在注释中讲解了"这/那"做定语的简单用法,即"这/那"做指示形容词时,一般会在所修饰的名词前加上量词,具体见图 9-3、图 9-4。

"这么,那么,这样"第一次出现是在《HSK 标准教程》中级教材里的练习题和补充的短文中,但在生词和课文,语法点中并没有相关的讲解。在《HSK 标准教程 4》上册课文中,出现了大量的语篇指示用法,比如"这个时候""这样""这",但没有相关的讲解。这会导致学生无法掌握"这/那"较复杂的用法,从而在需要使用这些用法时,受目的语泛化影响,倾向于使用"这、这个,那、那个"等简单表达,导致偏误的形成。

3 连词“那”　The Conjunction “那”

“那”放在句首，表示依据上文的意思得出的结果。例如：

Used at the beginning of a sentence, “那” indicates the result obtained from what's said previously. For example:

(1) A: 我不想去看电影。

B: 那我也不去了。

(2) A:(明天的考试) 我早就复习好了。

B: 那也不能一直玩儿啊。

● **练一练** Practise

完成对话 Complete the dialogues.

(1) A: 周末我不想去商店买东西。

B: ________________。

(2) A: 外边下大雨了，不能去踢球了。

B: ________________。

(3) A: 对不起，红色的手机已经卖完了。

B: ________________。

图 9－3　《HSK 标准教程 3》注释连词“那”的用法

二、注释　Notas

① 这个商场很大。

Cuando el pronombre demostrativo “这” o “那” se utiliza como un complemento del nombre, generalmente se inserta un clasificador entre dicho pronombre y el nombre al que modifica.

图 9－4　《新实用汉语课本 1》注释“这 /那”＋量词＋名词用法

教材生词表中对“这/那”的西班牙语释义不够准确，具体见表 9－5、表 9－6：

表 9－5　《新实用汉语课本 1》生词表“这、那”的西班牙语释义

zhè	pr.	这	éste，ésta，esto
nà	pr.	那	ése，ésa，aquél，aquélla
那儿	pr.	nàr	allí
这儿　这兒	pr.	zhèr	aquí

表 9-6 《当代中文(初级)》生词表“这、那”的西班牙语释义

这	(Pron.)	zhè	este(a)
那	(Pron.)	nà	eso(a), aquello(a), aquel
那儿(那里)	(Pron.)	nàr(nàli)	allí, allá
这些		zhèxie	estos
那些		nàxie	esos/aquellos
这么	(Adv.)	zhème	como este/de esta manera
那么	(Adv.)	nàme	como este/de esa manera

在前文的汉语、西班牙语指示词对比分析和偏误分析中,我们已经指出汉语、西班牙语指示词的对应关系不是简单的一一对应关系,具体的对应关系,应视语境而定,比如西班牙语的 ese、aquel 系列词也可以对应汉语的“这”系列词;有时候,西班牙语的指示词不一定能够对应汉语的“这/那”系列词;西班牙语的其他类具有指示功能的词也可以对应汉语的“这/那”系列词等。我们已经在前文证实了词汇表中不准确的、笼统的释义会导致学生受到母语负迁移和目的语知识矫枉过正的影响,从而造成偏误的形成。

此外,秘鲁孔子学院志愿教师的学生 A,也是我们问卷的被试者,她表示因为自己对“这/那”的用法还没有掌握好,所以教材中如果有相应的练习题目和语法点能帮助她认识到“这/那”与“这么/那么”的区别,单独使用“这”“那”与“这/那+量词+名词”的区别,那肯定比较好。

教材缺乏对汉语、西班牙语指示词对应关系的专门的总结和相关的操练题目,会引起部分学生对“这/那”用法的掌握停留在简单的情景知识用法上,在语篇指示和较难的情景指示用法上犯各种各样的偏误,无法输出逻辑正确、语句通顺的语篇。

9.7 本章小结

针对西班牙语母语者学习使用汉语“这/那”类指示词的偏误问题,我们通过分析约 1.7 万字自然收集的中介语语料和回收的 39 份有效问卷,发现并归纳总结了 7 类偏误:该用名词,却用了指示词;该用零形式或人称代词,却用了指

示词;该用指示词,却用了零形式;混淆“这”与“那”;该用指示副词,却用了指示代词;句法位置不当;搭配不当。

根据自建汉语、西班牙语指示词分类框架和汉语、西班牙语指示词对比分析结果,通过统计偏误率,分析问卷结果,我们发现,初级学习者主要输入和输出“这/那”简单情景指示和简单虚化连接指示用法,中高级学习者主要输入和输出语篇指示和简单虚化连接指示用法。初级学习者易犯情景指示远近指混淆类偏误。中高级学习者对“这/那”语篇回指和下指功能的掌握还有所欠缺。

通过教材分析、教师采访以及对部分被试者的采访,我们目前发现的偏误形成原因主要有母语负迁移、目的语知识矫枉过正、教师教学策略不当、教材注释不当这四种。具体而言,这四个因素并不是相互独立的,大部分偏误的形成是它们相互作用导致的,学生往往先由于汉语、西班牙语的差异,受到母语负迁移的影响,再由于教师教学策略不当和教材注释不明确,受到目的语知识矫枉过正的影响等。此外,我们还发现教师和教材普遍不重视“这/那”系列词的用法,这点应当在未来的汉语教学中引起注意。本章是对前文理论知识的实践和应用,有助于我们思考如何进一步优化指示词在汉语和西班牙语中的教学。

第十章 总 结

本书从用于感知和认识世界的主体的指示(deixis)这一概念出发，基于布勒(1934)提出的指示词理论，即言语行为中的“我—这里—现在”这一主定位，系统探讨了汉语、英语和西班牙语中指示词的用法和功能。本书按照指示词从情景指示到语篇指示再到虚化连接指示这样一个认知连续统，来进行逐层次的递进分析。在自建三语平行语料库的帮助下，我们对三语语篇指示词的基本功能进行了详细的统计、对比和分析，了解了汉语、西班牙语、英语三语在情景指示、语篇指示以及语法化路径下的句法结构及语义内涵的相似点和不同特征，并探讨了产生这些差异的语言、文化背景和认知模式，以及其在二语习得中的应用。基于前人研究和本书的语料分析，本书的主要结论包括以下几个方面：

第一，我们发现了汉语、英语和西班牙语语篇指示词在使用中的一些普遍规律，它们都有近远指的划分，且近远指指示词在使用中都受到距离的影响，这种距离可以是时间距离、空间距离，也可以是心理距离。三语近指词的使用都是以说话人所在的时空为参照点进行指示活动，汉语和英语的远指词同样以说话人为参照点，但西班牙语则较为特殊，西班牙语多了听话人这一参照点，通过对受指对象与说话人或听话人之间的时间、空间、语篇甚至心理距离来选择近、中、远指示词。基于自建三语平行语料库的数据统计，我们发现三语在远近指的使用比例上似乎没有明显的规律可循，整体而言，汉语和西班牙语中近指使用要多于远指，而英语中远指的使用要远多于近指。

第二，我们对西班牙语指示词进行了具体的分析和归类，明确了西班牙语指示词的定义和内涵，探讨了西班牙语指示词的历时来源。西班牙语指示词系统中存在三分化的系列指示词，即 este(这)、ese(那)、aquel(那)，它们分别有性和数的变化，既可以承担代词作用，单独出现，也可以用于修饰形容词。除此之外，西班牙语中还存在一套中性代词，用于指代抽象事物或者没法归类为阳性或阴性词类的事物。关于西班牙语指示词的分类，可以按照形态特征、语音形态结构、词汇对应的句法层级、空间和时间距离及其他语法特征等标准来进行划分。从句法功能角度出发，西班牙语的指示词可以做主语、表语、直接宾语、景况补语以及名词补足语。此外，我们还从句法角度讨论指示词在名词短语中的前置和后置问题。就语义内涵方面而言，指示词主语用于识别参照，添加和指示中心相关的信息，指出被指事物和话语发出者所处位置的距离关系，即它的语义含义主要包括参照识别性和方位指示性两方面。随后，我们明确了中性指示词与一般指示词的不同主要在于其参照必须是非人的个体，或者说非生命体或是抽象的概念。接着，我们发现西班牙语指示词和定冠词的差异主要体现为定冠词的使用必须满足唯一性条件，定冠词具有关联性回指用法，而指示词没有，定冠词可以用于内指，且指示词不能实现在某一群体或者某一共同体中已达成的共有知识或常识带来的有定性，另外，带有指示词的名词短语缺乏量化或者强调功能。

第三，从三语指示词的句法搭配和特征角度出发，我们发现无论是英语还是西班牙语，指示词都必须和名词保持数量上的一致，这点在汉语上体现不明显，除了汉语中少量具有生命体特征的名词之外。此外，西班牙语的指示词和名词之间还要保持词性的一致。英语的指示词复数形式 these/those 不可以后接物质名词，而汉语的“这些”和“那些”则没有这方面的限制。此外，量词的存在让汉语的指示词短语结构具有更大的多样性，指量名结构、指数量名结构、属指量名结构、指量属名结构、属指数量名结构和指数量属名结构都存在于汉语中，而英语和西班牙语在指示词的句法搭配上则有着更大的限制。就指示词和其他各类修饰语在名词短语中的位置方面而言，汉语中指示词、形容词和名词核心同现时，形容词多位于指示词之后，起非限制性功能，而英语中指示词和形容词都位于核心名词的左侧，且指示词置于形容词之前，西班牙语的指示词和形容词位置更加灵活，既可以置于核心名词左侧，又可以置于核心名词右侧。此外，在指示词与领属类修饰语的位置方面，在汉语中，领属类修饰语都位于指示词之前，起限制功能。英语中含有领属类修饰语的指示词短语一般采用介词用以连接，指示词在核心名词的左侧，介词短语在核心名词的右侧。西班牙语中，因为重读物主形容词的存在，领属结构可以通过重读物主形容词来表达，其位置一般在核心名词右侧，指示词在核心名词左侧。此外，和英语一样，介词 de 也经常用于领属结构的表达，此时，指示词在核心名词左侧，de 引导的介词短语在核心名词右侧。而在指示词与从句修饰语的位置情况对比方面，汉语中，从句类修饰语既可以出现在指示词左侧，又可以出现在指示词右侧，而英语和西班牙语中从句类修饰语只能出现在指示词右侧；汉语中，指示词之后的从句类修饰语可以起到非限制性功能，即只有描写作用，但英语和西班牙语中指示词后的从句类修饰语一般指起限定作用。具体到三语指示词用于指示人物、指示事物、指示处所、指示时间和指示程度等内容时的句法搭配情况来说，从句法上来说，三语指示词既可以单独出现，做称代功能，常用作主语和宾语，也可以搭配其他成分作为修饰语出现，做指别功能，常用作定语和状语。此外，通过西班牙皇家语言学会大型语料库 CORPES XXI 的验证，我们发现其结果与本研究自建小型平行语料库的汉语、西班牙语指示词句法分布基本保持一致。

第四，从指示的范畴和路径角度出发，我们发现三种语言都可以分为情景指示、语篇指示、虚化连接指示三种类型，且从情景指示到语篇指示再到虚化连接指示这一过程，都经历了语法化的过程，只是最终的语法化程度和语法化去向不尽相同。在情景指示词中，三语的指示词都可以分为身势型情景指示和非身势型情景指示两种，具体到身势型，又可以归类为指人、指物、指方位和指动作方式等四种不同类型。汉语的身势性情景指示词兼有英语和西班牙语定冠词和物主形容词的功能，起到限定作用，有时其功能甚至可以对应不定冠词，表达类指语义。因汉语中冠词一类的缺失，又加之英语和西班牙语中有方位副词和方式副词的存在，汉语的身势情景指示词的使用频率要明显高于英语和西班牙语。此外，在三语的身势用法中，近指词和远指词的选择还与心理远近距离有着密切的关系。而非身势用法中，三语也可以分为指示时间和指示方位两类，而三语的近指词在非身势型指示用法要高于远指词，且指示时间的使用频率要远高于指方位，因为指方位的非身势型指示往往还可以看作语篇指示中的回指用法。

另外，在语篇指示中，我们基于三语平行语料库，对指示词上指的显性上指、隐性上指和下指进行了分类对比，其中显性上指可以分为名词性上指、谓词性上指和小句性上指，隐性上指可以分为蕴含性上指、联想性上指和概括性上指，在下指中，我们则将其分为小句下指、重复下指、括号内下指、语篇直接下指和类比下指几类来进行分析。最后，我们还对三语中指示词的语篇指示用法进行了使用频率统计，结果显示，三语中指示词的上指用法都远多于下指，而在上指中，三语指示词的显性上指使用频率都高于隐性上指。具体来看，名词性显性上指是三语中出现频率最高，也是最常用的上指类型，三语在其使用频率上趋同，这种高度的趋同也说明了名词性显性上指的在语言中的普遍性和重要地位。三语的谓词性上指频率都很低，相比之下，汉语略高于英语和西班牙语，这和后两者中存在方式副词有一定的关系，而在近远指的使用上则没有特别的倾向性。而小句性上指用法则在三语中较为普遍，都可以指示词光杆形式或是以“指示词＋概括性名词”结构出现，其中英语的小句性上指的使用频率还略高于汉语和西班牙语。就隐性上指来看，在英语和西班牙语中，指示词隐性上指的用法都主要集中在概括性用法中，其出现频率要远高于蕴含性和联想性用法，其中西班牙语指示词甚至不能用于蕴含性用法。在汉语中指示词在蕴含性用法中出现的频率则明显高于英语和西班牙语。在概括性隐性上指的用法中,西班牙语近指词的使用要多于远指词,而汉语的远指词则多于近指词,英语的近远指使用则较为平衡。在下指方面,三语的下指都明显少于上指用法,但我们不能忽视其在语篇指向和语篇衔接中的重要作用,尤其是在文学创作中,下指更有利于创造悬念,比直接描写更吸引读者,更具有美学价值。在本研究中汉语的下指使用频率比英语和西班牙语更高,而相比近指词,三语的远指词在用于下指的比例更高。总之,无论是上指还是下指的使用,都是在遵循语言中的经济原则,可以保证语篇的衔接和连贯性。

第五,汉语、英语和西班牙语指示词在具体的使用中存在着句法、语义等方面的限制,呈现一定的语法化倾向。研究结果显示,相较于英语和西班牙语,汉语指示词的虚化结果更多,除了因为小句句法形式限制而不能用于作先行项和宾语从句标记之外,其他的语法化功能汉语指示词都可以承担。这是因为在英语和西班牙语中,已经存在由指示词词汇化而来的定冠词系统,定冠词相较汉语中指示词语法化程度更高,如定冠词义、属格标记、泛指词等功能都只有定冠词来承担,指示词一般只用于明确指称对象,表达指示义。而汉语的指示词一定程度上承担了定冠词的一些功能,但又没有定冠词使用的语法规范那般稳定。而英语指示词相较另外两种语言,可以作为关系从句的标记出现,这是由其在语篇中的指示用法演化而来。

第六,西班牙语母语者在学习使用汉语“这/那”类指示词时,会产生7类偏误:该用名词,却用了指示词;该用零形式或人称代词,却用了指示词;该用指示词,却用了零形式;混淆“这”与“那”;该用指示副词,却用了指示代词;句法位置不当;搭配不当。根据自建汉语、西班牙语指示词分类框架图和汉语、西班牙语指示词对比分析结果,通过统计偏误率,分析问卷结果,我们发现,初级学习者主要输入和输出“这/那”简单情景指示和简单虚化连接指示用法,中高级学习者主要输入和输出语篇指示和简单虚化连接指示用法。初级学习者易犯情景指示远近指混淆类偏误。中高级学习者对“这/那”语篇回指和下指功能的掌握不是很好。通过教材分析,教师采访,以及对部分被试者的采访,我们目前发现的偏误形成原因主要有母语负迁移、目的语知识矫枉过正、教师教学策略不当、教材注释不明确这四种。

总之,本书通过对汉语、西班牙语、英语三门语言语篇指示词句法特征、语义限制和语用功能进行对比,进一步发现了在这三门语言中语篇通过指示词是如何实现连贯意义的表达和衔接关系的构建的。通过揭示三门语言指示词在语篇中的运作规律，我们还可以发掘出不同语言和认知、语言和文化之间的关系，促进跨语言识别和跨文化理解。此外，对三语指示词的对比研究，可以用于中国的西班牙语和英语教学以及汉语国际教育，帮助学生更好地从本质上把握语言的共性，关注语言的差异，掌握和运用指示词。通过梳理出汉语、西班牙语、英语三语指示词形式、功能、分布特征的异同，可以帮助汉语、西班牙语和汉英互译过程中更好地构建语篇衔接关系，实现翻译的精准流畅。本研究还可以为机器翻译、人工智能的语言识别等社会前沿问题提供一定的基础，具有实际的应用价值。

本书也存在一定的局限性。首先，本书对三语语篇指示词的研究仅局限于"这/那""this/that"以及"este/ese/aquel"这些典型指示词上，没有扩展到更广的范畴和语类，如人称代词、时间副词、地点副词、运动动词等方面，是聚焦典型对象的较为微观的研究，未来还有待于继续补充其他的指示语，完善多语种指示语的深入的对比分析。其次，本书的自建三语平行语料库容量有限，文体也比较单一，数据收集和语料难免会有不足之处。对于语料库的利用也不够深入全面，未来还需在更大型语料库更多容量的语料中考证本研究的一些结论。最后，本书在理论层面上的探讨还有着较大的拓展空间，如何在语言类型学视野下对不同语种的指示词进行更加严格、科学的归类，并进行更加系统、全面的分析，仍是我们未来继续进行深入挖掘的研究方向。

参 考 文 献

奥田宽 & 周刚(1998) 汉语的任意性指示词"这"——有关语用学的探讨.《汉语学习》,(2),5.

毕永峨(2007) 远指词"那"词串在台湾口语中的词汇化与习语化,《当代语言学》,9(2),128-138.

陈承泽(1957) 《国文法草创》,商务印书馆.

崔健(2014) 指示词的复杂度与指称意义,句法功能的关系——以汉语、韩语、日语为主要样例,《汉语学习》,(3),3-13.

陈建初(1995) 湖南冷水江方言的代词,《古汉语研究》,(S1),16-21.

曹剑芬(1982) 常阴沙话古全浊声母的发音特点——吴语清浊音辨析之一,《中国语文》,(4).

褚俊海、郭爱涛(2010) 论汉语史研究的类型学方法,《学术论坛》,(4),183-187.

褚俊海(2010) 《汉语副词的主观化历程——指示、限制和关联》,湖南师范大学博士学位论文.

陈平(1987) 汉语零形式回指的话语分析,《中国语文》,(5),363-378.

陈平(2016) 汉语定指范畴和语法化问题,《当代修辞学》,(4),1-13.

曹秀玲(2000) 汉语"这/那"不对称性的语篇考察,《汉语学习》,(4),7-11.

陈玉洁(2010) 《汉语指示词的类型学研究》,中国社会科学出版社.

崔应贤(1997) "这"比"那"大,《中国语文》,(2),126-127.

陈治文(1964) 近指指示词"这"的来源,《中国语文》,(6),442-444.

丁声树(1961) 《现代汉语语法讲话》.商务印书馆.

邓云华(2015) 英汉关系分句语法化的路径,《外语教学与研究》,(3),368-371.

冯春田(2000) 《近代汉语语法研究》.山东教育出版社.

方梅(2002) 指示词"这"和"那"在北京话中的语法化,《中国语文》,(4),343-356.

方梅(2016) 单音指示词与双音指示词的功能差异——"这"与"这个","那"与"那个",《世界汉语教学》,30(2),147-155.

弗雷格(Frege, G.),王路,译(1994) 《弗雷格哲学论著选辑》.商务印书馆.

高更生(1990) 《汉语消极修辞》评介,《鲁东大学学报(哲学社会科学版)》,(3),80-81.

高名凯(1957) 《汉语语法论》,科学出版社.

高宁慧(1996) 留学生的代词偏误与代词在篇章中的使用原则,《世界汉语教学》,(2),61-71.

郭锐(2018) 《现代汉语词类研究(修订本)》.商务印书馆.

桂诗春(2000) 语用和记忆,《语言文字应用》,(1),63-71.

甘时源(2017) 《认知视角下的汉英语篇指示语研究》,吉林大学博士学位论文.

高原(2003) 《照应词的认知分析》.外语教学与研究出版社.
郭玉玲(2000) 说说指代时间的"这"和"那",《首都师范大学学报(社会科学版)》,(S3),27-32.
郭艳瑜(2013) 《现代汉语量词重叠式生成语法研究》,北京大学博士学位论文.
黄伯荣、廖序东(1991) 《现代汉语》.高等教育出版社.
黄伯荣(1999) 框架核心分析法,《汉语学习》,(6),6-8.
胡邦岳(2021) "这"和"那"的冠词化,《汉语学习》,(11).
郝长留(1986) 《语法辨识》.北京出版社.
何洪峰(1998) 连词"那么"的口语用法.《语文建设》,(1),15-16.
何元建(2011) 《现代汉语生产语法》.北京大学出版社.
胡壮麟(1994) 《语篇的衔接与连贯》.上海外语教育出版社.
何自然(1988) 语言形式的语用分析,《外国语》,(1),41-48.
何自然(1997) 《语用学与英语学习》.上海外语教育出版社.
何兆熊等(2000) 《新编语用学概要》.上海外语教育出版社.
何自然、陈新仁(2004) 《当代语用学》.外语教学与研究出版社.
金宝荣.(2011) 《汉语指示语及其篇章衔接功能研究》,复旦大学博士学位论文.
蒋华(2004) 《现代汉语"这/那"类指示代词的多维度考察》,湖南师范大学博士学位论文.
姜美子(2016) 《韩汉指示词对比研究》,延边大学博士学位论文.
江天(1983) 《现代汉语语法通解》.辽宁人民出版社.
金锡谟(1983) 《汉语代词例解》.书目文献出版社.
刘丹青(1999) 《吴江方言的代词系统及内部差异》,李如龙、张双庆主编:《代词》,暨南大学出版社.
刘丹青(2002) 汉语类指成分的语义属性和句法属性,《中国语文》,(5),411-422.
刘丹青(2008) 汉语名词性短语的句法类型特征,《中国语文》,(1),3-20.
刘丹青.(2008) 《语法调查研究手册》.上海教育出版社.
廖定文(1987) 《现代汉语语法入门》.贵州人民出版社.
刘金凤(2017) 《汉语指示词语法化的语义制约条件》,上海外国语大学博士学位论文.
李洁红(2007) 《指示语的认知模型解析》,上海外国语大学博士学位论文.
陆俭明(1999) "这是……"和"这个是……",《语言教学与研究》,(2),25-35.
梁静美(2002) 《"这-","那-"的语用与话语功能研究》,中国社会科学院博士学位论文.
刘家荣、文旭(1996) 话语中代词的功能及其释义问题,《外国语文》,(1),52-59.
黎锦熙(1992/1924) 《新著国语文法》,商务印书馆.
林琳(2018)《德语指示词研究:基于哥伦比亚学派框架的再思考》,北京大学出版社.
吕明臣(2000) 言语的建构,《社会科学战线》,(5),116-122.
柳琴、杨佑文(2017) 交互主体性视域下的翻译伦理重构研究,《英语教师》,17(1),11-20.
廖秋忠(1992) 现代汉语并列名词性成分的顺序,《中国语文》,(3),161-173.
吕叔湘(1956) 《中国文法要略》.商务印书馆.
吕叔湘(1980/1992) 《现代汉语八百词》.商务印书馆.
吕叔湘(1985) 《近代汉语指示词》.学林出版社.

吕叔湘(1990) 指示代词的二分法和三分法——纪念陈望道先生百年诞辰.《中国语文》,(6).
刘叔新(2002) 《现代汉语理论教程》.高等教育出版社.
鹿秀川(2019) 《中国大学生西班牙语冠词习得问题研究》.南京大学出版社.
鹿秀川、刘佳琦、郑咏滟(2021) 双言双语背景下的西班牙语塞音感知习得研究——方言差异性与习得普遍性.《语言学研究》2021 第三十一辑,145-157.
林祥楣(1984) 《汉语知识讲话——代词》,上海教育出版社.
刘月华、潘文娱、故铧、刘月华、潘文娱(2001) 《实用现代汉语语法(增订本)》.商务印书馆.
雷玉兰(2023) 英语专有名词普通化的认知阐释,《湖南农业大学学报(社会科学版)》,(1),94-100.
吕翼平(1983) 《汉语语法基础》.黑龙江人民出版社.
马建忠(1983/1898) 《马氏文通》.商务印书馆.
马松亭(1981) 汉语语法修辞.山东教育出版社.
梅祖麟(1986) 关于近代汉语指代词——读吕著《近代汉语指代词》,《中国语文》,(6).
乃凡(1955) 关于“代词”,《中国语文》,(4).
沈家煊(1995) “有界”与“无界”,《中国语文》,(5),367-380.
沈家煊(1999) 转指和转喻,《当代语言学》,(1),3-15.
沈家煊(1999) 语法研究的分析和综合,《外语教学与研究》,(2),1-7.
沈家煊(2001) 语言的“主观性”和“主观化”,《外语教学与研究》,33(4),8.
石毓智(1997) 指示代词回指的两种语序及其功能,《汉语学习》,(6),3-6.
孙蕾(2002) 西方指示语研究的历史及现状,《四川大学学报》,(6).
唐雯(2014) 《类型学视角下的西班牙语形容词定语在名词短语中的位置及其与汉语形容词定语的比较》.上海三联书店.
唐正大(2005) 关中方言第三人称指称形式的类型学研究,《方言》,(2),109-118.
唐正大(2007) 关系化对象与关系从句的位置——基于真实语料和类型分析,《当代语言学》,(2),139-150.
王道英(2003) 《“这”“那”的指示研究》,上海师范大学博士学位论文.
吴福祥(1996) 敦煌变文的近指代词,《语文研究》,(3),30-36.
吴福祥(2005) 《语法化演变的共相与殊相》,《语法化与语法研究(二)》.商务印书馆.
汪化云(2015) 说“X 的那种”,《语言教学与研究》,(1),88-96.
王力(1980) 《汉语史稿》.中华书局.
王力(1984) 《中国语法理论》.《王力文集》第一卷.山东教育出版社.
王力(1989) 《汉语语法史》.商务印书馆.
王立非、孙晓坤(2006) 大学生英语议论文语篇中指示语的语料库对比研究,《现代外语》,29(2),172-179.
王丽炎(2000) 《汉语语法》.上海大学出版社.
王娅玮(2014) “这”“那”指称功能变化与汉语“指名/指量名”结构演变,《古汉语研究》,(1),72-82,96.
王钟林(1979) 《现代汉语语法》.内蒙古人民出版社.
王宗炎(1994) 英语人称代词 he/she 能预指下文的名词吗?《外语教学与研究》,(4).

熊建国(2008) 《英汉名词短语最简方案研究》.上海交通大学出版社.
徐慧(2014) 浅析现代汉语动词名词化,《学语文》,(1),2.
邢福义(1991) 现代汉语语法研究的三个“充分”,《湖北大学学报(哲学社会科学版)》,(6),61-69.
徐丹(1988) 浅谈这/那的不对称性,《中国语文》,(2).
熊学亮(1999) 认知语境的语用可及程度分析.外国语,(6),17-23.
余宏荣(1998) 英汉篇章中指示代词照应作用的对比及其在翻译中的应用,《外语研究》,(4),37-41.
余维(1997) 时间指示的语用对比分析——汉外对比语用学的尝试,《世界汉语教学》,(2).
叶祥苓(1993) 《苏州方言词典》.江苏教育出版社.
袁毓林(1995) 词类范畴的家族相似性,《中国社会科学》,(1),154-170.
许余龙(2004) 《篇章回指的功能语用探索》.上海外语教育出版社.
许余龙、贺小聃(2007) 英汉下指的篇章语用功能分析——兼谈汉语第三人称代词照应的单向性问题,《外语教学与研究》,(6),417-423.
叶友文(1988) “这”的功能嬗变及其他,《语文研究》,(1),17-21.
杨佑文(2013) 《英汉语篇指示语对比研究：以“this”、“that”和“这”、“那”为例》.中国书籍出版社.
殷志平(2019) 从互动看“这/那种”的功能,《语言研究集刊》,(1),29-46.
殷志平(2021) 用在人称代词后地点指示词的功能考察,《语言研究集刊》,(1),22,209-229.
杨忠、张绍杰编(2003) 《语篇·功能·认知》.吉林人民出版社.
张斌(2008) 《新编现代汉语》,复旦大学出版社.
张伯江、方梅(1996) 《汉语功能语法研究》.江西教育出版社.
志村良治、江蓝生、白维国(1995) 《中国中世语法史研究》.中华书局.
祝东平(2018) 专有名词的指称功能,《玉溪师范学院学报》,34(6),25-34.
朱德熙(1982/1961) 《语法讲义》.商务印书馆.
朱德熙(1966) 关于“说‘的’”,《中国语文》,(1).
张静(1987) 《新编现代汉语》.上海教育出版社.
张莹(2016) 《现代汉语人称代词及相关句法问题》,华中师范大学博士学位论文.
朱建颂(1992) 《武汉方言研究》.武汉出版社.
张秋杭(2020) “这”“那”在汉语关系从句中不对称分布的篇章功能解释,《外语教学》,41(4),36-40.
周树军(2008) 专有名词普通化的语用认知理据探究,《江苏科技大学学报》,(1),86-89,95.
左思民(2000) 《汉语语用学》.河南人民出版社.
张新华(2007) 汉语语篇句的指示结构研究.学林出版社.
赵元任(1979/1968) 吕叔湘译.《汉语口语语法》.商务印书馆.
朱永生、严世清(2001) 《系统功能语言学多维思考》.上海外语教育出版社.
Asher, N. & Lascarides, A. (2006). Logics of conversation. Cambridge: Cambridge University

Press.

Abney, S. P. (1987). *The English noun phrase in its sentential aspect* (Doctoral dissertation, Massachusetts Institute of Technology).

Ahn, D. (2017). Definite and demonstrative descriptions: a micro-typology. In Proceedings of GLOW in Asia XI, volume 1, MIT Working Papers in Linguistics, 33 - 48. Cambridge, MA: MIT Working Papers in Linguistics.

Alarcos Llorach, E. (1976). *La adquisición del lenguaje por el niño*. Buenos Aires: Ediciones Nueva Visión SAIC.

Alarcos Llorach, E. (1978). *Estudios de gramática funcional del español*. Madrid: Gredos.

Alarcos Llorach, E.(1982). *Los demostrativos en español. Estudios de gramática funcional del español*. Madrid: Gredos.

ALCINA, J. y BLECUA, J. M. (1975). *Gramática española*, Barcelona: Ariel.

Alcina, J., Perdices, J. M. B., & Blecua, J. M. (1975). *Gramática española*. Ariel.

Álvarez Martínez, M. Á., & Martínez García, J. A. (1989). *El pronombre*. Arco Libros.

Álvarez Muro, A. (2000). *Poética del habla cotidiana*. Universidad de Los Andes (Mérida).

Álvarez, P. (2012). La desdemostrativización de un demostraivo (ese). *Rinconete*, Centro Virtual Cervantes, Datos disponibles en (acceso el 15 de febrero de 2023): https://cvc.cervantes.es/el_rinconete/anteriores/agosto_12/16082012_01.htm

Ariel, M. (1990). *Accessing noun - phrase antecedents*. London: Routledge.

Asenjo, M. R. (1990). *Los demostrativos*. Colegio de España.

Bühler, K. (1934). *Theory of Language. The representational function of language*. Amsterdam: John Benjamins Publishing Company.

Bloomfield, L. (1935). Linguistic aspects of science. *Philosophy of science*, *2*(4), 499 - 517.

Baugh, A. (1951). *A History of the English Language*. London: Routledge & Kegan Paul. pp. 60 - 83; 110 - 130 (Scandinavian influence).

Bar-Hillel, Y. (1954). Indexical expressions. *Mind*, *63*(251), 359 - 379.

Bhat, D. S. (2004). *Pronouns*. Oxford University Press on Demand.

Benítez, J. (1994). *Caballo de Troya 1*. Barcelona: Planeta.

Benveniste, E. (1974). *Problèmes de Linguistique générale I*, Paris: Gallimard.

Bello, A. (1847). *Gramática de la lengua castellana destinada al uso de los americanos*. Santiago de Chile: Imprenta del Progreso [Comp. José J. Gómez Asencio. Madrid: Fundación Histórica Tavera, 2001, CD-ROM].

Beltrán, P. G. (1976). *La verdadera realidad peruana*. Madrid: San Martín.

Bosque, I. (1989). *Las categorías gramaticales*. Madrid: Síntesis.

Bosque, I. & Moreno, J. C. (1989). Las construcciones con lo y la denotación de lo neutro. *Lingüística*, 2: 5 - 50.

Boletín Cenfotur (2002). Perfiles, Cenfotur, año 5, n° 22, 01/2002. Lima: Centro de Formación en Turismo.

Brugman, K. (1904). *Die demonstrativpronomina der indogermanischen Sprachen: eine bedeutungsgeschichtliche Untersuchung*. Leipzig: Teubner.

Baayen, R. H., Piepenbrock, R., & van Rijn, H. (1993). The CELEX lexical database (CD-ROM). Philadelphia, PA: University of Pennsylvania Press.

Brysbaert, M., & New, B. (2009). Moving beyond Kučera and Francis: A critical evaluation of current word frequency norms and the introduction of a new and improved word frequency measure for American English. Behavior Research Methods, 41(4), 977 – 990.

Catasso N. (2011) The grammaticalization of demonstratives: a comparative analysis. *Journal of Universal Language*, 12(1),7 – 46.

Caldano, M., & Coventry, K. R. (2019). Spatial demonstratives and per- ceptual space: To reach or not to reach? Cognition, 191, 103989. https://doi.org/10.1016/j.cognition.2019.06.001

Carden, H. (1982). Backwards anaphora in discourse context. *Journal of Linguistics*, 18: 361 – 287.

Capirci, O., Iverson, J. M., Pizzuto, E., & Volterra, V. (1996). Gestures and words during the transition to two-word speech. Journal of Child Language, 23(3), 645 – 673.

Clark, E. V. (1978). Strategies for communicating. Child Development, 49(4), 953 – 959.

Clark, E. V., & Sengul, C. J. (1978). Strategies in the acquisition of deixis. Journal of Child Language, 5(3), 457 – 475.

Chafe, W. (1976). Givenness, contrastiveness, definiteness, subjects, topics, and point of view. In C. N. Li (Ed.), Subject and topic (pp. 25 – 55). London: Academic Press.

Chao, Y. R., & Chao, Y. R. (1968). *Language and symbolic systems* (Vol. 260). Cambridge: Cambridge University Press.

Chafe, W. L. (1976). Siouan, Iroquoian, and Caddoan. *Native Languages of the Americas: Volume 1*, 527 – 572.

Crystal, D. (1985). *A dictionary of linguistics and phonetics*. New York: Basil Blacknell.

Crystal, D. (1997). *The cambridge encyclopedia of language. 2nd Edition*. Cambridge: Cambridge University Press.

Chomsky, N. (1964). The Development of Grammar in Child Language: Discussion. *Monographs of the Society for Research in Child development*, 35 – 42.

Chierchia, G. (1998). Reference to kinds across language. *Natural language semantics*, *6*(4), 339 – 405.

Cheng, L. L. S., & Sybesma, R. (1999). Bare and not-so-bare nouns and the structure of NP. *Linguistic inquiry*, *30*(4), 509 – 542.

Chen, P. (1984). *A discourse analysis of third person zero anaphora in Chinese*. Bloomington, Ind.: Indiana University Linguistics Club.

Cifuentes-Honrubia, J. L. (1989). *Lengua y espacio: Introducción al problema de la deixis en español*. Universidad de Alicante.

Coventry, K. R., Griffiths, D., & Hamilton, C. J. (2014). Spatial demonstratives and perceptual space: Describing and remembering object location. *Cognitive Psychology*, 69, 46 - 70.

Corblin, F. (1992). Complexity and compositionality in multiple negation. *UHB Rennes*, *2*.

Comrie, B. (1985). Reflections on subject and object control. *Journal of semantics*, *4*(1), 47 - 65.

Dryer, M. S. (2005). Relationship between the Order of Object and Verb and the Order of Adposition and Noun Phrase. Data available at: https://wals.info/chapter/95

Delbecque, N. (2013). Anclaje experiencial y epistémico de los demostrativos no situacionales en español. *Anuario de Letras. Lingüística y Filología*, Vol 1. Núm. 2, 85 - 170.

Diessel, H. (1999). *Demonstratives: Form, Function, and Grammaticalization*. Amsterdam Philadelphia: John Benjamins.

Diessel, H. (2013). Where does language come from? Some reflections on the role of deictic gesture and demonstrative in the evolution of language. *Language and Cognition*, 5(2 - 3): 239 - 249.

Evans, N., Bergqvist, H., & San Roque, L. (2018). The grammar of engagement I: Framework and initial exemplification. *Language and Cognition*, 10(1), 110 - 140.

Enfield, N. J. (2003). Demonstratives in Space and Interaction: Data from Lao Speakers and Implications for Semantic Analysis. *Language*, 79(1), 82 - 117.

Eguren, L. (1999). Pronombres y adverbios demostrativos: las relaciones deícticas. In I. Bosque y V. Demonte (Eds.), *Gramática descriptiva de la lengua española*, 929 - 972. Espasa Calpe.

Erkü, F., & Gundel, J. K. (1987). The pragmatics of indirect anaphors. In J. Verscheuren, & M. Bertucelli-Papi (Eds.), *The Pragmatic Perspective*, 533 - 545. John Benjamins.

Erkü, F. (1987). "Indirect Anaphora". In Verschueren (ed.), *The pragmatics perspective*. Amsterdam: Faerch, Clans.

Faingold, E. (1993). The Development of the Definite Article from Latin to Spanish and Portuguese. Paper presented at the 1993 Annual Meeting of the Linguistic Society of America, Los Angeles, California.

Fernández Ramírez, S. (1987). El pronombre. En *Gramática española* 3.2.(volumen preparado por José Polo), 97 - 98. Madrid: Arco Libros.

Fernández Ramírez, S. (1951). *Gramática española: Los sonidos el nombre y el pronombre*. Cáceres: Boxoyo Libros S. L.

Fillmore, C. J. (1971/1997). Santa Cruz lectures on deixis. [Published in 1997 as Lectures in Deixis].

Greenberg, J. (1978). Generalizations about Numeral Systems. In J. Greenberg et al. (Eds), *Universals of Human Language III: Word Structure*, 249 - 295. Stanford, CA: Stanford University Press.

Greenberg, J. H. (1990). How Does a Language Acquire Gender Markers? In Denning, K. & S. Kemmer. *On Language: Selected Writings of Joseph H. Greenberg*. Stanford: Stanford

University Press.

Sanford, A. J. & Carrod, S. C. (1982). Towards a psychological modal of written discourse comprehension. *Advances in Psychology*, 9: 147 - 155.

Garrod, S. C., & Sanford, A. J. (1982). The mental representation of discourse in a focussed memory system: Implications for the interpretation of anaphoric noun phrases. *Journal of semantics*, *1*(1), 21 - 41.

Green, K. (1995). *New Essays in Deixis: Discourse, Narrative, Literature*. Amsterdam: Rodopi.

Giusti, G. (2001). "The birth of a functional category. From Latin ILLE to the Romance article and personal pronoun" in G. Cinque & G. P. Salvi (Eds.), *Current Studies in Italian Syntax: Essays offered to Lorenzo Renzi*, 157 - 171. Amsterdam: Elsevier.

Giusti, G. (2002). The functional structure of noun phrases: A bare phrase structure approach. *Functional structure in DP and IP: The cartography of syntactic structures*, *1*, 54 - 90.

Givón, T. (1984). The pragmatics of referentiality. *Georgetown University round table on language and linguistics*, 120 - 138.

Givón, T. (1979). From discourse to syntax: grammar as a processing strategy. In T. Givón (ed.), *Syntax and Semantics*, *Volume 12: Discourse and Syntax*, 81 - 112. Nueva York, Academic Press.

Heine, B., Claudi, U. & Hcinnemeyer, F. (1991). *Grammaticalization. A Conceptual Framework*. Londres-Chicago: The University of Chicago Press.

Guirardello-Damian, R. (2018). Trumai: Noncontrastive exophoric uses of demonstratives. In S. C. Levinson, S. Cutfield, M. Dunn, N. Enfield, S. Meira, & D. Wilkins (Eds.), *Demonstratives in cross-linguistic perspective*, 242 - 256. Cambridge, England: Cambridge University Press.

Hopper, P. J. & Traugott, E. (1993). *Grammaticalization*. Cambridge, UK: Cambridge University Press.

Hopper, P. & Traugott, E. (2003). *Grammaticalization*, 2nd ed. Cambridge: Cambridge University Press.

Hanks, W. F. (2009). Fieldwork on deixis. *Journal of Pragmatics*, 41(1), 10 - 24.

Halliday, M. A. K. & Hasan, R. (1978). *Cohesion in English*. London: Routledge.

Hottenroth, P. M. (1982). The system of local deixis in Spanish. *Here and there: Cross-linguistic studies on deixis and demonstration*, 133 - 153.

Hottenroth, P. M., Weissenborn, J., & Klein, W. (1982). *Here and there: Cross-linguistic studies on deixis and demonstration*.

Himmelmann, N. P. (1996). Demonstratives in narrative discourse: A taxonomy of universal uses. *Typological Studies in Language*, 33, 205 - 254.

Ibrahim, R. (2016). Demonstrative Pronouns in English and Arabic: Are they Different or Similar? *English Language and Literature Studies*, 6(1),16 - 27.

Jarbou, S. O. (2010). Accessibility versus physical proximity: An analysis of exophoric demonstrative practice in spoken Jordanian Arabic. *Journal of Pragmatics*, 42(11), 3078 - 3097.

Kent, B. (1999). The semantics pragmatics distinction: What it is and why it matters. In K. Turner (ed.) *The semantics-pragmatics interface from different points of view*, 64 - 84. Oxford: Elsevier.

Kirsner, R. S. (1979). Deixis in discourse: An exploratory quantitative study of the modem Dutch demonstrative adjectives. In Discourse and syntax, 355 - 375. Brill.

Kabatek, J. (2009). Nuevos rumbos de la sintaxis histórica del español. In: *VIII Congreso de la AHLE*, 77 - 100.Santiago de Compostela: AHLE/ Meubook.

Kaplan, D. (1977). Demonstratives.In J. Almog, J. Perry, and H. Wettstein (eds.), *Themes from Kaplan*, 481 - 563. Oxford University Press.

Kaplan, D. (1990). Thoughts on demonstratives. In P. Yourgrau (comp.), *Demonstratives*, 34 - 49. Oxford University Press.

Kany, C. E. (1945). *American-Spanish Syntax*. University of Chicago Press.

Kleiber, G. (1983). Article défini, théorie de la localisation et présupposition existentielle. *Langue Française*, (57), 87 - 105.

Kleiber, G. (1984). Sur la sémantique des descriptions démonstratives. *Lingvisticae Investigationes*, 8(1), 63 - 85.

Kuno, S. (1972). Functional sentence perspectives: a case study from Japanese and English. *Linguistic Inquiry*, (3): 269 - 320.

Lin, Y., & Nicoladis, E. (2018). Motion lexicalization in Chinese among heritage language children in Canada. *Heritage Language Journal*, *15*(3), 272 - 296.

Li, C. N. & Tompson, S. A. (1976). Subject and topic: a new typology. In Li, C. N. (ed.) *Subject and Topic*, 457 - 489. New York: Academic Press.

Lamíquiz, V. (1967). El demostrativo en español y en francés. Estudio comparativo y estructuración. *Revista de filología española*, *50*(1/4), 163 - 202.

Lakoff, G. (1974). *Syntactic amalgams*. UC Berkeley Previously Published Works.

Levinson, S. C., Levinson, S. C., & Levinson, S. (1983). *Pragmatics*. Cambridge University Press.

Levinson, S. C. (2018). Introduction: Demonstratives: Patterns in diversity. In S. C. Levinson, S. Cutfield, M. Dunn, N. Enfield, S. Meira, & D. Wilkins (eds.), *Demonstratives in cross-linguistic perspective*, 1 - 42. Cambridge, England: Cambridge University Press.

Leech, G. & Svartvik, A. S. (2013). *A communicative grammar of English*. New York: Routledge.

Lehmann, C. (1988). Towards a typology of clause linkage. In: John Haiman & Sandra Thompson (eds.), *Clause combining in grammar and discourse*, 181 - 225. Amsterdam: John Benjamins Publishing House.

Liu, R., Bögels, S., Bird, G., Medendorp, W. P., & Toni, I. (2019). Hierarchical integration of communicative and visuospatial perspective-taking demands in sensorimotor control of referential pointing. *Cognitive Science*, 46(1): e13084.

Lyons, J. (1977). Semantics: Volume 2 (Vol. 2). Cambridge University Press.

Lyons, J. (1995). *Introduction to Theoretical Linguistics*. Cambridge: Cambridge University Press.

Lyons, C. (1999). Definiteness. Cambridge: Cambridge University Press. In Lyons, J. *Introduction to Theoretical Linguistics*, 282 - 283. Cambridge: Cambridge University Press.

Maclin, A. (1996). *Reference guide to grammar: A handbook of English as a second language*. Washington: Materials Branch, English Language Programs Division.

Marcos Marín, F. (1984). *Curso de gramática española*. Madrid: Editorial Cincel.

MaCarthy, M. (1994). It, this and that. In Coulthard, M. (ed), *Advances in Written Text Analysis*: 267 - 275. London: Routledge.

Miracle, W. C. (1991). *Discourse Markers in Mandarin Chinese. The Ohio State University Ph. D* (Doctoral dissertation, Thesis).

Mitkov, R., & Barbu, C. (2002). Using bilingual corpora to improve pronoun resolution. *Languages in contrast*, 4(2), 201 - 211.

Moreno, J. C. (1991). *Curso universitario de lingüística general. Teoría de la gramática y sintaxis general*. Madrid: Síntesis.

New, B., Pallier, C., Brysbaert, M., & Ferrand, L. (2004). Lexique 2: A new French lexical database. *Behavior Research Methods, Instruments, & Computers*, 36(3), 516 - 524.

O'Neil, W. (1978). The Evolution of the Germanic Inflectional System: A Study of the Causes of Language Change. *Orbis*, 27: 246 - 286.

Peeters, D., Krahmer, E. & Maes, A. (2021). A conceptual framework for the study of demonstrative reference. *Psychonomic Bulletin & Review*, 28: 409 - 433.

Quirk et al. (1985). *A Comprehensive Grammar of the English Language*. London: Pearson Longman.

Kachru, B. B., Quirk, R., & Widdowson, H. G. (1985). Standards, codification and sociolinguistic realism. *World Englishes. Critical Concepts in Linguistics*, 241 - 270.

Radford, A. (1997). *Syntax: A Minimalist Introduction*. Cambridge: Cambridge University Press.

Reinhart, T. M. (1983). *Anaphora and semantic interpretation*. London: Croom Helm.

Real Academia Española (RAE) (2009). *Nueva gramática de la lengua española: Vol. 1*. Madrid: Espasa Libros.

Roberts, C. (2002). Demonstratives as definites. *Information sharing: Reference and presupposition in language generation and interpretation*, 89 - 196.

Rocca, R., Tylén, K., & Wallentin, M. (2019). This shoe, that tiger: Semantic properties reflecting manual affordances of the referent modulate demonstrative use. *PLOS ONE*, 14(1), e0210333.

Russel, B. (1948). *Human Knowledge: Its Scope and Limits*. London: Allen & Unwin.

Reinhart, T. M. (1983). *Anaphora and semantic interpretation*. London: Croom Helm.

Sio, Ut-seong, J. (2006). Modification and reference in the Chinese nominal. LOT publications.

Swan, M. (1989). *Practical English usage*. Oxford: Oxford University Press.

Tomasello, M. (2008). *Origins of human communication*. Cambridge, MA: MIT Press.

Tao, H. (1999). The grammar of demonstratives in Mandarin conversational discourse: A case study. *Journal of Chinese Linguistics*, 27(1), 69 - 103.

Uslar Pietri, A. (1993). *La visita en el tiempo*. Barcelona: Círculo de Lectores.

Van Hoek, K. (1997). *Anaphora and conceptual structure*. Chicago: The University of Chicago Press.

Van Valin, R. & LaPolla, R. (1997). Syntax, Structure, Meaning and Function. Cambridge: Cambridge University Press.

Miracle, W. C. (1991). *Discourse markers in mandarin Chinese*. The Ohio State University.

Wettstein, H. K. (1984). How to bridge the gap between meaning and reference. *Synthese*, 63 - 84.

Webber, B. L. (1988). Discourse deixis: Reference to discourse segments. Conference: 26th Annual Meeting of the Association for Computational Linguistics, 7 - 10 June 1988, State University of New York at Buffalo, Buffalo, New York, USA, Proceedings.

Croft, W. (1990). *Typology and universals*. (*Cambridge Textbooks in Linguistics*.) Cambridge: Cambridge University Press.

Winner, T., Selen, L., Oosterwijk, A. M., Verhagen, L., Medendorp, W. P., van Rooij, I., & Toni, I. (2019). Recipient design in communicative pointing. *Cognitive Science*, 43(5), e12733.

Wu, Y. (2004). *Spatial Demonstratives in English and Chinese: Text and Cognition*. John Benjamins Publishing.

Wolter, L. (2006). That's that: The semantics and pragmatics of demonstrative noun phrases. Doctoral Dissertation, University of Calfornia Santa Cruz.

Zulaica-Hernández, I., & Gutiérrez-Rexach, J. (2009). Hacia una semántica computacional de las anáforas demostrativas. *Linguamática*, *1*(2), 81 - 90.

后　　记

《基于语料库的汉西英指示词对比研究》是在国家社会科学规划基金项目与复旦大学外国语言文学学院的学术专著出版资助项目的资助下完成的,衷心感谢学院对我的支持。

在本书撰写的两年间,正值我怀孕与哺乳的特殊时期。新生命的孕育与学术著作的创作在那一时期交织,其中的艰难与不易,只有我和家人最为明了。在此,我要感谢家人们的理解与包容,是你们的关怀与支持让我能够专心投入学术研究和写作。

本书作为我首个国家社科青年项目的结项成果,标志着我学术研究的一个阶段性结束,同时也是新阶段的开始。结项后的第二年,我又成功获批第二个国家社科项目,这一切的顺利发展与第一次项目的良好结项密不可分。尽管目前我的研究方向已经转向语言应用与语言教育领域,但在本书研究与写作过程中的思考与积累,必将为我未来的研究铺下了坚实的基础。

在此,我还要对本书中外国学者姓名的处理方式作简要说明:为遵循出版规范并保证全书体例统一,对于国内学界熟知的学者,首次出现时标注中文译名并后续沿用;其他学者则保留外文原名;文内引用统一使用外文名以便读者查阅参考文献。这一处理方式旨在兼顾学术规范与读者便利,如有不妥之处,恳请学界同仁指正。

本书还存在诸多不足之处。在语料库的应用方面,我未能完全与数字人文领域的最新进展相结合,而最后章节的实验设计和实施也显得匆忙且欠缺深度。我深知,正是这些不足之处,提供了我未来进一步探索的空间。我诚恳地期待各位同行能够提出宝贵的批评与建议,以助我在学术道路上不断精进。

再次感谢所有帮助过我、支持过我的人。

鹿秀川

2025 年 7 月于上海

图书在版编目（CIP）数据

基于语料库的汉西英指示词对比研究 / 鹿秀川著. 上海 ： 上海教育出版社，2025. 9. -- ISBN 978-7-5720-3746-7

Ⅰ. H13；H343；H313

中国国家版本馆CIP数据核字第2025MU9191号

责任编辑　徐川山

封面设计　郑　艺

基于语料库的汉西英指示词对比研究

鹿秀川　著

出版发行　上海教育出版社有限公司

官　　网　www.seph.com.cn

地　　址　上海市闵行区号景路159弄C座

邮　　编　201101

印　　刷　上海商务联西印刷有限公司

开　　本　700×1000　1/16　印张 16.25

字　　数　283 千字

版　　次　2025年9月第1版

印　　次　2025年9月第1次印刷

书　　号　ISBN 978-7-5720-3746-7/H·0109

定　　价　76.00 元

如发现质量问题，读者可向本社调换　电话：021-64373213